U0734910

煤矿全面精细化管理

韩留生　张卫华　著

中国矿业大学出版社

内 容 提 要

本书根据平煤股份十二矿精细化管理的实践,基于我国煤炭企业管理现状,充分分析和总结煤矿企业精细化管理经验,结合信息时代所产生的各种管理新思想与新方法,在充分吸收其他行业的精细化管理理念的基础上,提出适合平煤股份十二矿管理现状的煤矿全面精细化管理理念,即"全生产任务"、"全管理要素"、"全岗位"三位一体的"全面信息化"管理。全书以平煤股份精细化管理战略目标为根本出发点,以文化建设和内部市场化理念为指引,以工作任务分解、生产要素管理和现场管理为基础,以数据仓库建设为主线,以精细化考核为保障,以精细化管理信息系统为平台,构建平煤股份十二矿精细化管理体系,从而将精细管理思想紧密融入管理实践中,逐步构建符合平煤股份十二矿实际的精细化管理模式。

图书在版编目(C I P)数据

煤矿全面精细化管理 / 韩留生,张卫华著.—徐州
:中国矿业大学出版社,2012.9

ISBN 978-7-5646-1654-0

Ⅰ.①煤…　Ⅱ.①韩…②张…　Ⅲ.①煤矿企业-工业企业管理-平顶山市　Ⅳ.①F426.21

中国版本图书馆 CIP 数据核字(2012)第 228979 号

书　　名	煤矿全面精细化管理
著　　者	韩留生　张卫华
责任编辑	付继娟　张　岩　章　毅
出版发行	中国矿业大学出版社有限责任公司
	(江苏省徐州市解放南路　邮编 221008)
营销热线	(0516)83885307　83884995
出版服务	(0516)83885767　83884920
网　　址	http://www.cumtp.com　**E-mail**:cumtpvip@cumtp.com
印　　刷	徐州中矿大印发科技有限公司
开　　本	787×1092　1/16　**印张** 18.5　**字数** 462 千字
版次印次	2012 年 9 月第 1 版　2012 年 9 月第 1 次印刷
定　　价	36.00 元

(图书出现印装质量问题,本社负责调换)

前　　言

　　平顶山天安煤业股份有限公司十二矿（以下简称十二矿）始建于 1958 年，煤矿最初设计生产能力年产 30 万吨，后经技改和扩建，提高到 90 万吨，现实际年生产能力达到 100 万吨以上水平，已跨入全国百家高产高效矿井行列。2000 年以来，连续获得"行业特级安全高效矿井"、"省级文明单位"、"省特级安全质量标准化矿井"等荣誉。先后荣获"煤炭工业科技进步十佳矿井"、"煤炭工业科技创新型矿井"称号。2005 年荣获集团公司最高技术奖，被誉为中国平煤神马集团"东方明珠"。

　　近年来，随着煤矿资源的逐步枯竭，生产作业环境的逐步恶化，机电设备的逐年老化，成本费用的逐年增加，十二矿的企业管理中出现了工作标准不高、过程控制不细、制度执行不严的现象。而这些问题的根源都是"人"，只要转变了思想观念，树立节约意识、成本意识，企业的整体管理工作就可以通过实施有效管理来逐步实现精细化。

　　要真正实现"以精细管理激活生产力，从而全面提升企业核心竞争力"的目的，还必须依靠制度建设和对全员、全过程的精细管理来约束职工的行为，使职工从细微之处做起，严格按法规制度办事，按工作标准办事，干标准活，做放心事。

　　基于以上认识，十二矿提出了适合其管理现状的煤矿全面精细化管理理念，即"全生产任务"、"全管理要素"、"全岗位"三位一体的"全面信息化"管理。同时，十二矿通过加强制度建设和文化建设，以全新的理念引导人、以积极的环境激励人、以严格的制度规范人，挖掘职工价值创造的潜力，提升其价值创造的积极性。经过多年实践总结、巩固创新，在借鉴国内外先进企业精细化管理应用经验的基础上，逐渐形成、发展并不断完善了具有十二矿特点的全面精细化管理模式。

　　十二矿通过几年来推行全面精细化管理工作，取得了初步成效，主要表现在：

（1）促进了经济效益的提升。十二矿通过推行全面精细化管理，提升了管理水平，较好地完成了各项指标。

（2）提高了企业的整体形象。全面精细化管理的实施，改善了职工的精神状态，消除了大量矿井安全隐患，筑牢了安全基础，提高了企业的整体形象，综合实力显著增强。

（3）改善了职工的精神状态。广大职工以企业理念为核心，把个人价值观与企业价值观融为一体，形成了共同价值取向，提高了企业亲和力。

（4）推动了企业管理机制的转变。推行全面精细化管理，使各项精细化管理标准渗透到"时时、处处、人人、事事"，并且对照标准对矿井生产每个环节进行严细的管理，保证生产安全质量标准相关的各项制度得到正常、规范、优化的运行，实现了安全管理重点由"管结果"向"管过程"的转变。

十二矿实施全面精细化管理的实践经验表明，精细化管理是企业乃至整个社会长久发展的必由之路。精细化不是新鲜事物，却又是新鲜的事物，因为精益求精的追求总会给企业带来新的收获。精细化管理是一种科学的管理方法，是一个永续渐进的过程，是自上而下的积极引导和自下而上的自觉响应的先进管理模式。为此，中国平煤神马集团把"提高矿井精细化管理水平"作为实现战略目标的基本保障，并强调加强各矿精细化管理建设，做到精干高效。十二矿精细化管理初步成功的实践，不仅有利于企业自身发展，而且对平煤神马集团下属的其他煤矿及周边各地区的兄弟煤矿提供了重要的借鉴意义。

著 者

2012 年 5 月

目　　录

1 煤矿全面精细化管理体系和体系建设

1.1 煤矿全面精细化管理的概念

根据平顶山天安煤业股份有限公司十二矿（以下简称"十二矿"）精细化管理的实践，基于我国煤炭企业现有管理现状，充分分析和总结现有煤矿企业精细化管理经验，结合信息时代所产生的各种管理新思想和新方法，并在充分吸收其他行业精细化管理理念的基础上，提出适合于十二矿管理现状的煤矿全面精细化理念，即"全生产任务"、"全管理要素"、"全岗位"的三位一体"全面信息化"管理。"全生产任务"是指包括掘进任务、采煤任务、通防任务、机电管理任务、安全管理任务、经营管理任务、后勤管理任务等的所有管理任务；"全管理要素"是指包括生产、材料、安全、现场、质量、考核等的所有管理要素；"全岗位"是指十二矿的所有工作岗位；"全面信息化"是指完成所有工作任务所记录的关于管理要素和工作岗位并录入信息系统的用于统计分析和科学决策的基础数据。

1.2 煤矿全面精细化管理的目标

十二矿全面精细化管理坚持"以人为本"的科学发展观、坚持以企业理念创新为先导、坚持以提高市场竞争力为目的的，在企业发展战略的指导下，立足企业自身实际，遵从企业文化定位和承接原有管理精髓，注重借鉴国内外企业管理的成功经验和先进模式，突出抓好生产、安全、质量和成本四项重点工作，实现"高效、安全、优质、低耗"四个主体目标，精心塑造体系科学、特色鲜明、运行高效、机制长效的全面精细化管理模式。

（1）全程管控、增量提效

生产精细化管理以煤炭生产各项工作的规范化、细化、量化为准绳，通过精细化管理在生产过程中的运用，便于煤矿管理者对煤矿生产服务过程中的每个环节、每道工序进行细分，从工作量、安全质量、工作效率、成本效益等各方面进行量化，制定出每道工序、每项具体工作任务的目标体系，建立完善的生产精细化管理机制。最终实现从企业生产领导、生产管理人员直至最基本生产作业和操作人员的生产工作精细化，确保生产过程中以较低的成本投入，获得较高的企业生产利润，实现十二矿生产精细化管理目标。

（2）以人为本、安全生产

鉴于煤炭企业生产环境的复杂性和多变性，以及运营过程的多因素、多环节、多样化，煤矿安全管理一直是企业管理重中之重，因此必须建立、健全煤矿安全高效机制，制定安全精细化管理责任制度和岗位标准。通过煤矿安全精细化管理机制，构建安全数据仓库，以瓦斯、矿压与顶板、煤尘、水、火等自然因素数据为切入点，深入挖掘、分析煤炭生产现场安全事故发生规律和发生条件,对危险、有害因素进行排查,减少和消除生产过程中的各种不安全因素,从"人、机、物、环境"等各个方面全面提升矿井的安全生产管理水平,使矿井生产流程中的人、机、环境等要素安全和谐统一,最终实现"零"不良、"零"故障、"零"缺陷、"零"事故的矿井安全目标。

(3) 全面监督、质量领先

煤炭出产的质量是煤矿企业盈利的关键因素,因此精细化管理的实施必须重视对煤矿企业各战线质量的把控,只有保证各战线工程质量过关,才能出产优质的煤产品。煤矿企业需根据煤矿精细化质量管理的定位、集成、协调和控制,以企业经营全局角度出发,以量化和可控指标明确落实具体岗位的责任和工作目标,对生产过程中影响工序质量的人员、材料、方法、环境等因素进行精确的统筹控制,理顺生产过程中人流、资金流、物流、信息流的关系。同时将质量精细化管理工作落实到煤炭企业经营决策、物资供给、生产流程、运输销售、市场服务等方方面面。通过对质量数据的策划、监督、控制,分析研究煤炭产品质量影响因素,制定煤矿企业质量管理目标,对企业煤矿产品质量工作进行计划、组织、指挥、控制、跟踪考核,落实责任,以保障煤炭产品质量稳定、品质优良,使十二矿煤炭质量处于行业领先水平。

(4) 节本降耗、成本控制

因煤矿行业的特殊性,需要消耗大量的人力、物力,因此煤矿的物资精细化管理是控制煤矿企业生产成本的主要途径。煤矿的物资管理根据科学地计划生产过程中工具及材料的购买、使用、保养、维修等,建立现代煤矿物供精细化管理机制,运用精细化管理对生产过程的全方位追踪、记录,通过对目标成本的分解、成本指标的分解、成本计划的制订与审批、成本的控制与考核、成本的核算,建立数据集市,对数据集市进行详细分解、研究,重新定位成本管理、成本控制重点工作,制定精确的煤矿成本目标,进行量化考核、闭合管理。同时,要实行成本管理责任制,制定一套全方位、深层次、精细化、科学化的目标责任锁链考核制度,以规范人的成本核算、成本管理、成本过程控制行为,使成本管理水平全面提高,实现成本管理的市场化、时效化和价值化,保障企业市场竞争力的持续提升。

1.3　煤矿全面精细化管理的建设方法

十二矿全面精细化管理建设通过建立目标细分、标准细分、任务细分、流程细分,提升改造员工素质,加强企业内部控制,强化链接协作管理;运用程序化、标准化、数据化和信息化的手段,使组织管理各单元精确、高效、协同和持续运行,实现精确计划、精确决策、精确控制、精确考核,从而从整体上提升企业效益。因此,为有效实施十二矿全面精细化管理体系建设,我们采用以下方法:

(1) 先进的精细化管理理论和信息管理技术有效结合。煤矿企业的精细化管理与信息技术的有机融合实质上就是将企业的所有生产过程、业务过程、管理过程计算机化和网络化,通过网络将各种信息补充加工成新的信息资源提供给各层次的人们洞悉、分析,以做出有利于生产安全要素优化组合,使企业资源合理配置,求得最大的经济效益。

(2) 信息采集平台和数据仓库集成建设。通过信息采集平台和数据仓库集成建设,对十二矿开掘、采煤、机电、通防、安全、经营、后勤七大战线的"高效生产"、"本质安全"、"成本控制"、"人本服务"的四大系统的各类数据建立数据仓库,通过信息平台采集所需要分析的各类数据,为管理者做出科学决策提供支持。

(3) 实时监控分析,加强数据自动化处理建设。使实时采集的信息自动进入数据库,并进行智能性分析、评估和判断。管理者可以监控生产的全过程,在第一时间发现薄弱环节,及时提醒和督促,杜绝隐患的发生,实现安全隐患信息的快速反馈、动态跟踪与闭合控制。

(4) 全息化和无盲点的闭环管理系统建设。对职工个人信息、区队信息、班组信息、隐患级别以及管理人员行走路线等进行自动统计,对生产、安全、质量、材料消耗等事件实现及时跟踪、分析、处理,实现管理的全息化、全过程控制。在管理信息全员共享的同时,有效提高信息的真实性,实现了实时、动态、连续、闭环管理。

1.4 煤矿全面精细化管理的建设内容

十二矿全面精细化管理体系主要由精细化管理文化体系、精细化管理考核体系、精细化工作任务分解结构体系、精细化数据仓库、精细化管理信息系统五部分组成。精细化管理文化体系建设和精细化管理考核体系建设是精细化管理体系有效实施的保障,精细化工作任务分解结构体系建设是实施精细化管理的基础,精细化数据仓库建设是实施精细化管理的关键,精细化管理信息系统建设是精细化管理体系顺利运行的保证。它们共同构成了五位一体的精细管理体系框架,各体系建设具体建设内容如下:

(1) 精细化管理文化体系建设

精细化管理文化体系建设通过对精细化管理理念的阐述,围绕建设"安全、活力、和谐"的十二矿,由浅入深、由表及里,从观念文化、制度文化、行为文化、物质文化四个方面整体推进,系统运作,建立起与十二矿发展战略相适应的精细化管理文化体系。

(2) 精细化管理考核体系建设

精细化管理考核体系建设,通过不断完善已运行的精细化管理考核体系制度,促使各区队、各战线把精细化管理工作做实、做细、做精,规范精细化考核标准与流程。只有通过严格的考核,才能做到软指标硬化,硬指标量化,定性与定量相结合,定性的标准化,定量的数据化,从而保证精细化管理的目的性和有效性,确保全矿精细化管理工作的稳步顺利推行。

(3) 精细化工作任务分解结构体系建设

精细化工作分解结构体系建设将十二矿各单位、各战线的各项工作层层分解,落实到人,责任明确,同时通过精细化工作分解可发现企业组织结构的弊病,为企业合理分工提供有力保障。

(4) 精细化数据仓库建设

精细化数据仓库的建立,可集成各单位、各战线产生的各类基础数据。通过数据仓库,数据能够准确、安全、可靠地从数据库中取出,然后对这些信息加以整理归纳和重组,并及时提供给相应的管理决策人员分析使用。

(5) 精细化管理信息系统建设

精细化管理信息系统建设结合十二矿自身特点,围绕班组任务管理、设备管理、材料管理、人员管理、安全管理以及专业技术管理等多个方面进行设计与开发。通过建设精细化管理信息系统,实现了管理手段升级,解决了精细化管理过程中精细与效率的矛盾,保证了精细化管理体系良好运行。

1.5　煤矿全面精细化管理的特色

十二矿站在新的发展起点,以科学发展观为指导,总结多年来的发展经验,将先进的管理思想和信息技术相融合,形成了具有十二矿特色的"生产、安全、质量、人本"四位一体的功能化、全息化、集成化和闭环化的全面精细化管理模式,具体特色如下:

(1) 功能化管理(F-Management)。该功能是以开掘、采煤、机电、通防、安全、经营、后勤等系统为主体,以生产、材料、设备、现场、人员、安全、考核等为对象的管理功能,可实现定位功能管理。

(2) 全息化管理(T-Management)。在"生产、材料、设备、现场、人员、安全"六位一体中进一步实现全时段、全事物、全位置、全事件的信息分析和处理,使管理盲点逐步减少。

(3) 集成化管理(I-Management)。在"开掘、采煤、机电、通防、安全、经营、后勤"七大战线和"生产、材料、设备、现场、人员、安全"六位一体中进一步实现管理信息标准化和信息共享机制,从而使管理效率大幅提高。

(4) 闭环化管理(C-Management)。在"生产、材料、设备、现场、人员、安全"六位一体中进一步实现实时、动态、连续的 PDCA 闭环管理。

1.6　煤矿全面精细化管理体系的建设

1.6.1　煤矿全面精细化管理体系的建设原则

(1) 坚持精细化管理体系与十二矿总体目标紧密相结合的原则

十二矿精细化管理要求企业紧密结合企业总体目标,落实具体责任,将工作任务分解到个人,通过对个人目标的跟进与实现,促成整体目标的完成。

(2) 以人为本原则

以人为本核心是人是管理之"本"。任何管理首先都是人的管理。人既是管理者又是管理对象,要实现有效管理就必须充分调动人的积极性,把人管好。以人为本的要求是:重视并发挥人的主观能动作用,为此就要重视人的自我价值和心理需求,把实现组织目标与个人目标相结合,以便激发群体意识,使人们有意识地参与和配合管理。另外,要发挥人的主动性和创造性,使人们能够自觉地、科学地利用各种管理要素,实现管理的最优化。十二矿管理者本着以人文本的原则,利用生产精细化管理这个平台促进员工的发展,激发他们的潜能,提高十二矿生产管理的质量。

(3) 坚持稳步推进的持久性原则

十二矿在实施生产精细化管理时,全体员工要有不畏惧艰难,坚持到底的勇气和决心,决不能半途而废。一个好的管理方法融入一个企业需要时间;但是融入之后必须让它在企业中成长,因此,十二矿在实施生产精细化管理时必须坚持持久性原则,将生产精细化管理纳入每年的工作计划中,长期坚持,同时生产精细化管理要处理好发展和延续、继承和创新之间的关系,将它作为一项长期的系统工程来实施。精细化管理不是暂时的兴趣爱好,不是一个时期倡导的时尚理念,而是一个长期坚持的发展战略,要伴随着十二矿生存与发展的全过程。

(4) 坚持精细化管理管理全员参与的原则

十二矿精细化管理范围涉及企业生产经营的全过程,包括生产管理、安全管理、设备管理、成本管理、质量管理、产品销售、售后服务等。因此,精细化管理体系建设要求十二矿通过精细化管理文化的建设,将精细化管理的理念渗入日常行为工作中。管理人员起带头作用,不断督促促员工参与精细化管理中去,做到全员参与、人人管理。

1.6.2 煤矿全面精细化管理体系的建设思路

全面精细化管理将以十二矿精细化管理战略目标为根本出发点,以文化建设和内部市场化理念为指引,以工作任务分解、生产要素管理和现场管理为基础,以数据仓库建设为主线,以精细化管理信息系统为平台,以精细化考核为保障,构建精细化管理体系,从而实现精细化管理目标。为实现十二矿精细化建设目标,其精细化管理体系建设的整体思路如下:

(1) 以工作任务分解、生产要素管理和现场管理为基础

十二矿全面精细化管理将运用工作分解结构法对十二矿工作任务进行分解,形成工作任务分解树形图,通过工作任务与岗位匹配,形成"事事有人管,人人都管事"的工作局面,同时明确完成各项生产任务需要的各类生产要素,将生产所需各类生产要素按照任务分解落实,通过统计分析各项任务所消耗的生产要素情况实现煤矿精细化管理。

(2) 以数据仓库建设为主线

十二矿全面精细化管理中的数据库建设将企业中复杂的事情简单化,简单的事情流程化,流程化事情定量化,定量化事情信息化。通过对煤矿企业工作任务分解,记录每个生产班组完成每一项工作任务的人员工时、材料消耗、工作质量、安全管理、设备维修检查等信息,将这些信息录入既定系统,构建各战线信息化数据集市,并对数据进行抽取、清理以集成有效数据,建立面向主题的企业数据仓库,为管理者做出科学决策提供数据支持。十二矿全面精细化管理以数据仓库建设为主线,通过对数据仓库的分析,及时发现问题、分析问题、解决问题,使各战线不断改善工作效率、提高工作质量、降低成本、改善工作态度等,最终实现十二矿零不良、零故障、零缺陷、零事故、零库存、零浪费的精细化管理。

(3) 以精细化管理信息系统为平台

十二矿全面精细化管理体系高效运行的关键在于设计一套先进便捷、高效运作的精细化管理信息系统,以精细化管理信息系统为平台,推进精细化管理的深入开展。精细化管理信息系统主要包括精细化台账管理模块、数据挖掘管理模块和决策支持管理模块等管理模块,通过这些模块实现对信息的准确、快速、灵活录入和统计分析。数据挖掘技术使精细化管理更加高效快捷,为企业管理工作提供了强有力的现代信息化手段和支撑平台,实现了管理手段的升级,为管理者科学决策提供了支持,解决了企业精细化管理过程中精细与效率的矛盾。

(4) 以精细化考核为保障

十二矿全面精细化管理考核是对企业的精细化管理体系实施状况进行全面系统检查审核,验证既定目标完成情况、各部门职能发挥情况和体系的符合性等方面,其本质是促进精

细化管理水平的提高及综合实力的增强,实质是使员工个人和基础班组的精细化管理能力得以提升,确保精细化管理体系得以顺利实施。

1.6.3　煤矿全面精细化管理体系的建设阶段

根据十二矿全面精细化管理体系建设的总体思路,初步建设分三个主要阶段,包括基础建设阶段、全面推广阶段、整合提升阶段。精细化管理体系由浅入深逐步推进,最终完成全矿的精细化管理体系建设工作。

(1)基础建设阶段

精细化管理体系基础建设阶段的主要内容包括工作结构分解和精细化管理文化建设。

为确保工作结构的分解的顺利实施,需在开展此项工作之前成立领导机构和负责部门,负责此项工作的部门要首先对内部进行工作培训,部门成员必须全面了解工作结构分解的知识,全面掌握知识后建立相应的工作流程和制度,后期严格按制定的流程执行,将各项工作层层分解,领导机构在过程中检查与督促,根据检查结果进行相应的考核与激励,对于工作中的不足进行改善。

精细化管理文化的建设首先要完善文化基础工作,包括精细化管理文化手册、精细化管理文化培训教材以及精细化管理文化案例汇编等,基础工作完善后开始全面启动文化培训机制;通过建立精细化文化管理组织机构,由精细化文化管理组织机构牵头开展精细化管理文化主题教育活动,在培训的过程中加入档案管理,使员工养成记录档案的习惯,发挥精细化文化的导向作用、规范作用、预防作用等,将精细化文化渗入到企业文化中去。

通过这两项工作的推进,完成企业精细化管理基础阶段。工作结构的分解可促使企业后期有效分工,精细化文化的建设可调动员工参与的积极性,为后期精细化管理的全面推广奠定基础。

(2)全面推广阶段

精细化管理全面推广阶段主要内容包括:基础数据表单制作、数据仓库建设、信息系统的开发。

精细化管理基础数据表单的制作要根据工作结构的分解,制作分解后每项活动的基础数据表格,包括时间、地点、人员、生产情况、材料及设备的运用等。通过对数据的记录,将数据录入系统形成数据仓库。

精细化管理数据仓库的建立需首先调查、收集、确定用户的需求,分析数据仓库建立的可行性。根据调查分析的结果确定数据仓库建立的基本主题,基本主题确定后,针对每个主题设计公共码键以及基本内容,完善主题细节,建立数据仓库,并进行数据维护。

精细化管理信息系统的开发要求开发人员根据现有的台账和数据,熟悉各战线的业务范畴和管理模式,并与需求人员进行探讨,根据需求开发信息系统。信息系统开发完成后进行一系列的测试,以便发现问题及时改正,系统改善完成后即可运营使用,最后进入下一个迭代周期,开始下一条战线的分析、设计、开发工作。

(3)整合提升阶段

精细化管理整合提升阶段的主要内容包括精细化管理考核制定。通过精细化管理与考核相结合,在过程中跟进,发现问题、分析问题、解决问题,以完善精细化管理模式,确保精细化管理作用在企业中有效发挥。

精细化管理考核的制定要求企业根据精细化实施的具体情况进行指定年度总任务,并将任务逐步分解,落实具体责任,规定完成期限,分任务、分步骤地完成。任务分派完成后,矿领导组织人员进行相应的检查,考核小组将考核结果反馈至各个部门,共享问题所在,并进行改善,检查结果作为考核和激励的依据。考核小组设专人受理各单位反映的问题,指导各单位对出现的问题逐一改正。同时,考核小组不断循环重复完善考核体系,以加强精细化管理实施力度。

1.6.4 煤矿全面精细化管理体系的建设步骤

结合十二矿管理现状和实施精细化管理的要求,十二矿全面精细化管理体系的建设按照"整体规划、分步实施、突出重点、短期见效"的思路开展,制定整体规划、长短期目标,分阶段、有重点地循序推进。

(1) 整体规划

精细化管理体系建设是一项系统工程,涉及十二矿各个战线所有工作活动,需要十二矿各个层级的所有员工全面参与。为保障未来精细化管理体系在十二矿的整合和落实,十二矿首先对精细化管理体系架构、制度程序框架、建设要求等基础要素进行统一规划,以保障十二矿各战线及层级体系要素和体系结构一致、程序规范,确保各战线及层级精细化管理体系有效衔接。

(2) 分步实施

精细化管理体系建设涉及面广、工作量大,不仅包括工作分解结构体系、数据仓库和信息系统的建设和落实,还包括具体精细化文化的建设与完善,是一项长期性的工作。结合十二矿现有管理现状,十二矿可采用上下结合、由点及面的方式分步推进,选择一到两个战线作为推行精细管理的试点,建设上下一体的精细化管理模式。在取得试点战线实施成功后,再在其他战线逐一推广,最终实现全矿的精细化管理的整合与提升。

(3) 突出重点

在十二矿全面精细化管理体系建设与实施过程中,坚持"突出重点"的原则可以集中管理资源,提高工作效率和效果,保证精细化管理实施在合理的资源投入情况下取得最大成效。遵循此原则,十二矿全面精细化管理体系的建设,重点放在工艺流程复杂、工作任务繁多、管理基础良好的开掘战线,使开掘战线的精细化管理成为十二矿全面精细化管理建设的重点单位,为其他战线的逐步实施提供模范带头作用。

(4) 短期见效

精细化管理体系建设是一项长期的系统工程,其本质是在煤矿内形成生产高效、本质安全、工作质量达标、成本节约的管理机制,为在体系建设过程中保证全员参与体系建设的积极性和创造性,务求各阶段取得实际成效,并在短期内见到明显建设效果。短期见效是精细化管理体系建设工作的必要保障,也是任何管理变革工作能够取得最终成功的必要保障。

2 十二矿精细化管理工作分解结构与数据仓库建设

2.1 十二矿精细化管理工作分解结构建设

由于煤矿生产工艺复杂,生产任务繁多,十二矿为实现精细化管理必须对煤矿生产任务进行科学的界定,按照煤矿生产工作的性质或生产流程划分为相对独立、内容单一和易于管理的工作单元,从而有助于完成煤矿生产工作中所有的任务和工作步骤,这是煤矿实施精细化管理的基础。十二矿实施精细化管理过程中应用工作分解结构(工作分解结构)方法确定煤矿生产所有工作任务,并将其有条理地组织在一起,把各项工作任务按照煤矿生产工艺分解成较小和便于管理的多项工作,目的是便于对煤矿生产进行合理规划与控制管理,能够找出煤矿生产工作的所有要素。逐级分解并形成的工作分解结构结构图能够反映煤矿生产所包含的工作细目及其结构层次和各个工作单元在煤矿生产中的地位与构成,确定每个工作活动所必需的原材料投入和工时投入,并对每个工作活动所形成的可交付的工作成果的质量信息、安全信息、成本信息和效率信息进行记录,为精细化管理信息系统建设提供基础数据,逐步形成各项工作活动的材料定额和工时定额,从而实现对煤矿生产的科学预算和科学管理,最终实现十二矿精细化管理的目标。

2.1.1 十二矿精细化工作分解结构的基本目标

在实施精细化管理的过程中,生产任务规划和控制是非常重要的一个环节,良好的煤矿生产规划能同时对生产进度、质量和成本起到很好的控制作用,失败的生产规划则有可能造成混乱、失控甚至无法完成生产任务目标、安全管理目标、质量目标和成本目标的后果。在煤矿生产规划的过程中,需应用工作分解结构方法对煤矿生产任务工作内容进行分解,在此基础之上再进行资源分配、进度计划并估计生产活动的成本。

煤矿生产工作分解结构在精细化管理中的总体目标是为煤矿实施精细化管理中任务活动界定、材料和工时分配、生产活动成本估计和管理控制提供基础,方便管理者明确和分配煤矿生产任务和责任,具体可以达到以下目标:

(1)将煤矿生产整体任务划分为相对独立的、易于管理的较小的工作任务,形成工作任务结构图。

(2)将工作任务分解为具体的工作活动,并将完成该工作活动的责任赋予具体的班组或个人,使之成为班组或个人的工作目标。

(3)对工作活动进行详细的材料投入、工时投入预算,形成生产要素投入预算。

(4)根据工作活动确定工作活动完成时需要记录的质量信息、安全信息、材料投入信息和工时投入信息。

2.1.2 十二矿精细化工作分解结构的指导思想

实施精细化管理工作分解结构的核心目的是为了提高十二矿煤矿生产的运行效率，为煤矿有效地实施精细化管理奠定基础。为实现精细化管理工作结构分解的基本目标，将以下述思想为指导推进煤矿精细化管理工作结构分解：

（1）明确界定工作任务部门职责，避免多头指挥和无人负责现象出现，解决管理层决策内容界限不清、人员混用、组织管理混乱等问题。

（2）精于高效，重新定岗定编，提高员工工作效率，解决人浮于事，人员工作效率低下的问题。

（3）优化部门设计，系统地优化业务管理流程，解决内部管理业务流程不清、执行监督不力等问题。

（4）加强煤矿内部计划协调职能，解决各部门间各行其是、生产任务分派纠纷频繁的问题。

2.1.3 十二矿精细化工作分解结构的基本原则

工作分解结构的实际过程就是按照可控制的原则对整个项目工作进行不断的分解，直到可以充分控制项目的进度、成本和质量。工作分解结构操作中的难度主要表现在，如何掌握分解工作的"度"，即不能将工作分解得过分细致，也不能将工作分解得过分粗略，以至于难以控制。因此，十二矿精细化管理在进行工作分解结构分解时应依据以下原则：

（1）可操作性原则

精细化管理工作分解的工作活动必须遵循可操作性原则，即工作活动能够由一个班组或个人操作，并能够顺利完成。

（2）全面覆盖原则

精细化管理工作分解结构必须全面覆盖煤矿生产中的所有任务，并且每一个子任务必须包含完成子任务的所有工作活动，不得有遗漏。

（3）充分/必要原则

即凡是属于煤矿生产流程中的工作不能缺少，煤矿生产工作的分解必须达到"充分"原则，而不属于煤矿生产任务中的工作活动不能有，煤矿生产任务工作的分解必须达到"必要原则"。

（4）逐步改进原则

高质量的任务分解需要通过实践检验，在实施工作结构分解过程中需要不断地对原有分解结构进行调整，使工作结构分解符合生产实际，达到良好的精细化管理效果。

2.1.4 十二矿精细化工作分解结构的创建步骤

按照精细化管理工作分解结构的基本目标，结合十二矿精细化管理的现实状况，经充分调研，十二矿精细化管理工作分解结构实施的整体思路是：总体规划，加强培训，提高认识，精心组织，强势推进，持续提升。理顺业务流程，明确管理职责，完善管理制度；依据发展战略重建组织机构，进行人员培训；强势推进，确保实施，全面提升管理水平；利用信息技术整合、优化流程；构建流程和制度持续改进、提升的机制。把组织管理流程梳理成清晰而科学健康的流程，使其转变为以业务流程为中心的新型企业，从而实现经营方式和管理方式的根本转变，全面提升企业核心竞争力。

（1）成立领导机构和负责部门

为确保精细化管理工作分解结构的有效实施，十二矿首先成立了工作结构分解工作推进领导小组，负责领导整个煤矿的工作分解结构推进工作，为工作任务分解的思路和方向提供决策性意见，并为具体工作结构分解工作的开展提供管理层支持。由矿长担任该项工作的领导小组组长，各战线的副矿长作为该项工作的副组长，充分发挥"领导作用"，做到领导高度重视。成员由各区队的主要领导参加，分别在各战线设置专职负责此项工作的工作人员，由企管科负责工作结构分解的具体工作，以确保工作的顺利推行。工作结构分解工作推进领导小组组织结构如图 2-1 所示。

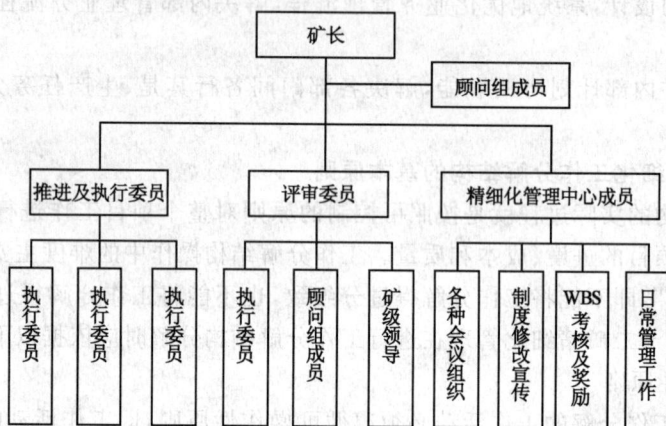

图 2-1　工作结构分解工作推进领导小组组织结构图

工作结构分解工作推进领导小组职能

① 矿长

· 制定工作结构分解的方针、年度计划与目标。

· 跟踪工作结构分解的实施情况、成果。

· 任命相关人员、审定奖励成果及分配活动经费。

· 协调各职能部门的工作。

② 推进及执行委员

· 负责与工作结构分解成员的日常联络，跟踪与指导。

· 负责工作结构分解成果的初审工作及推广工作。

· 负责各工作结构分解实施效果的跟踪、确认与评估工作。

· 定期参加工作结构分解的相关会议。

· 负责培训、指导本单位员工的工作结构分解知识。

③ 评审委员

· 定期参加工作结构分解评审工作。

· 在评审过程中必须坚持公平、公正的原则。

· 定期参加工作结构分解的相关会议。

④ 精细化管理中心成员

- 负责各种会议的组织工作。
- 负责工作结构分解的宣传工作及工作结构分解的整理、存档等工作。
- 负责工作结构分解活动实施的总结、相关制度的制定与完善工作。
- 组织与主持工作结构分解活动经费管理、奖励活动。

（2）系统规划，全面实施

十二矿在开始成立了工作分解结构推进领导小组后，通过召开专题会议、理论培训，开展不同层面的研究和讨论，广泛征求意见，就推行工作分解结构工作的意义、步骤、要求等进行全面部署。结合十二矿实际，首先对各区队相关领导进行工作结构分解理论的培训，然后由各区队提出工作结构分解工作的实施步骤和实施方案，由企管科汇总各区队的工作结构分解成果，再与各区队相关领导及矿领导最终确定工作结构分解方案。

① 加强工作结构分解理论培训，提高推进小组成员知识水平。工作结构分解涉及煤矿生产的所有的工作任务，每一个工作活动的疏漏都会给精细化管理的顺利实施带来障碍。因此，在开展工作结构分解之前，十二矿必须对工作结构分解的基础概念、工作结构分解的方法、工作结构分解的标准、工作结构分解要求及工作结构分解的审核等五大系列知识进行全面系统的培训。采取多种形式进行多次专门培训，通过多种形式的专门培训，不仅是向各级管理人员传授了工作结构分解的相关知识，更让工作结构分解推进成员明确了实施工作结构分解的意义，形成了实施工作结构分解的必要性与迫切性的共识。通过统一思想认识，既赢得了煤矿领导层的全力支持，又赢得了成员的积极参与，这为工作结构分解得以成功实施奠定了基础。同时，聘请外部专家进行专题讲座，指导工作结构分解工作的开展。

② 建立完善的工作结构分解工作流程和制度。十二矿在实施工作结构分解的过程中，建立了统一的工作流程，对工作结构分解过程中需要遵循的要求、标准、方法和注意事项进行了详细的说明，统一了各单位的实施标准。工作结构分解如图 2-2 所示。

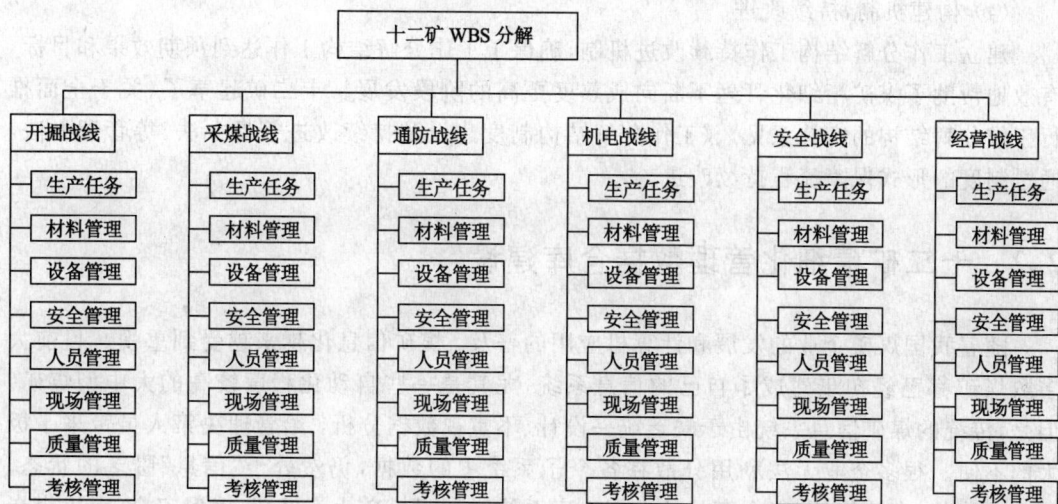

图 2-2　十二矿工作结构分解图

通过设计工作结构分解工作流程，可以更好地为日后的工作分解结构分析、优化、实施工作打下基础,促进工作结构分解进入制度化,建立工作分解结构的工作流程制度、考核制度、培训制度和奖惩制度等制度体系,确保工作分解结构的顺利实施。

③ 建立工作分解结构工作绩效考核机制。为建立良好的激励和约束机制,规范工作分解结构工作,正确引导各单位实现工作分解结构目标的积极性、主动性和创造性,进一步促进单位职能履行,提高执行力和工作效果。工作分解结构工作考核通过对各单位在执行工作分解结构过程中是否履行职责、是否按时完成目标任务等情况进行动态监测,及时发现工作分解结构工作过程中存在的问题,针对问题采取有效的解决措施,并通过考核结果的反馈,使各单位持续改进工作中出现的问题,促进工作分解结构工作的顺利开展,保证企业精细化管理目标的顺利实现。

(3) 强势推进,保证实施

在实际工作中,把工作分解结构工作贯彻好的最好办法就是:强力推行。十二矿从大处着眼,从小处着手,认真去做、反复去做,抓好每一个细节,注重每一个环节,减少失误,扎实地实施好这些工作分解结构工作,确保流程的贯彻与执行。

为了有效推进工作分解结构工作,提高工作质量和工作效率,确保煤矿内部各项业务高效、有序、可靠运行,十二矿组织有关人员对各单位工作分解结构工作进行检查。检查的主要内容包括工作分解结构的全面性,结构图的规范性、合理性与科学性,工作分解结构实施计划安排,实施中存在的问题,工作分解结构工作经验、体会或建议等。检查组人员到达被检单位后,首先听取工作分解结构方面的介绍,看结构图;其次,技术和管理两个专业组分头与有关专业技术人员就工作分解结构基本情况、覆盖面和规范性、合理性与科学性以及实施计划等方面进行检查。通过检查和进一步的交流探讨,既要发现工作中的亮点和好的做法,也要指出存在的问题和不足,为健康顺利推进工作分解结构工作、全面提升精细化管理水平奠定了基础。

(4) 构建机制,持续改进

建立工作分解结构工作持续改进机制,确保了工作分解结构工作达到预期效果和目标,有效地帮助了煤矿精细化管理不断向成熟度更高的阶段发展。十二矿起草了《关于全面推行工作分解结构的实施意见》《工作分解结构制度建设及持续改进管理办法》等管理办法,通过制度的形式保障流程持续改进。

2.2　十二矿精细化管理数据仓库建设

随着我国煤矿企业的发展和计算机应用的普及,煤矿信息化越来越受到重视。目前大多数煤矿都已经初步建成了自己的信息系统,尤其是一些自动化程度较高的大中型煤矿。但是,传统的煤矿信息系统由于缺乏统一设计、不重视数据分析,给管理决策人员带来了极大的不便。很多企业无法利用分散在各个子系统中的数据,仍然处于"信息"匮乏的状态。开发开放的、多功能的、安全高效的数据仓库系统对加强煤矿生产经营、确保安全、促进煤炭行业现代化建设、提高煤矿的经济效益和社会形象具有重要的现实意义。

2.2.1　十二矿精细化管理数据仓库建设的基本目标

十二矿精细化管理数据仓库建设的基本目标是完善基础数据,建立统一平台,集成各种数据源,通过数据仓库提供的各类数据信息,为煤矿生产经营和安全管理服务。企业可以利用数据仓库进行数据分析,生成数据报表,辅助管理决策;可以根据各种监测监控系统和检查检测系统返回的动态数据,实时对岩体变形、瓦斯突出、突水透水、发火、粉煤尘爆炸等危险因素进行定性定量分析和预测预报,对不安全因素进行整改,同时对有危险性区域进行重点监控;可以实现生产系统、安全监测监控系统、办公系统(OA)之间的数据共享。总之,要彻底改变过去决策不科学、控制不到位、改进不及时、问题追究无根据等问题,为进一步建立数字化矿山夯实基础。

2.2.2 十二矿精细化管理数据仓库建设的指导思想

十二矿数据仓库系统是一个信息提供平台,通过数据获取、数据存储、数据访问三个关键部分,将各种不同结构的数据加工成信息并及时交给需要这些信息的使用者,供他们做出改善其业务经营的决策。因此数据仓库建立的指导思想包括以下几个方面:

(1)面向主题

传统的基于数据库的信息系统是面向应用而设计的,它的数据是为了处理具体应用而组织在一起,即按照业务处理流程来组织数据,反映的是企业内数据的动态特征,目的在于提高数据处理的速度。数据仓库中的数据是针对特定的客观分析领域组织的,这些领域称之为主题。主题是一个在较高层次将数据进行归类的标准。每个主题基本对应一个宏观的分析领域,满足该领域分析决策的需要。因此,主题的抽取是按照分析的要求来确定的。数据在进入数据仓库之前必须要经过加工与集成,将原始数据结构从面向应用转换成面向主题。十二矿数据仓库面向的主题包括产量、成本、质量、安全及效益等。

(2)数据集成

数据仓库中的数据是从原有各种类型数据库中按一定规则抽取出来的。在数据进入数据仓库之前,必须经过清洗集成和转换。这主要是因为:其一,数据仓库的每一个主题所对应的数据来源于不同的分散数据库,它们之间可能存在许多重复和不一致;其二,不同的联机事务处理系统的数据都与不同的应用逻辑相关联,因而它们之间存在更加复杂的异构性;其三,数据仓库中的综合数据需要在源数据的基础上做进一步的加工。十二矿数据仓库需要自底向上地集成大量操作性和事务性数据,获取生产经营一线的原始资料。

(3)动态变化

数据仓库的数据内容随时间不断变化,表现在以下几个方面:一是数据仓库随时间的推移不断增加新的数据内容;二是数据仓库随时间的推移需要转储旧的数据内容;三是数据仓库中包含大量的综合数据,它们大都与时间有关,如按照时间段进行汇总,或隔一定的时间区段进行抽样等。随着时间的推移,需要不断地进行新的综合。所以,数据仓库中的每条记录都包含时间项,以标明数据在时间流程中的属性。十二矿数据仓库包含监测监控系统的实时数据,需要按照一定的策略定期从源数据库中抽取数到数据仓库中,数据仓库中的数据在一定时间段内保持稳定。

(4)分层决策

数据仓库的建立一般有两种方案:一种是先建立总的数据仓库,然后各部门再从中抽取自己关心的部分建立局部的数据仓库;另一种则是各部门先建立各自局部的数据仓库,形成一个个数据集市,再在这些数据集市基础上逐步建立全局的数据仓库。前者的困难在于投资多,建设周期长,风险大;优点则是一旦建成全局数据仓库,各个局部数据仓库可以按照它的模式建立,数据从全局数据仓库到局部数据仓库的抽取也非常容易。后者的问题在于各部门都要先建设自己的数据仓库,这种投入的总和会大于前者,而且各局部数据仓库的数据模式可能复杂多样,数据格式的差距也会很大。这样数据从各局部数据仓库到全局数据仓库还要再进行一次格式转换。综合来看,由于煤矿数据仓库涉及的数据源多且较复杂,直接建立全局数据仓库非常困难,所以比较适宜采用第二种方式。即先建立部门级的数据集市,再建立全局的数据仓库,实现区队—战线—全矿的分层决策。

业务处理数据库在企业的信息环境中承担的是日常操作性任务。数据仓库不是要取代现有的业务处理数据库,而是要在业务数据库基础之上建立一个较全面、独立和完善的信息环境,用于支持高层决策分析。数据仓库的使用人员较少,主要是管理层、专业分析人员等,而不是记账员、库管员等业务人员,因此其使用频率不是很高。用户所涉及的数据操作主要是数据查询,即只读操作。数据仓库反映的内容,是不同时间点的数据快照集合,而不是及时更新的当前数据。

2.2.3 十二矿精细化管理数据仓库建设的基本原则

数据仓库的建设,是一项复杂的系统工程,其科技含量较高、涉及范围较广,项目建设过程必须始终坚持“数字化矿山”的理念。数据仓库技术可以将企业多年积累的数据唤醒,不仅为企业管理好这些海量数据,而且将挖掘数据潜在的价值。系统建成后对促进煤矿安全生产、提升企业经济效益以及经营管理水平都具有重要意义。因此,在系统设计和实施过程中必须遵循以下原则:

安全性原则:以安全管理为中心,严格模型建设,优化流程设计,完善系统开发,尽可能保证系统安全管理的各项需求。

易用性原则:系统具有良好的人机界面,便于用户掌握和使用,系统的设置和恢复简便快捷。

扩展性原则:系统采用通用的标准,主流的技术,包括基于互联网技术的图形、文档、报表格式,使系统具有较好的兼容能力和扩充能力。

集成性原则:系统需要能够方便地与生产管理系统、调度管理系统、检测监控系统以及经营管理系统相集成。

易维护性原则:系统提供开放接口,从数据库结构、文档格式到通讯协议都有开放的接口,并且提供了一系列的定制工具,不仅要紧跟国际上的开放潮流,而且能够实现敏捷配置和柔性管理,保证企业后继发展的需要。

2.2.4 十二矿精细化管理数据仓库建设的主要工作

根据上述基本目标和指导思想,数据仓库建设的主要工作包括:

(1)制定项目规划

由于建立数据仓库是一项长期、复杂的任务,所以必须对项目整体制定一个详细规划。规划建立在项目评估的基础上,内容包括项目目标、项目进度计划、参与人员和分工、资金预算等。科学地规划可以降低风险、增加可控性,是项目成功的保障。

(2)完善基础数据

数据仓库仅仅是一个平台,其作用是集成各应用系统中的数据。实行精细化管理以来,十二矿自底向上逐步建立起了班组—区队—战线三级精细化管理台账系统,力图完整记录生产经营活动轨迹,做到"人人有事做,事事有记录"。但是,目前精细化管理台账系统还存在格式不统一,内容重复或缺失,与现有生产及监测监控系统数据不一致等问题。因此,不断完善基础数据是建立数据仓库的前提。

（3）统一编码工作

数据仓库的核心是数据,煤矿经营管理涉及的数据种类繁多、数据量大,不同应用系统中存在大量重复数据。为了保证数据的一致性,即相同数据在不同系统中的描述一致,必须先做好统一编码工作,比如部门、人员、材料、设备、地理位置的编码等。全局唯一的编码可以大大降低将来进行数据集成的难度,是建立全局数据仓库的基础。

（4）调查数据源接口

由于在业务处理系统中,各个应用系统都有自己独立、特殊的需求,在各自的过程中没有考虑到以后与其他系统的集成问题。在其基础上建立的数据仓库,需要完成与业务处理系统接口的设计。建立数据仓库之前的一项重要工作就是调查各个数据源接口,评估集成这些系统的难度。有些业务系统开放性良好,支持外部访问;有些业务系统没有提供对外的API,也没有关于内部结构的说明,这就给接口设计带来较大困难。此时,需要向该系统的提供商寻求帮助。

（5）技术方案选择

为数据仓库选择合适的技术方案同样是一项非常重要的工作。数据仓库构建专业性较强,涉及技术较多。企业首先要评估自身资金、技术和人员情况确定是购买市场上成熟的解决方案(成品软件),还是组织研发团队定制开发。对于十二矿来说第一种方案比较适合,但在产品选型上需要注意提供商应该在煤矿企业有实施成功的先例,同时能够提供长期稳定的后期维护。

2.2.5   十二矿精细化管理数据仓库建设的实施步骤

数据仓库是一种软件产品,按照目前流行的软件开发方法可以将其开发过程划分为三个阶段:系统分析、系统设计、系统实施。其中系统分析和系统设计是构建数据仓库的关键。系统分析一般与具体IT技术无关,只是从业务角度出发寻找一个问题解决方案,完成一个系统的逻辑模型(与具体实现无关);系统设计与技术相关,需给出逻辑模型的技术实现方案。根据一般软件开发的方法论,数据仓库的构建实施可以分成四个步骤,如图2-3所示。

第一步是收集、分析和确认用户需求,这包括了解企业的组织结构、生产能力、业务范围、所面临的挑战和建立数据仓库的可行性等,进而确定建立数据仓库的目标。

第二步是概念模型设计,在收集分析需求并做了详细的需求调研之后,对企业有了比较清晰的了解,这时可以设计数据仓库的概念模型,通常采用面向主题的自顶向下的设计方法。所谓主题,是指在较高层次上将业务数据进行综合、归类和分析利用的一个抽象概念,每一个主题基本对应业务的一个分析领域。面向主题的数据组织方式,就是在较高层次上对分析对象的一个完整并且一致的描述,能刻画分析对象所涉及的各项业务数据,以及数据之间的联系。

第三步是逻辑模型设计。在概念模型设计中,确定了几个基本的主题域,此处是对概念模型设计步骤中确定的几个基本主题域进行分析,并选择首先要实施的主题域。数据仓库

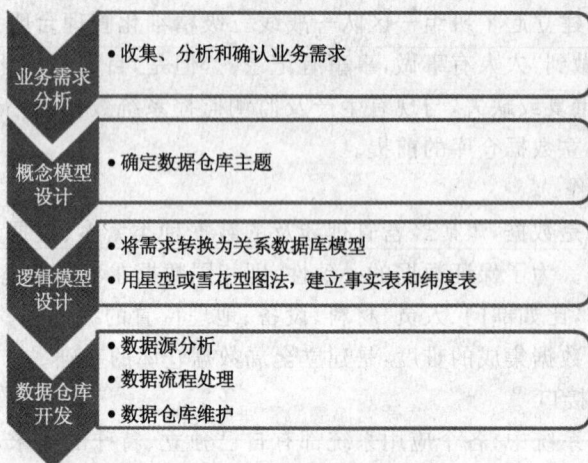

图 2-3　数据仓库构建的步骤

的每个主题都是由多个表来实现的，这些表之间依靠主题的公共码键联系在一起，形成一个完整的主题。在概念模型设计时，我们确定了数据仓库的基本主题，并对每个主题的公共码键、基本内容等做了描述，此处对选定的当前实施的主题进行模式划分，形成多个表，并确定各个表的关系模式。常用的关系模式有星型架构和雪花型架构。

第四步是数据仓库开发。根据逻辑设计结果具体实现数据仓库，包括分析数据源、处理数据流程、维护数据仓库及配置数据仓库系统的软硬件等。

3 开掘战线精细化管理实践

3.1 开掘战线精细化工作分解结构

　　开掘战线是煤矿企业最为关键的生产任务,也是直接为煤矿企业创造价值的生产任务之一,开掘战线的掘进进尺量严重影响了煤矿企业的生产产量,是煤矿企业经济效益的关键影响因素。由于开掘战线是煤矿企业生产要素投入最多的战线,因此控制开掘战线成本对于煤矿企业降低生产成本有着重要意义。通过工作结构分解明确开掘战线的工作任务,明确责任单位和责任人,提高工作责任心和工作效率,形成事事有人管,人人都管事的工作局面。通过基础数据表格记录每个工作活动的生产要素,记录生产要素的投入情况,进行统计分析,形成内部生产定额,从而有利于成本控制。开掘战线的工作项目分解为生产任务、安全管理任务、设备管理任务、材料管理任务、人员管理任务、质量管理任务、现场管理任务和考核管理任务等八大任务。开掘战线具体工作的分解结构图如图 3-1 所示。

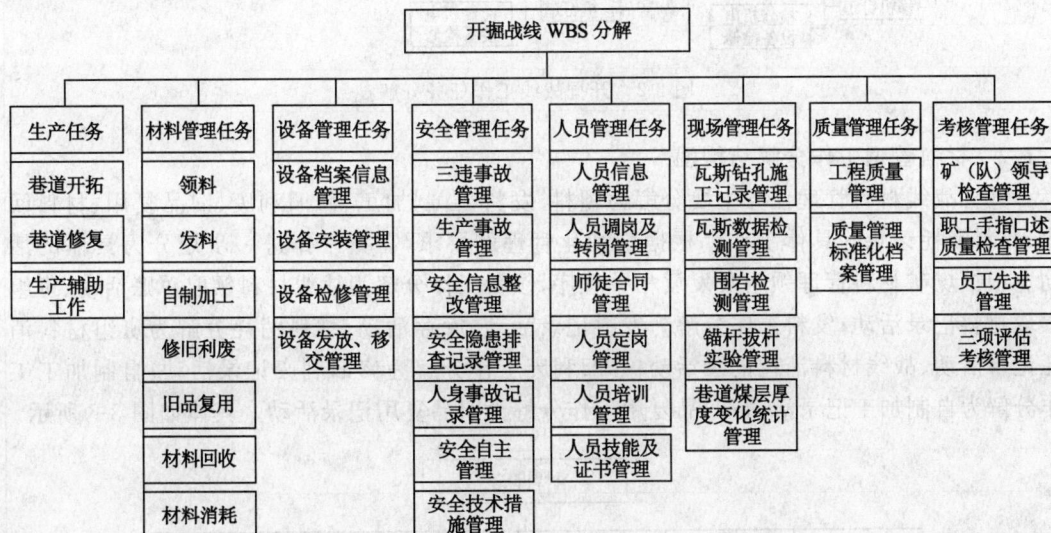

图 3-1　开掘战线 WBS 分解

3.1.1　生产任务工作分解结构图

　　根据十二矿精细化管理工作分解结构建设的目标和原则,开掘战线生产任务分解为巷道掘进工作、巷道修复工作、生产辅助工作。根据精细化管理工作分解结构建设要求,还需要把工作分解为工作活动。根据煤矿企业生产工艺,巷道掘进工作分解为打眼爆破活动、支护活动、出渣(排矸)活动、喷浆活动、移机钉道活动;巷道修复工作分解为打眼爆破活动、支护活动、出渣(排矸)活动、喷浆活动、移机钉道活动;生产辅助工作分解为运料活动、卸料活动、背火药活动、打钻活动、砌水沟活动、拉底活动、冲尘活动、管线铺设活动、杂物清理活动。开掘战线生产任务工作分解结构如图 3-2 所示。

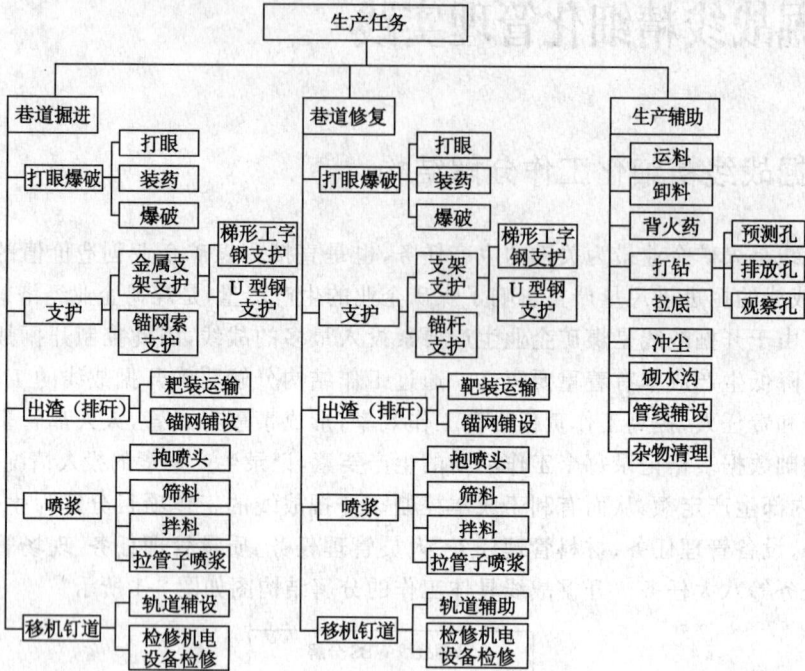

图 3-2　开掘战线工作任务分解

3.1.2　材料管理工作分解结构图

开掘战线材料管理任务主要分解为领料、发料、自制加工、修旧利废、旧品复用、材料回收、材料消耗记录等具体工作。根据精细化管理的要求,需把工作进一步划分为具体的活动。根据煤矿材料管理领用及发放相关程序,领料工作分解为战线材料领取总账活动、班组领取材料记录活动;发料工作分解为发料记录活动、库存活动;材料消耗分解为班组材料消耗记录活动、战线材料消耗记录活动;修旧利废工作分解为修旧利废记录活动;自制加工工作分解为自制加工记录活动;旧品复用工作分解为旧品复用记录活动。具体如图 3-3 所示。

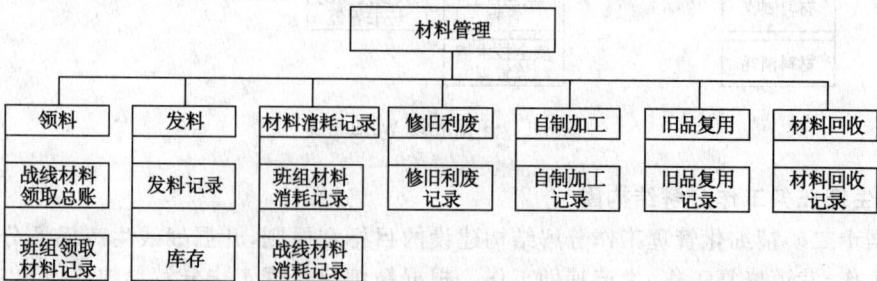

图 3-3　材料管理任务分解

3.1.3 安全管理工作分解结构图

安全管理工作任务分解为安全自主管理工作、"三违"事故管理工作、人身事故管理工作、生产事故管理工作、安全技术措施管理工作。安全自主管理工作分解为安全自主管理记录活动、安全培训记录活动、安全事故报告档案记录活动、安全信息整改记录活动、安全隐患排查记录活动;"三违"事故管理工作分解为"三违"事故记录活动;人身事故管理工作分解为人身事故记录活动;生产事故管理工作分解为生产事故记录活动;安全技术措施管理工作分解为安全技术措施管理记录活动。安全管理工作任务分解如图 3-4 所示。

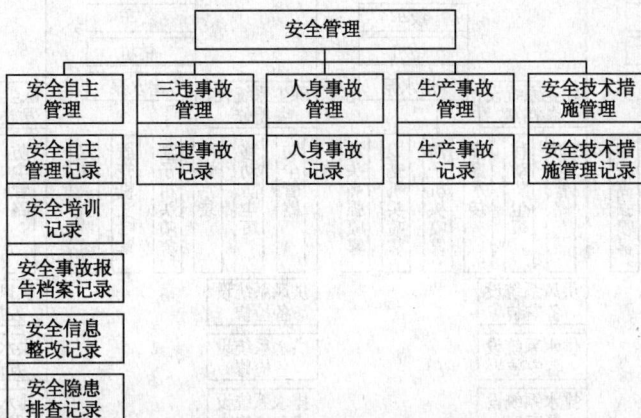

图 3-4　安全管理工作任务分解

3.1.4 设备管理工作分解结构图

设备管理工作任务分解为设备档案信息管理工作,设备安装工作,设备检修工作,设备发放、移交管理工作。根据开掘战线生产特点,设备管理主要包括机电设备管理、除尘系统设备管理、供风系统设备管理、供水系统设备管理、排水系统设备管理、压风自救系统设备管理、瓦斯抽放系统设备管理、照明系统设备管理等设备的管理。开掘战线机电设备主要包括胶带、刮板运送机、简易耙斗机、耙斗机、喷浆机、绞车、钻机、潜水泵;除尘系统设备主要包括迎头高强喷雾、胶带机头喷雾、溜子机头喷雾、隔爆水袋、移动防尘帘、防尘管路;供风系统设备主要包括供风管、阀门、短接、短节、三通、弯头;供水系统设备主要包括供水管、三通、四通、弯头、阀门、短接、短节;排风系统设备包括排水管、短接、短接(寸半三通)、三通、弯头;压风自救系统设备包括短接、多通、瓦斯抽放管、弯头;照明系统设备主要包括照明灯、开关。因此,我们在对工作分解的时候主要是针对上述这些设备进行存档、安装、检修等工作。具体任务、工作、活动划分见图 3-5。

3.1.5 人员管理工作分解结构图

人员管理工作任务分解为人员信息管理工作、员工调岗及转岗管理工作、人员培训管理工作、师徒合同管理工作、人员定岗管理工作、人员技能及证书管理工作。人员信息管理工作分解为人员信息记录活动、队干部及职工通讯录记录活动;员工调岗及转岗管理工作分解为员工调岗记录、员工转岗记录、员工退休记录;人员培训管理工作分解为人员培训记录活动;师徒合同管理工作分解为师徒合同管理记录活动;人员定岗管理工作分解为人员定岗信息活动,员工

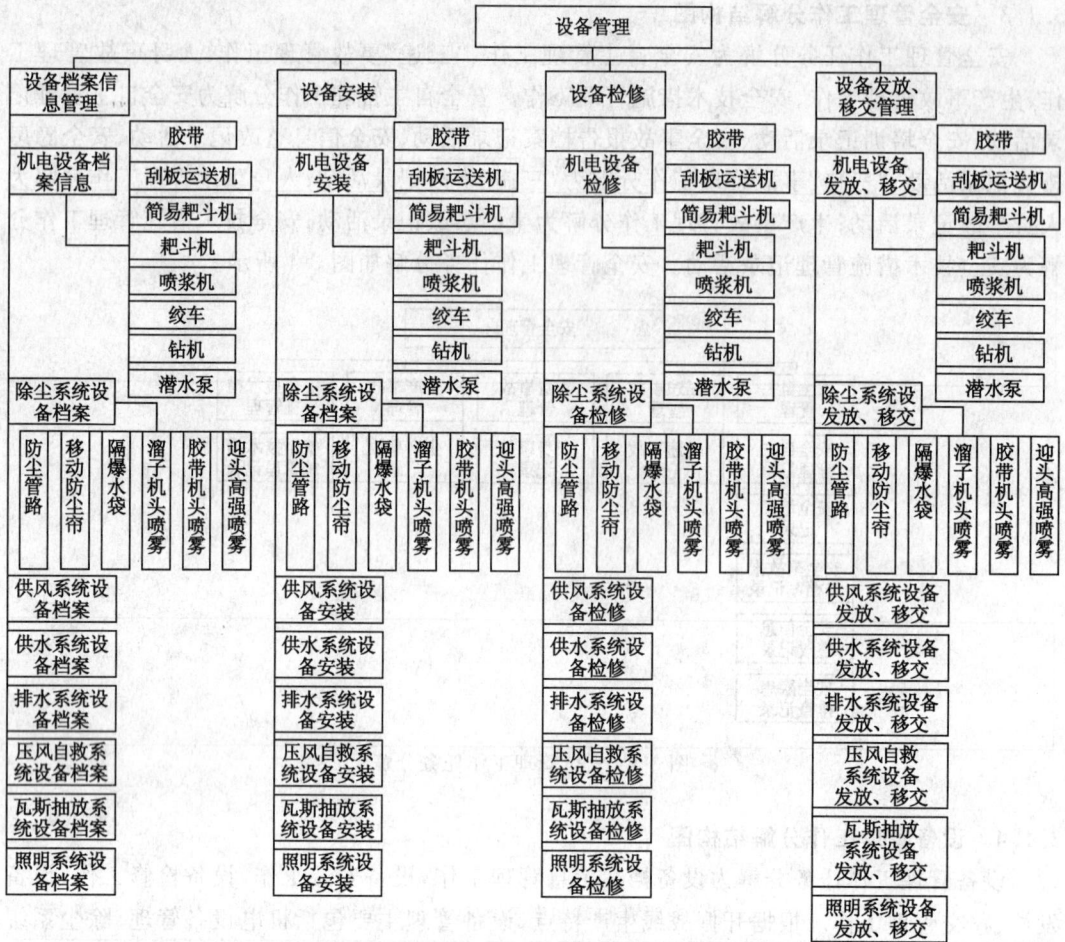

图 3-5 设备管理工作任务分解

生产工分明细记录活动,班组得架、进尺明细记录活动;人员技能及证书管理工作分解为人员技能及证书管理记录活动、职工安全档案管理活动。具体工作任务分解见图 3-6。

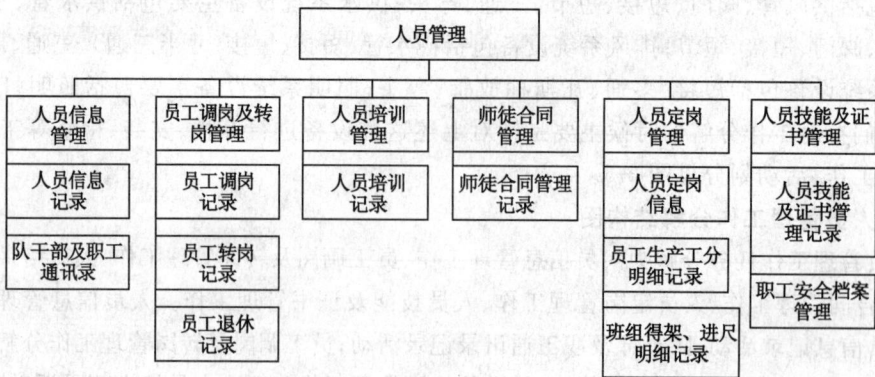

图 3-6 人员管理工作任务分解

3.1.6 质量管理工作分解结构图

质量管理工作任务分解为工程质量管理工作、质量管理标准化档案管理工作。工程质量管理工作分解为工程质量管理记录工作活动；质量管理标准化档案管理工作分解为质量管理标准化档案管理记录活动。具体见图3-7。

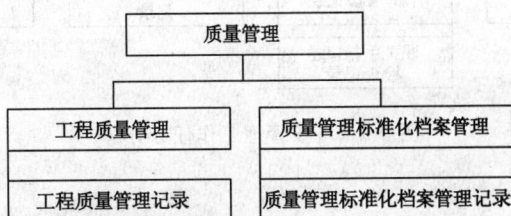

图 3-7　质量管理工作任务分解

3.1.7 现场管理工作分解结构图

现场管理工作任务分解为巷道煤层厚度变化统计管理工作、瓦斯钻孔施工记录管理工作、瓦斯数据检测记录管理工作、围岩检测记录管理工作、锚杆拔杆试验记录管理工作。巷道煤层厚度变化统计管理工作分解为巷道煤层厚度变化统计记录活动；瓦斯钻孔施工记录管理工作分解为瓦斯钻孔施工记录活动；瓦斯数据检测记录管理工作分解为瓦斯数据检测记录活动；围岩检测记录管理工作分解为围岩检测记录活动；锚杆拔杆试验记录管理工作分解为锚杆拔杆试验记录活动。具体见图3-8。

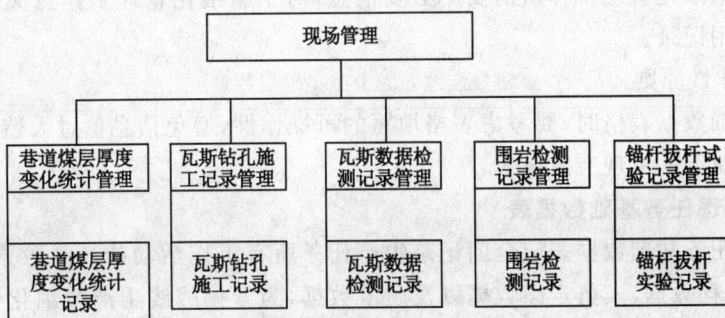

图 3-8　现场管理工作任务分解

3.1.8 考核管理工作分解结构图

考核管理工作任务分解为矿(队)领导检查管理工作、员工考核管理工作、三项评估考核管理工作、员工先进管理工作。矿(队)领导检查管理工作分解为矿(队)领导检查记录活动；员工考核管理工作分解为干部考核记录活动、职工手指口述检查记录活动；三项评估考核管理工作分解为三项评估考核记录活动；员工先进管理工作分解为员工先进管理记录活动。具体见图3-9。

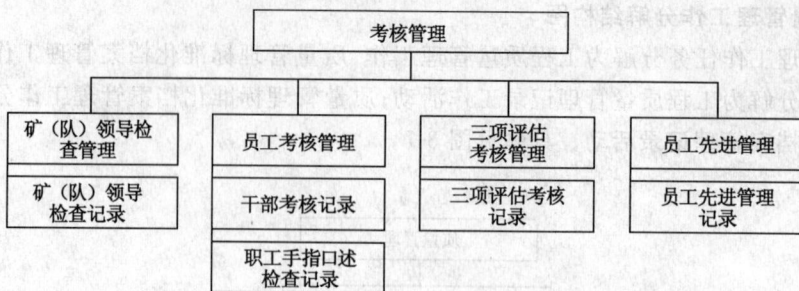

图 3-9　考核管理工作任务分解

3.2　开掘战线数据仓库的建立与开发

上述已详细介绍数据仓库的建立对于企业精细化管理的重要作用,为了使流程更加直观,我们将设计开掘战线生产管理、材料管理、安全管理、人员管理、设备管理、考核管理等各项活动基础数据表,通过对数据表中信息的筛选、清洗以及汇总,形成开掘战线数据仓库。开掘战线工作活动基础数据表设计的原则有如下几个方面。

（1）全面性原则

所设计基础数据表格尽量记录所有的精细化管理工作活动的信息,确保能够记录所有工作活动所产生的所有数据信息。

（2）必要性原则

重点记录精细化管理工作所需要的必要信息,对于精细化管理工作意义不大或无价值的信息可以不用记录。

（3）可操作性原则

在设计基础数据表格时,要考虑表格填写的可操作性,避免信息量过大造成信息录入人员工作量太大而无法实现有效录入。

3.2.1　生产管理任务基础数据表

生产管理任务基础数据表应全面记录生产任务所有工作活动的产量数据、材料消耗数据、人员工时消耗数据、人员定岗数据以及质量数据,为开掘战线生产精细化管理提供基础数据信息。

产量数据是煤矿开掘战线生产任务中最为重要的数据,通过记录开掘过程中各个环节的产量数据信息,有助于实现对于工作效率和工作效果的统计分析。通过记录开掘战线生产过程中的所有活动的材料消耗数据,确定所有工作活动的材料消耗数量和消耗原因,有助于形成各工作活动的材料消耗定额、材料消耗控制、材料消耗预算。人员工时消耗数据也归属于成本消耗数据,通过记录所有工作活动的人员工时消耗数据,可以实现员工工作定额,帮助管理者合理分配工作任务,有利于对员工工作的效率进行考核。通过记录所有工作活动员工每天工作的具体内容,形成人员定岗信息,为工作质量和工作效率统计分析提供基础数据,提高员工的责任心。质量数据记录是贯穿整个生产任务中,通过对工作质量和工程质量全方位的监控,进一步提高工作质量。

（1）巷道开拓与扩修

① 打眼爆破活动

打眼爆破活动需要记录的主要数据是打眼个数、装药数量以及人员情况。具体见表3-1。

表 3-1　　　　　　　　　　打眼爆破活动基础数据表

打眼爆破活动										
编号	地点区域	日期	生产情况		人员定岗情况				材料消耗	
			打眼数/个	装药数量/g	打眼人	装药人	警戒人	吹风人	火药	…

② 支护活动

十二矿支护活动分为 U 型钢支护、锚网支护和梯形工字钢支护三种支护形式,支护活动是开掘战线的主要生产活动之一,需要详细记录支护活动所消耗的材料信息、人员定岗信息、工程质量信息和生产进度情况。

a. U 型钢支护（见表 3-2）

表 3-2　　　　　　　　　　U 型钢支护活动基础数据表

U 型钢支护活动														
编号	日期	地点区域	架号	人员定岗			工程质量/mm							
				生产班组	把左帮	把右帮	巷道中心	棚距	扭斜	卡缆间距	梁平	迎退山	搭接长度	净高	净宽

b. 锚网支护（见表 3-3）

表 3-3   锚网支护活动基础数据表

		编号	
锚网支护活动		地点区域	
		日期	
	生产进度	排号	
	人员定岗	生产班组	
		喷浆人员	
		锚顶人员	
		锚左帮人员	
		锚右帮人员	
	工程质量 /mm	巷道净宽	
		巷道净高	
		巷道中心	
		钻杆角度	
		外露长度	
		迎退山	
		锚杆间距	
		锚杆排距	
		锚杆孔深	
		锚索间距	
		锚索排距	
		锚索角度	
		锚索外露长度	
		锚索孔深	
	材料消耗 /个	高强锚杆	
		报废锚杆	
		药卷	
		钢网	
		托盘贴密紧固	
		等强锚杆	
		药卷	
		木托盘	

c. 梯形工字钢支护(见表 3-4)

表 3-4   梯形工字钢支护活动基础数据表

			梯形工字钢支护活动											
			进度	人员定岗		工程质量/mm								材料消耗
编号	地点区域	日期	梯形工字钢支护	把左帮	把右帮	巷道净宽	巷道净高	巷道中心	支架间距	支架梁水平	支架梁扭斜	柱窝深度	棚腿扎角符合作业规程(是否)	…	…

③ 防突打钻

防突打钻活动需要记录的主要数据是钻孔数与打钻人。具体见表3-5。

表 3-5　　　　　　　　　防突打钻活动基础数据表

防突打钻活动							生产情况	人员定岗	设备消耗	
编号	地点区域	日期	参数	孔径	设计角度	打钻异常记录	钻孔数/个	打钻人	钻头	…

④ 出渣

出渣活动需要记录的主要数据是交班渣高、接班渣高。具体见表3-6。

表 3-6　　　　　　　　　出渣活动基础数据表

出渣活动					
编号	地点区域	日期	生产情况/m		人员定岗
			交班渣高	接班渣高	出渣人员

（2）生产安装

① 风、水管路管托架安装

风、水管路管托架安装需要记录的主要数据是安装质量和材料消耗。具体见表3-7。

表 3-7　　　　　　　风、水管路管托架安装活动基础数据表

风、水管路管托架安装活动							
序号	编号	地点区域	安装时间	材料消耗名称	人员定岗（安装人）	安装质量	异常情况记录

② 移动防尘帘安装

移动防尘帘安装需要记录的主要数据是材料消耗、安装质量和安装人。具体见表3-8。

表 3-8　　　　　　　移动防尘帘安装活动基础数据表

移动防尘帘安装活动							
设备编号	安装时间	安装位置	安装质量	安装人	安装单位	验收人	备注

（3）生产辅助

① 回收物料

回收物料活动需要记录的主要数据是回收物品、数量、回收人员。具体见表 3-9。

表 3-9　　　　　　　　　　　回收物料活动基础数据表

回收物料活动									
编号	起点	终点	日期	生产情况			人员定岗		备注
				回收物品	数量	单位	回收负责人	接收人	

② 冲尘

冲尘活动需要记录的主要数据是冲尘人员以及冲尘情况。具体见表 3-10。

表 3-10　　　　　　　　　　　冲尘活动基础数据表

冲尘活动						
编号	起点	终点	日期	人员定岗 （冲尘人员）	生产情况 （冲尘异常及处理情况）	备注

③ 运料

运料活动需要记录的主要数据是运送物品的具体情况，包括名称、规格和数量。具体见表 3-11。

表 3-11　　　　　　　　　　　运料活动基础数据表

运料活动									
编号	车号	起点	终点	日期	生产情况			人员定岗		备注
					运送物品	规格	数量	运料人	接收人	

④ 卸料

卸料活动需要记录的主要数据是卸除物品的具体情况，包括名称、规格和数量。具体见表 3-12。

表 3-12　　　　　　　　　　　卸料活动基础数据表

卸料活动									
编号	起点	终点	日期	生产情况			人员定岗		备注
				卸除物品	规格	数量	卸料人	接收人	

⑤ 砌水沟

砌水沟活动需要记录的主要数据是生产情况主要包括当日所砌水沟的长、宽、高。具体见表 3-13。

表 3-13 砌水沟活动基础数据表

			砌水沟活动						
编号	地点区域	日期	生产情况/m			人员定岗（砌沟人）	材料消耗/kg		备注
			长	宽	高		水泥	沙子	

⑥ 背火药

背火药活动需要记录的主要数据是火药的规格和数量。具体见表 3-14。

表 3-14 背火药活动基础数据表

				背火药活动				
编号	起点	终点	日期	生产情况		人员定岗		备注
				规格	数量	背火药人	接收人	

⑦ 拉底

拉底活动需要记录的主要数据是其生产情况，包括当日拉底的长、宽、高。具体见表 3-15。

表 3-15 拉底活动基础数据表

			拉底活动				
编号	地点区域	日期	生产情况/m			人员定岗（拉底人员）	备注
			长	宽	高		

3.2.2 材料管理任务基础数据表

材料管理任务主要是对开掘战线材料库存、材料领用、材料发放、材料消耗和材料回收再利用情况进行管理，并通过基础数据表记录材料管理过程中所产生的数据信息。通过记录开掘战线生产过程中的所有活动的材料消耗数据，确定所有工作活动的材料消耗数量和消耗原因，有助于形成各工作活动的材料消耗定额、材料消耗控制、材料消耗预算，减少材料浪费。人员定岗数据的记录包括材料管理人员、领料人员、发放人员等。通过对人员信息的记录，来落实相关责任人，后期可根据人员信息的记录落实责任成本。

（1）材料库存管理

材料库存管理活动需要记录的主要数据是材料名称、规格型号、单位、数量、单价以及材料库存管理人员。具体见表 3-16。

表 3-16   材料库存管理基础数据表

材料库存管理活动							
材料编号	材料名称	规格型号	计量单位	库存数量	单价	管理人员	备注

（2）领料

领料活动需要记录的主要数据是领料人以及所领物料的具体情况，包括名称、数量等。具体见表 3-17。

表 3-17   领料活动基础数据表

领料活动										
材料编号	领用日期	材料名称	规格型号	计量单位	数量	领料人员	当班领导	物管中心发料人	审批人	备注

（3）发料

发料活动需要记录的主要数据是发料人以及所领物料的具体情况，包括名称、规格、数量等。具体见表 3-18。

表 3-18   发料活动基础数据表

发料活动										
材料编号	发料日期	材料名称	规格型号	计量单位	数量	班组领料人员	班组领导	区队发料人	审批人	备注

（4）修旧利废

修旧利废活动需要记录的主要数据是废料或者旧物的具体情况，包括名称、型号、数量以及加工人员。具体见表 3-19。

表 3-19   修旧利废活动基础数据表

修旧利废活动									
编号	日期	加工物品			投入物品			加工人	使用去向	备注
		加工物品名称	单位	数量	投入物品名称	单位	数量			

（5）物资回收

物资回收活动需要记录的主要数据是回收物品的具体情况，包括名称、型号、数量以及回收人员。具体见表 3-20。

表 3-20　　　　　　　　　　　物资回收活动基础数据表

物资回收活动										
日期班次	物品名称	物品规格	计量单位	数量	回收人	回收班组	回收地点	接收人	接收单位	备注

（6）材料盘点

材料盘点活动需要记录的主要数据是所需盘点材料的名称、规格型号、数量以及盘点人。具体见表 3-21。

表 3-21　　　　　　　　　　　材料盘点活动基础数据表

材料盘点活动									
材料编号	材料名称	规格型号	计量单位	库存数量	单价	盘点人	监督人	当班负责人	备注

（7）防冒顶材料管理

防冒顶材料管理活动需要记录的主要数据是材料的具体情况，包括材料名称、规格、数量等。具体见表 3-22。

表 3-22　　　　　　　　　　防冒顶材料管理活动基础数据表

防冒顶材料管理活动											
材料编号	材料名称	规格型号	计量单位	库存数量	存放地点	存放时间	领用时间	发料人	领料人	当班负责人	备注

3.2.3　安全管理任务基础数据表

安全管理任务分解通过安全事故信息数据、涉及人员信息数据、整改结果信息数据，形成安全管理任务每项活动的基础数据表。

安全事故信息数据包括事故发生的地点、时间以及事故的内容，通过详细记录事故的过程予以警戒，也可以作为案例供后续参考。涉及人员信息数据包括检查人员、事故责任人、整改监督人，通过人员信息的记录，在整改完毕后复查时可落实相应责任人。整改结果信息的数据则是作为整改后信息的记录以及复查内容的指导。

（1）"三违"管理

"三违"管理活动需要记录的主要数据包括违章责任人、查出问题、处理意见与结果。具体见表 3-23。

表 3-23　　　　　　　　　　　"三违"管理活动基础数据表

"三违"管理活动								
编号	检查地点	日期	责任单位	检查单位	查出问题	处理意见	处理结果	备注

（2）事故管理

事故管理活动需要记录的主要数据包括生产事故责任人、查出问题、处理意见与结果。具体见表 3-24。

表 3-24　　　　　　　　　　　事故管理活动基础数据表

事故管理活动								
编号	地点区域	日期	责任人	检查单位	查出问题	处理意见	处理结果	备注

（3）隐患整改

隐患整改活动需要记录的主要数据包括整改人、复查人、整改内容、整改结果。具体见表 3-25。

表 3-25　　　　　　　　　　　隐患整改活动基础数据表

隐患整改活动									
编号	地点区域	日期	整改人	复查人	当班负责人	整改信息内容	整改问题	整改意见	整改情况	备注

3.2.4　设备管理任务基础数据表

设备管理任务的分解要求记录设备信息管理数据、设备安装检修质量数据、设备使用数据、人员定岗数据，以形成设备管理每项活动基础数据表格。

设备信息管理数据包括设备的生产厂家、煤安标志号、设备身份编码等数据，便于后期设备的归类、查找与管理。

设备安装检修质量数据包括设备安装检修质量、材料消耗等数据，通过对安装检修质量的监察确保机器后期可正常使用，保证开掘工作的顺利开展。

设备使用数据的记录是为防止因使用不当对机器造成损坏。

人员定岗数据包括设备安装人员、使用人员、检修人员等数据，如后期发现设备人为损坏则便于责任界定。

（1）设备信息管理

设备信息管理活动需要记录的主要数据包括生产厂家、设备编码、包机人、防爆合格证号等。具体见表 3-26。

表 3-26　　　　　　　　　　　　　设备信息管理活动基础数据表

设备信息管理活动									
编号	名称	型号	数量	生产厂家	煤安标志号	防爆合格证号	设备身份编码	安装日期	包机人

（2）机电设备安装

机电设备安装活动主要包括胶带机头喷雾安装、胶带过桥安装、隔爆水袋安装、压风自救装置安装、离层仪安装。需要记录的主要数据是安装位置、安装质量以及安装人员。

① 胶带机头喷雾安装（见表 3-27）

表 3-27　　　　　　　　　　　胶带机头喷雾安装活动基础数据表

胶带机头喷雾安装活动								
设备编号	设备名称	安装时间	安装位置	安装质量	安装人	安装单位	监督人	备注

② 胶带过桥安装（见表 3-28）

表 3-28　　　　　　　　　　　　胶带过桥安装活动基础数据表

胶带过桥安装活动								
设备编号	设备名称	安装时间	安装位置	安装质量	安装人	安装单位	监督人	备注

③ 隔爆水袋安装（见表 3-29）

表 3-29　　　　　　　　　　　　隔爆水袋安装活动基础数据表

隔爆水袋安装活动											
设备编号	地点区域	安装位置	安装时间	水袋容积	水袋数量	总水量	隔爆长度	安装质量	安装人	安装单位	责任人	备注

④ 压风自救安装（见表 3-30）

表 3-30　　　　　　　　　　压风自救装置安装活动基础数据表

压风自救装置安装活动								
设备编号	地点区域	安装位置	安装时间	安装数量	安装人	安装单位	责任人	备注

⑤ 离层仪安装（见表 3-31）

表 3-31　　　　　　　　　　　　　离层仪安装活动基础数据表

离层仪安装活动										
设备编号	地点区域	安装位置	安装时间	安装人	验收人	安装初始内标尺值	安装初始外标尺值	基础参数深基点	基础参数浅基点	备注

（3）设备操作

设备操作活动需要记录的主要数据是设备名称，以及操作人员和检测人员。具体见表3-32。

表 3-32　　　　　　　　　　　　设备操作活动基础数据表

设备操作活动					
编号	地点区域	日期	设备名称	设备操作人员	设备检测人员

（4）矿车使用记录管理

矿车使用记录管理活动需要记录的主要数据是跟车次数、跟车时间、出渣数量。具体见表3-33。

表 3-33　　　　　　　　　　矿车使用记录管理活动基础数据表

矿车使用记录管理活动													
日期	记录人	运输队跟班干部	开拓队跟班干部	跟车次数/次	跟车时间	出渣数量	给车数量/个	车辆编号	给车总数量/个	本班空车编号	剩余空车数量/辆	空车编号	备注

（5）设备检修

设备检修活动包括供风管理设备检修、供水管路设备检修、排水管路设备检修、供电管路设备检修、防尘设备检修、照明设备检修、瓦斯抽放设备检修、通讯设备检修。需要记录的主要数据是设备名称、检修结果以及检修人。具体见表3-34。

表 3-34　　　　　　　　　　　　设备检修活动基础数据表

设备检修活动									
设备编号	设备名称	安装时间	安装位置	安装人	检查时间	检查人	检修人	检修内容	备注

（6）机电设备检修管理

机电设备检修管理活动根据各个机电性能的不同所记录的数据也有所差别，需要记录的主要数据是设备名称、检修结果以及检修人。

① 胶带机头喷雾检修管理（见表3-35）

表 3-35　　　　　　　　　胶带机头喷雾检修管理基础数据表

胶带机头喷雾检修管理									
设备编号	设备名称	安装时间	安装位置	安装人	检查时间	检查人	检修人	检修内容	备注

② 架柱钻机检修管理(见表 3-36)

表 3-36　　　　　　　　　架住钻机检修管理基础数据表

架柱钻机检修管理									
设备编号	设备名称	安装时间	安装位置	安装人	检查时间	检查人	检修人	检修内容	备注

③ 隔爆水袋检修管理(见表 3-37)

表 3-37　　　　　　　　　隔爆水袋检修管理基础数据表

隔爆水袋检修管理									
设备编号	设备名称	安装时间	安装位置	安装人	检查时间	检查人	检修人	检修内容	备注

④ 压风自救管理(见表 3-38)

表 3-38　　　　　　　　　压风自救管理基础数据表

压风自救管理									检修项目			
设备编号	地点区域	安装位置	安装时间	安装数量	安装人	检查日期	检查人	维修人	袋体	减压阀、阀门	手把	三通

⑤ 离层仪检修观测管理(见表 3-39)

表 3-39　　　　　　　　　离层仪检修观测管理基础数据表

离层仪检修观测管理												
设备编号	地点区域	安装位置	安装时间	安装人	观测时间	观测人	基础参数深基点	基础参数浅基点	观测数据内标尺	观测数据外标尺	异常情况	备注

(7) 移动防尘帘检修管理

移动防尘帘检修管理需要记录的主要数据是喷头、阀门、纱网检修情况,以及检修人员。具体见表 3-40。

表 3-40   移动防尘帘检修管理基础数据表

移动防尘帘检修管理													
设备编号	安装时间	安装位置	安装人	验收人	检修周期	检修时间	检修人	维修人	检查内容				备注
									喷头	阀门	纱网	其他	

（8）供电系统设备检修管理

供电系统设备检修管理包括电源馈电检修管理、信号综合保护检修管理、胶带开关检修管理、潜水泵开关检修管理、溜子开关检修管理、液压钻机开关检修管理、绞车开关检修管理、四通检修管理、潜水泵巡检与维修管理。其通用管理基础数据表见表 3-41。

表 3-41   供电设备检修管理基础数据表

供电系统设备检修管理																	
设备编号	设备名称	检修周期	检修日期	检修人	检修内容												备注
					是否读卡	开关手把	防爆面	喇叭嘴	换向器	真空管	继电器	变压器	接线室	电机综保	接线工艺	其他	

3.2.5 现场管理任务基础数据表

现场管理任务要求记录现场材料消耗数据、人员定岗数据、现场变化数据，以形成现场管理每项活动基础数据表。

现场材料消耗数据的记录可突出现场材料成本，为后期分析控制成本奠定数据基础。

人员定岗数据主要记录现场管理人员，界定人员责任。

现场变化数据的记录是现场管理任务中最重要的数据，通过现场细节的变化来监控，确保现场工作的安全。

（1）井下牌板使用管理

井下牌板使用管理需要记录的主要数据包括牌板的规格与用量等。具体见表 3-42。

表 3-42   井下牌板使用管理基础数据表

井下牌版使用管理							
日期	地点区域	材料消耗					备注
		名称	规格/（mm×mm）	审批数量/块	井下用量/块	井上库存/块	

（2）精细化档案台账移交管理

精细化档案台账移交管理需要记录的主要数据是移交单位、移交档案名称等。具体见表 3-43。

表 3-43 　　　　　　　　精细化档案台账移交管理基础数据表

精细化档案台账移交管理					
台账移交日期	发送单位	接收单位	移交工程地点	移交档案名称	备注

（3）巷道煤层厚度变化统计管理

巷道煤层厚度变化统计管理需要记录的主要数据是煤层厚度、循环数、地点、记录人等。具体见表 3-44。

表 3-44 　　　　　　巷道煤层厚度变化统计管理基础数据表

巷道煤层厚度变化统计管理					
取点说明：巷道每隔 5 m 设一个观测点，测量该点煤层厚度，取点起始位置为进风巷开口处					
日期	地点区域	循环数	记录人	煤层厚度/m	备注

3.2.6　人员管理任务基础数据表

人员管理任务要求记录人员信息数据、人员岗位调动数据，以及人员出入数据，形成十二矿人员管理基础数据表。通过对人员数据的记录，方便企业人员统计以及内部人员调动的管理。

（1）队干部、职工通讯录管理

队干部、职工通讯录管理需要记录的主要数据包括人员姓名与电话等。具体见表 3-45。

表 3-45 　　　　　　队干部、职工通讯录管理基础数据表

队干部、职工通讯录管理					
单位	区队	班组	姓名	职务	联系电话

（2）班组入井记录管理

班组入井记录管理需要记录的主要数据包括入井人员、任务安排、出入时间等。具体见表 3-46。

表 3-46 　　　　　　班组入井记录管理基础数据表

班组入井记录管理							
日期	入井人员	工作地点	入井时间	升井时间	任务安排	完成情况	备注

（3）人员调岗管理

人员调岗管理需要记录的主要数据包括人员姓名、原工作职责、现工作职责等。具体见表 3-47。

表 3-47   人员调岗管理基础数据表

人员调岗管理					
日期	姓名	原工作单位	现工作单位	原工作职责	现工作职责

（4）人员信息管理

人员信息管理需要记录的主要数据包括人员姓名、电话、入职时间、工作单位等。具体见表 3-48。

表 3-48   人员信息管理基础数据表

人员信息管理										
姓名	年龄	学历	籍贯	政治面貌	毕业院校	专业	电话	联系地址	入职时间	工作岗位

（5）班组生产任务安排管理

班组生产任务安排管理需要记录的主要数据包括人员、任务安排、完成情况等。具体见表 3-49。

表 3-49   班组生产任务安排管理基础数据表

班组生产任务安排管理														
日期	班次	当班负责人	当班出勤人数	当班任务	任务安排情况	设备管理	任务落实情况	当班进尺/m	全月合计进尺/m	交接班时间	记录审阅人	验收员	自主评估分	备注

3.2.7　考核管理任务基础数据表

考核管理任务要求主要记录检查数据、考核数据，以形成考核管理任务基础数据表。

检查数据的记录则作为人员后期考核的依据。

考核数据的记录是人员是否符合上岗资格的评判依据。

（1）职工手指口述记录管理

职工手指口述记录管理需要记录的主要数据是人员、手指口述情况、安全措施、避灾路线、自救器使用情况等。具体见表 3-50。

表 3-50   职工手指口述记录管理基础数据表

职工手指口述记录管理									
日期	班次	姓名	抽查工种	人员定岗（检查人员）	工程质量				备注
					自救器使用	手指口述情况	安全措施	避灾路线	

（2）矿（队）领导检查管理

矿（队）领导检查管理需要记录的主要数据是检查内容、检查人、整改内容等。具体见表 3-51。

表 3-51   矿(队)领导检查管理基础数据表

		矿(队)领导检查管理						
序号	姓名	检查项目			整改项目			
		检查时间	查看内容	提出问题	整改措施	整改时间	整改人	复查人	整改结果

3.2.8 质量管理任务基础数据表

质量管理任务主要记录现场工程质量数据,以形成质量管理任务基础数据表。

工程质量管理需要记录的主要数据是工程的净宽、净高、中心、扭斜、排距、各自掘进的深度以及材料的消耗等。具体见表 3-52。

表 3-52   工程质量管理基础数据表

工程质量管理	序号		
	日期		
	地点区域		
	净宽/m		
	净高/m		
	中心/mm		
	扭斜/mm		
	排距/mm		
	联网	左	
		顶	
		右	
	巷道成型	左帮	
		顶	
		右帮	
	左		
	顶		
	右		
	当排用料	等强锚杆	
		高强锚杆	
		报废锚杆	
		药卷	
		钢网	
		木托盘	
	班组长		
	验收员		
	施工人员	左帮	
		顶	
		右帮	
	备注		

3.2.9 开掘战线精细化管理数据仓库建设

根据开掘战线数据表可以看出，有些数据集市来自单一的数据源，比如工程质量，但大部分数据集市都来自多个数据源。这些数据经过清洗、标准化、计算后才能成为数据集市。为了详细描述每个数据集市中各项数据的具体来源和计算过程，下面使用软件工程中常用来描述数据处理过程的数据流程图来具体描述每个主题。

（1）掘进进尺主题。该主题核心数据处理逻辑是计算进尺量。需要从生产台账中提取进尺的时间、地点、班次、进尺排（架）数等数据。然后从相应工程质量台账中提取单排（架）的实际距离（单位为 mm），进尺数＝进尺排（架）数×排（架）距，将得出的数据按照班次、日期、地理位置（工作面）进行汇总，即可得到掘进进尺信息，具体见图 3-10。

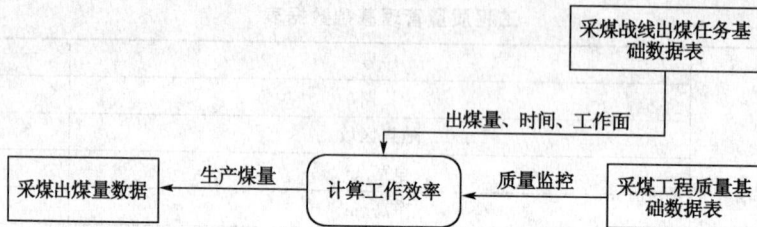

图 3-10　掘进主题数据流程图（一）

（2）人员定岗主题。人员定岗是指某一项工作内容可以分解成哪些基础岗位，每个岗位具体由哪一个（或几个）人负责。该主题中的出勤情况来自当班出勤台账，同时可以和人员定位系统中下井人员记录进行对照。将来对人员定岗主题数据进行分析可以了解当前人员定额是否合适，同时可以将工作责任落实到人，体现精细化管理的管控力度。具体见图 3-11。

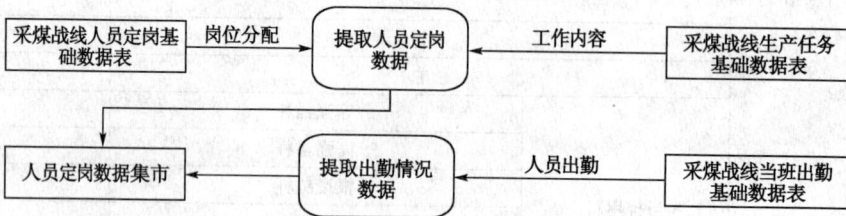

图 3-11　掘进主题数据流程图（二）

（3）工程质量主题。开掘战线的工程质量主要是指巷道掘进过程中支护工程的施工质量情况，根据支护方式不同记录的工程质量参数也不同。开掘战线生产班组每班完成支护任务后都有专人进行工程验收，记录锚杆根数、净宽、净高、扭斜、排距等质量参数。同时人员定岗台账记录具体施工人员，物资消耗台账记录实际使用的材料和数量。这些数据都是将来进行责任追究、成本分析的基础，它们共同组成数据仓库中的工程质量主题数据。具体见图 3-12。

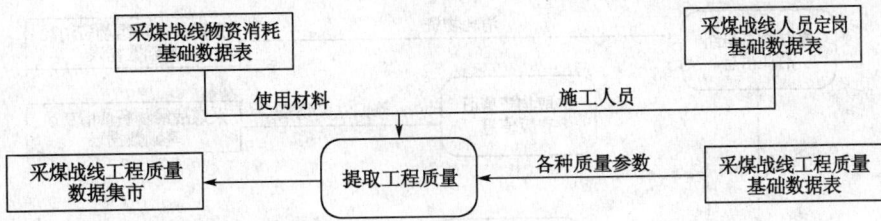

图 3-12　掘进主题数据流程图(三)

(4) 设备管理主题。开掘战线日常工作中使用的各类设备很多,尤其是一些大型设备,价格昂贵、操作负责、日常维护要求较高。所以,设备管理水平的高低直接影响产量、安全和成本等基本经营目标的实现。十二矿设备管理有三个层次:集团负责采购;物管中心和机电科负责设备到矿的验收、发放和回收;各战线和区队申请、领用设备并负责日常维检工作。设备管理主题涉及的数据分散存储在大量不同的数据源中:反映设备运行状态的数据来自监控系统,反映设备日常维护的数据来自区队的设备管理台账,设备基础信息来自物管中心设备管理信息系统。其数据抽取过程如图 3-13 所示。

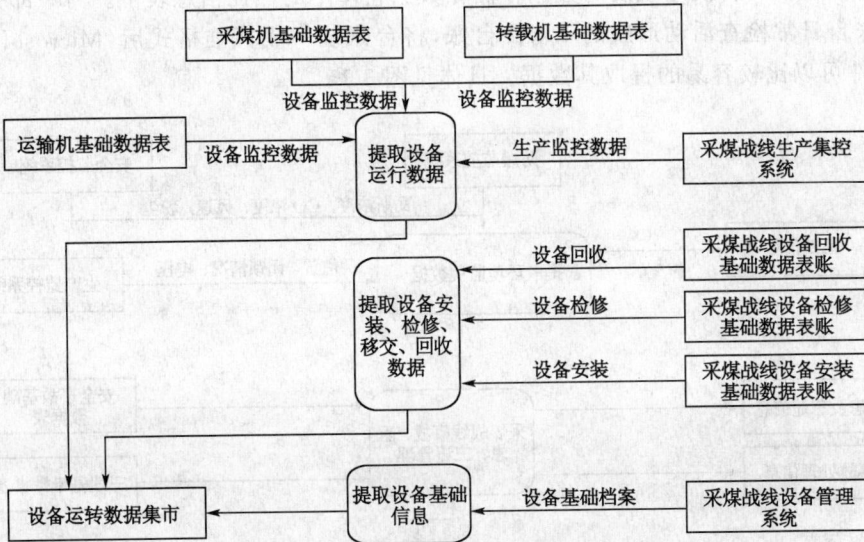

图 3-13　设备管理主题数据流程图

(5) 物资消耗主题。十二矿物资管理主要由物管中心负责,目前正在运行的物资管理信息系统由蓝光企业开发,为 B/S 结构,后台数据库为 Oracle 9i。该系统目前实现了到矿物资验收、区队物资计划申报、审批等功能。物资实际消耗、修旧利废、回收等情况记录在各区队、班组的精细化管理台账上,为 Excel 格式。具体见图 3-14。

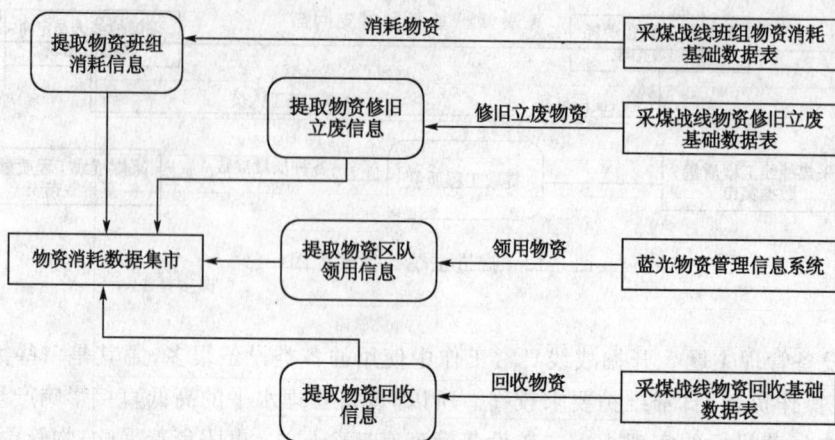

图 3-14 物资消耗主题数据流程图

（6）安全生产主题。该主题数据来源于各监控系统和安全管理台账。安全监控系统的数据库为 Microsoft SQL Server 2000，可以直接通过数据库工具提取其中数据。爆破监控系统的数据是流文件格式，需要单独编写接口程序读取。两个系统都提供时间和地点数据，需要将它们统一。转换完成后的数据存储在数据仓库中的监控信息表中。另一部分安全生产数据来自日常检查活动形成的 Excel 台账，将台账统一成标准格式后，Microsoft 公司的 SSIS 组件可以比较容易的提取其数据。具体见图 3-15。

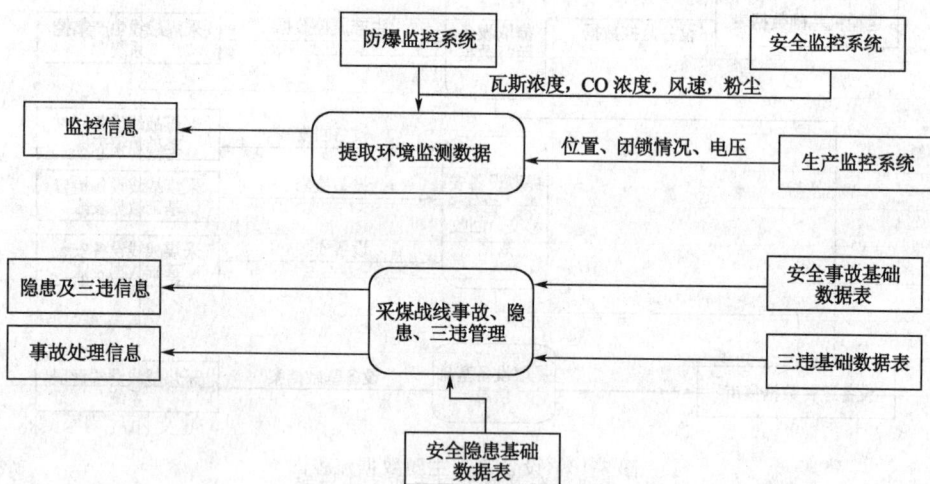

图 3-15 安全生产主题数据流程图

4 采煤战线精细化管理实践

4.1 采煤战线精细化分解结构

采煤战线是煤矿企业最为关键的生产战线,也是直接为煤矿企业创造价值的核心生产战线,原煤的生产量直接决定了煤矿企业的产量,是煤矿企业经济效益的最为关键的影响因素。由于采煤战线是煤矿企业直接创造价值的战线,因此如何实现高产、高效、安全、均衡生产是煤炭企业管理的关键。通过工作结构分解,明确采煤战线的工作任务,明确责任单位和责任人,提高工作责任心和工作效率,形成事事有人管、人人都管事的工作局面。通过基础数据表格记录每个工作活动的生产要素,记录生产要素投入情况,进行统计分析,形成内部生产定额,从而有利于成本控制。采煤战线工作项目分解为生产任务、安全管理任务、设备管理任务、材料管理任务、人员管理任务、质量管理任务、现场管理任务和考核管理任务等八大任务。具体工作分解结构如图 4-1 所示:

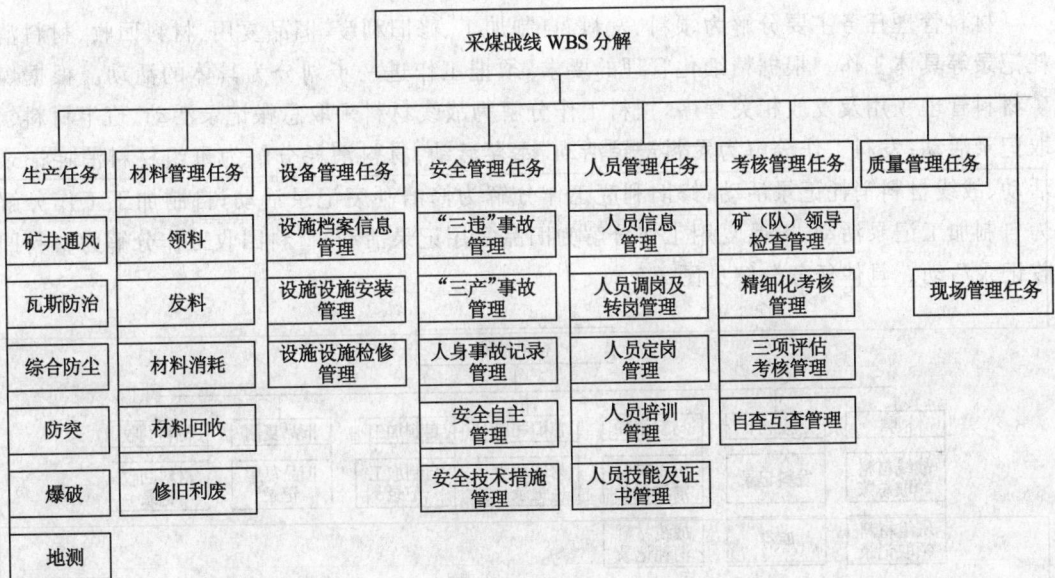

图 4-1 采煤战线 WBS 分解

4.1.1 生产任务工作分解结构图

根据十二矿精细化管理工作分解结构建设的目标和原则,采煤战线生产任务分解为采煤、移架、支护及生产辅助任务。根据精细化管理工作分解结构建设要求,还需要把工作分解为工作活动。根据煤矿企业生产工艺,采煤工作分解为割煤活动、装煤活动、运煤活动;移架工作分解为正常拉架活动、抬架活动、调架活动、出口端头支架的移架活动;生产辅助工作分解为推刮板运送机活动、清扫浮煤活动、清理煤壁活动;支护工作分解为端头支护活动、过机头(尾)支护活动、回放柱顶活动、替棚及动压区支护活动、防冒顶支护活动、特殊支护活动。采煤战线生产任务工作分解结构如图 4-2 所示。

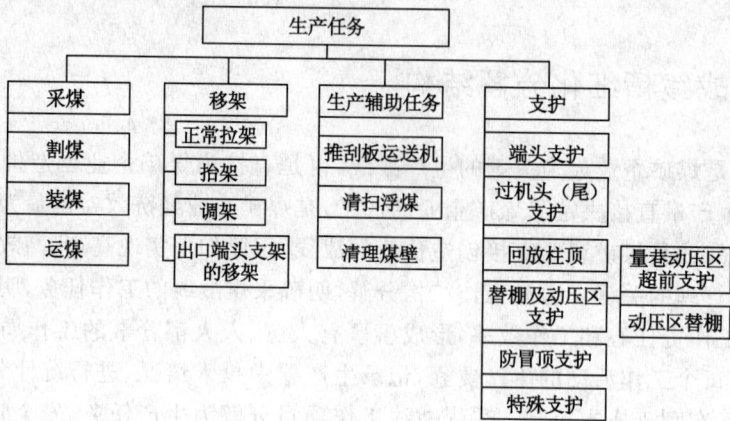

图 4-2 采煤战线生产任务分解

4.1.2 材料管理工作分解结构图

材料管理任务主要分解为领料、发料、自制加工、修旧利废、旧品复用、材料回收、材料消耗记录等具体工作。根据精细化管理的要求,须把工作进一步划分为具体的活动。根据煤矿材料管理领用及发放相关程序,领料工作分解为战线材料领取总账记录活动、班组材料领取记录活动;发料工作分解为发料记录活动、库存活动;材料消耗分解为班组材料消耗记录活动、战线材料消耗记录活动;修旧利废工作分解为修旧利废记录活动;自制加工工作分解为自制加工记录活动;旧品复用工作分解为旧品复用记录活动;材料回收工作分解为材料回收记录活动。具体任务分解见图 4-3。

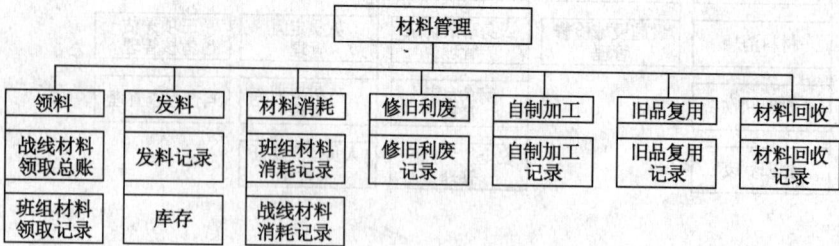

图 4-3 采煤战线材料管理任务分解

4.1.3 安全管理工作分解结构图

安全管理任务分解为安全自主管理工作、"三违"事故管理工作、人身事故管理工作、生产事故管理工作、安全技术措施管理工作。安全自主管理工作分解为安全自主管理记录活动、安全培训记录活动、安全事故报告档案记录活动、安全信息整改记录活动、安全隐患排查记录活动;"三违"事故管理工作分解为"三违"事故记录活动;人身事故管理工作分解为人身事故记录活动;生产事故管理工作分解为生产事故记录活动;安全技术措施管理工作分解为安全制度制定活动、回采工艺安全技术措施活动。安全制度分为安全生产事故管理制度、安全自主管理制度、隐患排查与整改制度、安全培训管理制度;回采工艺安全技术措施分解为割煤安全技术措施,移架安全技术措施,推移刮板运送机安全技术措施,机电维修、安装及操作安全技术措施,防治水安全技术措施,工作面综合防突安全技术措施,"一通三防"安全技术措施,运输安全技术措施及其他安全技术措施。具体见图4-4。

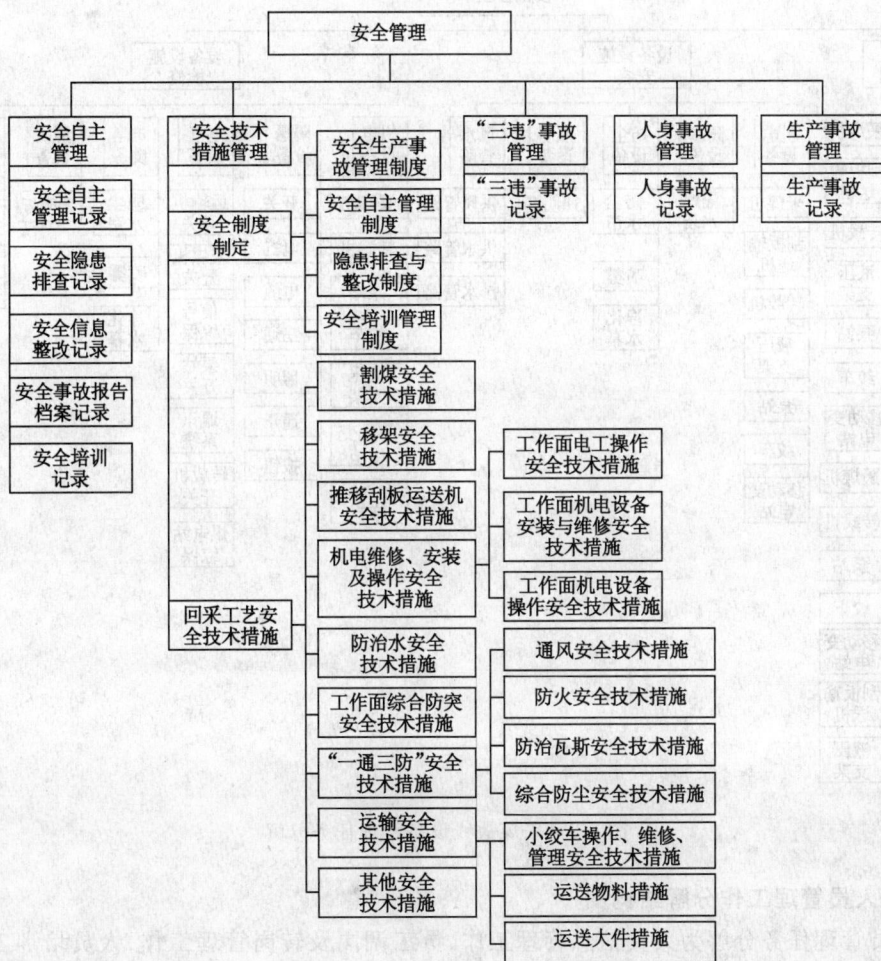

图4-4　采煤战线安全管理任务分解

4.1.4　设备管理工作分解结构图

设备管理任务分解为设备设施档案信息管理工作、设备设施安装工作、设备设施检修工作。根据采煤战线生产特点,设备档案信息管理工作分解为机电设备档案管理活动、机电设备回收档案管理活动;设备设施安装工作分解为机电设备安装、隔爆设备安装、防尘设备安装、照明设备安装、风水管路设施安装;设备设施检修工作分解为机电设备检修活动、隔爆设备检修活动、防尘设备检修活动、照明设备检修活动、风水管路设施检修活动。其中机电设备主要包括采煤机、刮板运送机、转载机、液压支架、泵站、绞车、移动变电站；隔爆设备主要包括开关、电机、电缆、三通、照明、通讯、按钮；电气设备主要包括运输机开关、采煤机开关、信号综保、泵站开关、通讯系统、转载机开关、煤电站综保；防尘设备主要包括防尘水帘、喷雾、净化水幕；照明设备设施主要包括照明灯；风水管路设施主要包括供风管路、供水管路、排水管路，具体分解见图 4-5。

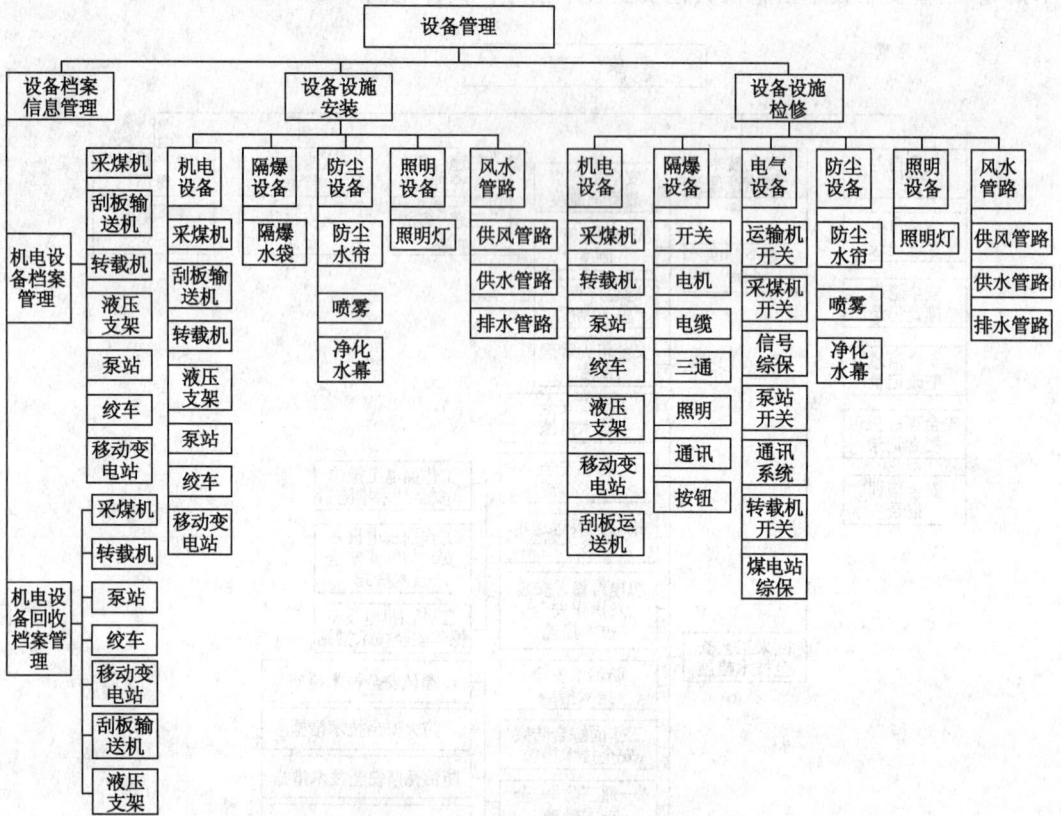

图 4-5 采煤战线设备管理任务分解

4.1.5 人员管理工作分解结构图

人员管理任务分解为人员信息管理工作、员工调岗及转岗管理工作、人员培训工作、师徒合同管理工作、人员定岗管理工作、人员技能及证书管理工作。人员信息管理工作分解为人员信息记录活动、队干部及职工通讯录记录活动；员工调岗及转岗管理工作分解为员工调岗记录活动、员工转岗记录活动、员工退休记录活动；人员培训管理工作分解为人员培训记录活动；师徒合同管理工作分解为师徒合同管理记录活动；人员定岗管理工作分解为人员定岗信息记录活动，员工生产工分明细记录活动及班组得架、进尺明细记录活动；人员技能及证书管理工作分解为人员技能及证书管理记录活动，具体如图 4-6 所示。

```
                        ┌─────────────┐
                        │   人员管理   │
                        └──────┬──────┘
    ┌──────────┬──────────┬────┼──────────┬──────────┬──────────┐
┌────────┐┌────────┐┌────────┐┌────────┐┌────────┐┌────────┐
│人员信息 ││员工调岗及转││人员培训 ││师徒合同 ││人员定岗 ││人员技能及证│
│管理    ││岗管理   ││管理    ││管理    ││管理    ││书管理   │
└────────┘└────────┘└────────┘└────────┘└────────┘└────────┘
┌────────┐┌────────┐┌────────┐┌────────┐┌────────┐┌────────┐
│人员信息 ││员工调岗 ││人员培训 ││师徒合同管理││人员定岗 ││人员技能 │
│记录    ││记录    ││记录    ││记录    ││信息    ││及证书管 │
└────────┘└────────┘└────────┘└────────┘└────────┘│理记录   │
                                                   └────────┘
┌────────┐┌────────┐                    ┌────────┐
│队干部及职││员工转岗 │                    │员工生产工分│
│工通讯录 ││记录    │                    │明细记录  │
└────────┘└────────┘                    └────────┘
          ┌────────┐                    ┌────────┐
          │员工退休 │                    │班组得架、进尺│
          │记录    │                    │明细记录  │
          └────────┘                    └────────┘
```

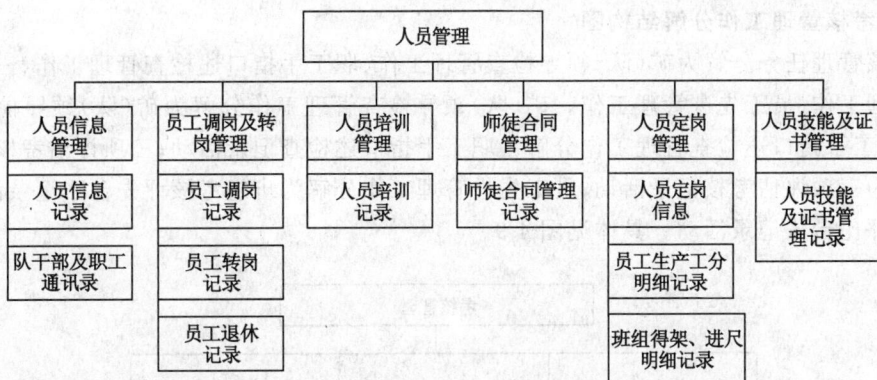

图 4-6　采煤战线人员管理任务分解

4.1.6　质量管理工作分解结构图

质量管理任务分解为工程质量管理工作、质量标准化档案管理工作。工程质量管理工作分解为工程质量达标统计记录活动;质量标准化档案管理分解为质量标准化档案管理记录活动。具体见图 4-7。

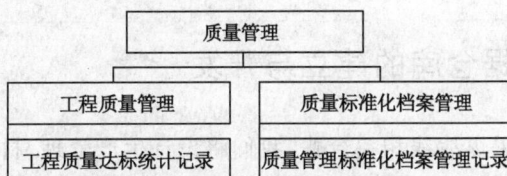

```
              ┌─────────────┐
              │   质量管理   │
              └──────┬──────┘
         ┌───────────┴───────────┐
  ┌─────────────┐        ┌─────────────────┐
  │  工程质量管理 │        │  质量标准化档案管理 │
  └─────────────┘        └─────────────────┘
  ┌─────────────┐        ┌─────────────────┐
  │工程质量达标统计记录│    │质量管理标准化档案管理记录│
  └─────────────┘        └─────────────────┘
```

图 4-7　采煤战线质量管理任务分解

4.1.7　现场管理工作分解结构图

现场管理任务分解为巷道煤层厚度变化统计管理工作和安全监测工作。巷道煤层厚度变化统计管理工作分解为巷道煤层厚度变化统计记录活动;安全检测工作分解为瓦斯数据检测活动、矿压检测活动。瓦斯数据检测活动又可分解为浅孔注水记录、瓦斯监测记录、瓦斯钻孔施工记录及瓦斯释放孔施工记录。具体见图 4-8。

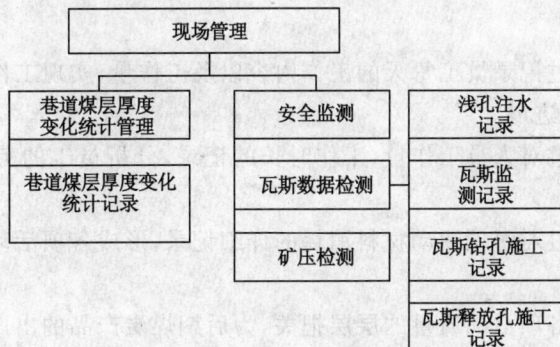

```
                ┌─────────────┐
                │   现场管理   │
                └──────┬──────┘
      ┌────────────────┼────────────────┐
┌──────────┐    ┌──────────┐    ┌──────────┐
│巷道煤层厚度 │    │  安全监测  │    │浅孔注水   │
│变化统计管理 │    │          │    │记录      │
└──────────┘    └──────────┘    └──────────┘
┌──────────┐    ┌──────────┐    ┌──────────┐
│巷道煤层厚度变化│  │瓦斯数据检测 │    │瓦斯监测   │
│统计记录   │    │          │    │记录      │
└──────────┘    └──────────┘    └──────────┘
                ┌──────────┐    ┌──────────┐
                │  矿压检测  │    │瓦斯钻孔施工 │
                │          │    │记录      │
                └──────────┘    └──────────┘
                                ┌──────────┐
                                │瓦斯释放孔施工│
                                │记录      │
                                └──────────┘
```

图 4-8　采煤战线现场管理任务分解

4.1.8 考核管理工作分解结构图

考核管理任务分解为矿(队)领导检查管理工作、职工手指口述检查管理工作、三项评估考核管理工作、员工先进管理工作。矿(队)领导检查管理工作分解为矿(队)领导检查记录活动;职工手指口述检查管理工作分解为职工手指口述检查记录活动;三项评估考核管理工作分解为三项评估考核记录活动;员工先进管理工作分解为班组考核评先台账记录活动、干部考核评比台账记录活动。具体见图4-9。

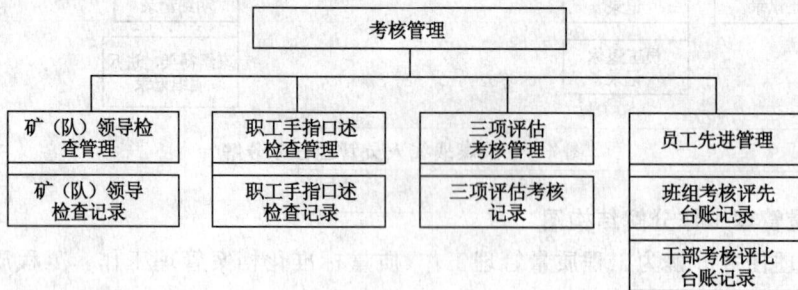

图 4-9　采煤战线考核管理任务分解

4.2　采煤战线数据仓库的建立与开发

根据十二矿给予的采煤战线相关台账,我们将设计生产管理、材料管理、安全管理、设备管理、人员管理等任务的各项活动的基础数据表格,全方位跟踪采煤战线生产所设计的内容。同时通过对任务活动的划分与记录,筛选有针对性的数据形成数据集市,通过数据集市的结合形成采煤战线数据仓库。

4.2.1　生产管理任务基础数据表

采煤战线生产任务管理主要通过对产量信息数据、人员定岗数据、人员耗时数据、材料消耗数据以及质量数据的记录,为采煤战线的生产精细化管理提供数据保障。

采煤战线产量信息数据是煤矿最重要的数据,是煤矿生产能力与利润的最直接体现。产量数据通过记录采煤战线各岗位各活动每日的生产情况,跟进生产进度,实现对工作效率的统计。

人员定岗数据通过记录员工每天的工作内容以及工作量,实现工作定额管理,有助于合理分配工作,加快工作进展。

人员耗时数据通过对人员工作量、工作时长的记录,分析员工的劳动生产率,形成劳动定额。

材料消耗数据通过对每项活动材料消耗的详细记录,形成各项活动的材料定额,避免成本的浪费。

质量数据通过对各项活动质量的层层把关,为后期煤炭产品的出产提供基础保障。

(1) 采煤工作任务管理

采煤工作任务管理需要记录的主要数据是接班位置、刀数、机头进尺、机尾进尺、煤机停位以及负责人员等。具体见表4-1。

表 4-1　　　　　　　　　各工作面采煤工作任务管理基础数据表

各工作面采煤工作任务管理										
序号	地点区域	日期	班次	生产情况					人员定岗	材料消耗	
				接班位置（后滚筒）	刀数	机头进尺	机尾进尺	煤机停位（架）	负责人员	…	…

（2）综采队得架、进尺管理

综采队得架、进尺管理需要记录的主要数据是生产情况包括实架个数、总架个数、扣架个数、机头进尺、机尾进尺以及负责人员名单等。具体见表4-2。

表 4-2　　　　　　　　综采队全队班组得架、进尺明细基础数据表

综采队全队班组得架、进尺明细管理										
序号	地点区域	日期	班组	班次	人员定岗	生产情况					备注
					人员名单	实架	总架	扣架	机头进尺	机尾进尺	

（3）车间工作管理

车间工作管理需要记录的主要数据是车间的工作量以及负责人员等。具体见表4-3。

表 4-3　　　　　　　　　综采队车间工作量管理基础数据表

综采队车间工作量管理							
序号	地点区域	日期	班次	人员定岗	生产情况	材料消耗		备注
				班长	工作量	…	…	

（4）注水管理

注水管理需要记录的主要数据是生产情况包括架号、孔深、孔径、注水量以及打钻人员等。具体见表4-4。

表 4-4　　　　　　　　工作采面注水管理基础数据表

工作采面注水管理									
序号	地点区域	日期	班次	生产情况				人员定岗		备注
				架号	孔深/m	孔径/mm	注水量/m³	打钻人员	跟班干部	

（5）钻孔管理

钻孔管理需要记录的主要数据是钻孔参数、里探头瓦斯量、外探头瓦斯量、q 值（瓦斯涌出初速度 5 L/min）、s 值、补孔（架号）以及打钻人员等。具体见表 4-5。

表 4-5　　　　　　　　　各工作面钻孔管理基础数据表

各工作面钻孔管理		序号	
		打钻地点	
		日期	
		班次	
	人员定岗	跟班干部	
		打钻人员	
	生产情况	钻孔参数	孔数
			孔深/m
			孔径/mm
			单孔打钻时间（分）
			孔口瓦斯量
		里探头瓦斯量	
		q 值 （瓦斯涌出初速度 5 L/min）	3 m
			5 m
			7 m
			9 m
		s 值	4 m
			6 m
			8 m
			10 m
		外探头瓦斯量	
		补孔（架号）	
		备注	

（6）图纸使用管理

图纸使用管理记录的主要数据包括图纸名称、用途以及管理人员信息等。具体见表 4-6。

表 4-6　　　　　　　　　图纸使用管理基础数据表

图纸使用管理							
序号	工作面名称	图纸名称	生产情况			人员定岗	存放地点
			领用时间	用途	使用时间	管理人员	

（7）作业规程复查管理

作业规程复查管理记录的主要数据是作业规程名称、复查情况、整改情况、整改人以及复查人等。具体见表4-7。

表 4-7　　　　　　　　　　　　　　作业规程复查管理基础数据表

作业规程复查管理								
序号	复查地点	生产情况				人员定岗		备注
		复查时间	作业规程名称	复查情况	整改情况	整改人	复查人	

4.2.2　材料管理任务基础数据表

采煤战线材料管理任务通过对材料库存、材料领用、材料发放、材料使用、材料回收、材料加工、材料复用等数据进行记录，管理采煤战线每项活动材料的消耗。通过记录材料存放的具体地点、位置，可在需要的时候快速、准确地找到所用材料。材料的领用与使用记录通过对材料消耗的数量以及消耗原因的分析，形成各工作活动的材料消耗定额、材料消耗控制、材料消耗预算，减少材料浪费，提高企业经济效益。同时通过对材料管理人员、材料发放人员、材料领取人员以及材料回收人员的记录，严格控制材料的运转流程，防止因材料发放错误或材料未按工序流程发放造成事故。

（1）物资消耗管理

物资消耗管理需要记录的主要数据包括物资名称、当月领取、井上派发、井下接收以及消耗情况（应结存与结存）等。具体见表4-8。

表 4-8　　　　　　　　　　　　　　物资消耗管理基础数据表

物资消耗管理															
序号	分类	物品名称	规格	单价	物资编码	换算比率	上月结存		当月领取	井上派发	井下接收	应结存		结存		差额	差额分析
							井上	井下				井上	井下	井上	井下		

（2）班组材料消耗管理

班组材料消耗管理需要记录的主要数据包括班次、累计消耗量、累计金额、领用人以及使用地点等。具体见表4-9。

表 4-9　　　　　　　　　　　　　　班组材料消耗管理基础数据表

班组材料消耗管理										
序号	日期	班组	班次				消耗总计		领用人	凭证号	使用地点
			早八点班	午两点班	晚八点班	零点班	累计消耗量	累计金额			

（3）材料存储管理

材料存储管理需要记录的主要数据包括材料名称、货架或货柜、数量、上交人以及接收人等。具体见表 4-10。

表 4-10　　　　　　　　　　　　材料存储管理基础数据表

材料存储位置管理													
序号	地点区域	日期	货架（柜）	层数	名称	规格	数量	单位	上交人	接受人	接收	派发	结存	备注

（4）物资派发、领取明细管理

物资派发、领取明细管理需要记录的主要数据包括物品名称、派发领取数量、派发人以及经办人等。具体见表 4-11。

表 4-11　　　　　　　　　物资派发、领取明细管理基础数据表

物资派发、领取明细管理															
序号	日期	物品名称	规格	单位	单价	定额	换算比率	物资编码	当月累计	来源摘要	方式	数量	派发人	派发地点	经办人	凭证号

（5）物资回收管理

物资回收管理需要记录的主要数据包括物资名称、上交数量、应回数量、井下存量、上交人以及接收人等。具体见表 4-12。

表 4-12　　　　　　　　　　　　物资回收管理基础数据表

物资回收管理															
序号	日期	名称	规格	总量/m	上交数量/m	剩余/m	上交人	接受单位	接收人	备注	当月推进	应回数量	当月实际上交量	井下存量	当月回收率

（6）物资修旧利废管理

物资修旧利废管理需要记录的主要数据包括设备名称、故障原因、处理方法、更换部件以及修理人等。具体见表 4-13。

表 4-13　　　　　　　　　　　　物资修旧利废基础数据表

物资修旧利废管理							
序号	回收地点	设备名称	修理时间	修理人	故障原因	处理办法	更换部件	备注

（7）物资自制加工管理

物资自制加工管理需要记录的主要数据包括加工物品、投入物品、使用去向以及加工人等。具体见表 4-14。

表 4-14　　　　　　　　　　　物资自制加工管理基础数据表

序号	地点区域	日期	负责人	加工物品			投入物品			加工人	使用去向	备注
				加工物品名称	单位	数量	投入物品名称	单位	数量			

（8）旧品复用管理

旧品复用管理记录的主要数据包括旧品名称、数量、规格、复用地点以及负责人等。具体见表 4-15。

表 4-15　　　　　　　　　　　旧品复用管理基础数据表

序号	地点区域	负责人	旧品							复用			
			回收日期	名称	规格	单位	数量	回收地点	存放地点	复用日期	名称	单位	数量	使用地点

（9）火药、雷管材料管理

火药、雷管材料管理需要记录的主要数据包括申请量、消耗量、瓦检员、爆破员以及施工地点等。具体见表 4-16。

表 4-16　　　　　　　　　　　火药、雷管材料管理基础数据表

序号	施工地点	日期	施工单位	班组	值班班领导	瓦检员	爆破员	班组长	申请量			实发量			消耗量			退库量			雷管编号	库管员
									水胶	乳化	雷管	水胶	乳化	雷管	水胶	乳化	雷管	水胶	乳化	雷管		

（10）电缆管理

电缆管理需要记录的主要数据包括电缆数量、规格、长度、用途等。具体见表 4-17。

表 4-17　　　　　　　　　　　电缆管理基础数据表

序号	电缆编号	地点区域	单位	数量	规格/mm^2	长度/m	用途	备注

（11）钢丝绳管理

钢丝绳管理需要记录的主要数据包括钢丝绳规格、使用地点、长度、责任人等。具体见表 4-18。

表 4-18   钢丝绳管理基础数据表

钢丝绳管理										
序号	地点区域	日期	规格	领用单位	生产厂家	使用地点	长度/m	责任人	编号	备注

4.2.3 安全任务管理基础数据表

采煤战线安全任务管理通过对事故人员、事故经过、事故查处结果、事故整改结果的记录，形成安全任务管理基础数据表。

事故人员的记录包括违规人员、查处人员，通过对涉及人员的详细记录，在事故处理时可界定事故责任。

事故经过的记录包括事故地点、时间、原因。通过对事故细节的分析研究查找造成事故的关键因素，后期工作时可加以防范。

事故查处结果的记录可告诫违规者同时预警他人必须按照规范操作。

对事故整改结果的追踪既可督促班组及时整改，提高安全指数，同时也为后期操作奠定安全基础。

（1）"三违"管理

"三违"管理需要记录的主要数据包括违章人员姓名、违章行为、查处者、累计违章次数等。具体见表 4-19。

表 4-19   "三违"管理基础数据表

"三违"管理													
序号	日期	违章地点	违章者姓名	工种或职务	违章行为及防范措施	处理意见	处理结果	查处者	查处部门或单位	累计次数	上次违章编号	违章类别	备注

（2）安全信息整改管理

安全信息整改管理需要记录的主要数据包括整改人、整改问题、整改情况、复查人等。具体见表 4-20。

表 4-20   安全信息整改管理基础数据表

安全信息整改记录管理										
序号	地点区域	日期	整改人	复查人	当班负责人	整改问题	整改日期	整改意见	整改情况	备注

（3）生产事故管理

生产事故管理需要记录的主要数据包括查出问题、处理结果、责任单位等。具体见表4-21。

表 4-21   生产事故管理基础数据表

生产事故管理									
序号	地点区域	日期	责任单位	检查单位	查出问题	处理意见	处理结果	事故发生率	备注

（4）人身事故管理

人身事故管理需要记录的主要数据包括姓名、班组、工伤级别等。具体见表4-22。

表 4-22   人身事故管理基础数据表

人身事故管理									
序号	地点区域	时间	工种	姓名	简述	处理意见	工伤级别	班组	事故报告

（5）安全自主管理

安全自主管理需要记录的主要数据包括班组、安全得分、质量得分、文明生产得分、扣分原因等。具体见表4-23。

表 4-23   安全自主管理基础数据表

综采队安全自主管理											
序号	地点区域	日期	工作面	班组	跟班干部	安全得分	质量得分	文明生产得分	平均得分	扣分原因	备注

（6）安全技术措施管理

安全技术措施管理需要记录的主要数据包括措施名称、编制时间、审批时间、使用时间以及相关人员信息等。具体见表4-24。

表 4-24   安全技术措施管理基础数据表

安全技术措施管理											
序号	工作面名称	生产情况					人员定岗				备注
		措施名称	编制时间	审批时间	使用时间	贯彻时间	贯彻人	应参加人数	参加人数	编制人	技术负责人

（7）安全资格证管理

安全资格证管理需要记录的主要数据包括姓名、证号、持证工种等。具体见表4-25。

表 4-25   **安全资格证管理基础数据表**

安全资格证持证管理										
序号	单位	姓名	类别	取证时间	持证工种	证号	初培	一审	二审	备注

（8）电气防爆检修管理

电气防爆检修管理需要记录的主要数据包括检修人以及检修项目情况等。具体见表 4-26。

表 4-26   **工作面电气防爆检修管理基础数据表**

综采队工作面电气防爆检修管理	序号		
	地点区域		
	日期		
	班次		
	检修周期		
	人员定岗		
	检修人		
	生产情况（检修内容与标准）	标志齐全	有产品合格证、防爆合格证、安全标志、固定资产身份码
		防爆全方位	无失爆
		设备观察透明板	显示屏清晰、无松动、无破裂
		外壳	无裂纹、无开焊、无变形、无划伤（划伤长度不超过 50 mm、深度不超过 5 mm）
		闭锁装置	齐全完整、无变形，起到闭锁作用
		防爆紧固	弹簧有弹性，与螺栓相适应，螺丝上满，孔口压紧，无滑扣无断丝
		螺纹喇叭嘴电缆线	有密封圈、金属环，无上下活动，无亲嘴，用一只手扳无明显晃动，用一只手的拇指、食指、中指拧不进半圈，密封严密，密封圈厚度＞10 mm，电缆不窜动
		照明	透明罩清晰，连锁装置不失爆，无松动，无裂痕，无破损
		接地	有辅助接地极，符合规定
		挡板检查	无生锈，手摸不松动，不缺挡板，挡板厚度 2 mm，直径 110 mm 以上的挡板厚度为 3 mm
		电缆引入喇叭嘴装置	密封圈内径与电缆外径不超 1 mm，密封圈厚度大于电缆外径的 0.3 倍，无包扎物，密封有弹性、不变形，起密封作用，无断裂，喇叭嘴上下用手扳无上下活动，有挡板，有金属圈，无亲嘴，电缆不窜动
		电缆检查	无裂口，无压扁，无掉块。冷补处无裂口、无掉块、无离皮、无潮湿
		各个设备接线盒防爆面	无锈蚀，无油漆，无伤痕（伤痕深度不大于 0.5 mm、长度小于 2/3）
		防爆面	全防爆面均匀涂油
		其他	
	备注		

4.2.4 设备管理任务基础数据表

采煤战线设备管理通过对设备统计、设备安装、设备使用、设备巡查、设备检修、设备回收的记录,形成设备任务管理基础数据表。通过对设备从使用到回收过程中的严密把控,准确掌握设备技术状况,维持和改善设备工作性能,预防事故发生,减少停机时间,延长设备寿命、降低维修费用,保证正常生产。同时对设备使用人员、检修人员进行统计,避免因人员设备使用不当或设备维护不当导致事故的发生。

（1）设备统计管理

设备统计管理需要记录的主要数据包括设备名称、型号、身份证号、生产许可证号、防爆号、煤安号、生产厂家、安装日期、回收日期以及包机人等。具体见表4-27。

表 4-27 　　　　　　　　　　　设备统计管理基础数据表

设备统计管理												
编号	工作面	设备名称	所在位置	型号	身份证号	防爆号	煤安号	生产许可证号	生产厂家	生产日期	安装日期	回收日期	包机人

（2）设备入井、回收管理

设备入井、回收管理需要记录的主要数据包括设备信息、使用地点、回收地点、经办人等。具体见表4-28。

表 4-28 　　　　　　　　　　设备综合入井、回收管理基础数据表

机电设备综合入井、回收管理														
序号	使用日期	回收日期	设备名称	设备型号	固定资产身份号	安全标识号	防爆合格证号	出厂编号	生产厂家	生产日期	使用地点	回收地点	配套设备	经办人	备注

（3）设备检修管理

设备检修管理需要记录的主要数据包括设备名称、使用班组、使用情况、检修内容、检修人等。具体见表4-29。

表 4-29 　　　　　　　　　　各工作面设备检修管理基础数据表

综采队各工作面设备检修管理										
设备名称	日期	地点	使用班组	设备名称	编号	车号	使用情况	检修内容	检修人	备注

（4）支架安装管理

支架安装管理需要记录的主要数据包括运架和摆架的架号、绞车司机、连钩头人、打点人以及负责人等。具体见表4-30。

表 4-30   **支架安装管理基础数据表**

支架安装管理														
序号	日期	班次	跟班干部	运架					摆架					备注
				架号	绞车司机	连钩头人	打点人	负责人	架号	绞车司机	连钩头人	打点人	负责人	

（5）运输机安装管理

运输机安装管理需要记录的主要数据包括运槽子、挡煤板、卸槽子、对接槽子的安装情况、消耗材料以及负责人员信息等。具体见表 4-31。

表 4-31   **运输机安装管理基础数据表**

		序号	
		日期	
		班次	
		跟班干部	
运输机安装管理	运槽子、挡煤板、卸槽子	负责人	
		绞车司机（两个）	
		连钩人	
		跟车人	
		槽子/节	
		备注	
	卸槽子、挡煤板	负责人	
		绞车司机	
		连钩人	
		槽子/节	
		备注	
	对接槽子、挡煤板	负责人	
		夹板螺丝（规格）	
		夹板螺丝/条	
		挡煤板螺丝（规格）	
		挡煤板螺丝/条	
		哑铃销/个	
		槽子/节	
		链子/m	
		锯齿环/个	
		刮板/个	
		刮板卡子/个	
		刮板螺帽/个	
	备注		

（6）采煤机安装管理

采煤机安装管理需要记录的主要数据包括安装地点、材料消耗、安装情况及安装人员等。具体见表4-32。

表 4-32　　　　　　　　　　　采煤机安装管理基础数据表

				运煤机					安装		安装投入物品（例如：螺丝）				当班安全情况	安装质量
序号	日期	班次	跟班干部	运煤机负责人	所运部位（量）	挂、导链责任人	绞车司机	连钩责任人	安装部位	数量	品名	数量	备注			

（7）转载机安装管理

转载机安装管理需要记录的主要数据包括运槽子、挡煤板、卸槽子、对接槽子的安装情况、消耗材料以及负责人员信息等。具体见表4-33。

表 4-33　　　　　　　　　　　转载机安装管理基础数据表

转载机安装管理	序号	
	日期	
	班次	
	跟班干部	
	运槽子、挡煤板、卸槽子	负责人	
		绞车司机	
		连钩人	
		跟车人	
		槽子/节	
	挡煤板、卸槽子	负责人	
		绞车司机	
		连钩人	
		跟车人	
		槽子/节	
	对接槽子	负责人	
		对接螺丝	
		哑铃销/个	
		槽子/节	
		链子/m	
		锯齿环/个	
		刮板/个	
		刮板卡子/个	
		刮板螺帽/个	
	当班安全情况	

（8）液压支架检修管理

液压支架检修管理需要记录的主要数据包括检修人以及检修项目情况等。具体见表4-34。

表4-34　　　　　　　　　　　　　工作面液压支架检修记录基础数据表

工作面液压支架检修记录管理		序号				
		地点区域				
		日期				
		班次				
		检修周期				
	人员定岗			检修人		
	生产情况	检修内容与标准	外况	千斤顶	伸缩无漏液,无内窜	
				活塞杆	明柱无伤痕,镀层无脱落,无弯曲	
				缸筒	管接头无变形,无沙眼	
				半圆贯销	无缺失、无外窜(小于30 mm),开口销无缺失	
				密封件	伸缩不漏液,内腔不窜液	
				连接部件	无开焊,无外窜,开口销无缺失	
				阀组件	无漏液,开启灵敏(控制阀无打不开、动作慢现象)	
			操作阀组	手把	动作灵敏,无磨损,无弯曲,无变形,无断把	
				阀芯	顶杆无磨损,密封无损坏,无窜液(无吱吱声)	
				阀片连接	接触面密封不漏液,连接紧固(用扳手紧固至紧不动)	
				阀组	牢固,稳定,不歪斜	
			推移框架	连接销	连接销齐全,无外窜	
				加长滑块	无开焊,无损坏,无变形	
				连接耳	无变形,无掉耳	
			侧护	外况	伸缩无漏液,无内窜	
				连接	连接销齐全,不外窜	
				弹簧筒	连接牢固,无弯曲,贯销无外窜、丢失	
				侧护板	无变形(变形量不超过3%),无卷边,无开焊	
			护帮板	千斤顶	伸缩不漏油,无内窜	
				双向锁	开启动作灵敏,无漏液	
				连接	连接销子齐全、牢固,无变形	
				护帮板	护帮板无开焊,无变形,无掉耳	
			管路	主管路	连接卡子齐全,长度合适,排列整齐,无用铁丝代替,无漏液	
				截止阀	动作灵活、固定牢固	
				架间管路	排列整齐、合理,无漏液,无破口、破皮	
				U型卡	无外窜,无单腿,无用铁丝代替	

续表 4-34

工作面液压支架检修记录管理		序号		
		地点区域		
		日期		
		班次		
		检修周期		
	人员定岗		检修人	
	生产情况	检修内容与标准	结构件	顶梁、底座、四连杆	无开焊，无损坏
				连接销	无外窜，无丢失
				贯销座	无开焊，无变形
				贯销	齐全，无缺失
			阀组	手把	注黄油一次
				手把活动部位	注机油一次
			管路	接头	抹黄油
				U 型卡	更换腐蚀 U 型卡
			侧护板	侧护板	无损坏，无变形（侧护与顶板垂度小于 3%）
				弹簧筒	无变形，无断裂
			其他		
		备注		

（9）运输机检修记录管理

运输机检修记录管理需要记录的主要数据包括检修人以及检修项目情况等。具体见表 4-35。

表 4-35　　　　　　　　工作面运输机检修记录管理基础数据表

工作面运输机检修记录管理		序号		
		地点区域		
		日期		
		班次		
		检修周期		
	人员定岗		检修人	
	生产情况	检修内容与标准	刮板、链子	刮板	刮板齐全、无变形，卡子无松动
				链子	无裂纹，无损伤
				锯齿环	无变形，无裂纹，无缺失
				松紧程度	启动时机头链轮底链垂度不超过两环

续表 4-35

	序号				
	地点区域				
	日期				
	班次				
	检修周期				
	人员定岗			检修人	
工作面运输机检修记录管理	生产情况	检修内容与标准	减速机	温度	不超过 65 ℃
				油量及密封	油量不低于容积的 1/2,不高于容积的 2/3,不漏油
				连接部	牢固可靠无松动(用扳手紧固至紧不动)
				对轮	橡皮套无缺失,无磨损
				声音	无杂音
				顺轴	密封无磨损,不漏油
			链轮	连接状态	牢固可靠无松动(用扳手紧固至紧不动)
				润滑状况	不缺油(油盒油量不低于容积的 1/3,不高于容积的 2/3,油路畅通,不渗油)
				磨损状况	无磨损(无滑链、无变形、无缺齿)
				附件	抱轴板、分链器、螺丝无松动、无变形,分链器磨损弧度不高于 1/3
			槽子	哑铃销	齐全,无缺
				槽子完好情况	无变形,无漂链
				附件	连接螺丝、夹板、盖板齐全、可靠
			其他	连接耳	无断裂、无裂纹
				挡煤板	无变形、无松动
				齿轨	无裂纹、无断裂,齿轨销无窜出、无丢失
			电机	温度	不超过 65 ℃
				声音	无杂音
				冷却系统	冷却水畅通(水压不低于 1.5 MPa,不高于 2 MPa)
				连接部位	牢固可靠无松动(用扳手紧固至紧不动)
				失爆系统	有螺栓、弹簧垫,喇叭嘴不松动,外壳无损伤,无锈蚀,压线紧固。隔爆面无锈蚀
			开关	失爆	螺栓紧固,无缺失,弹簧垫、密封圈、挡板、喇叭嘴不松动,电缆无窜动,外壳无损伤,隔爆面无锈蚀,闭锁装置可靠
				保护系统	保护装置齐全,灵敏可靠
				面板	按钮灵敏可靠灵活,显示屏清晰
				接触器	接触良好,接线柱无放电痕迹,真空管无发黑
				隔离开关	手把换相灵活可靠、接触良好
				运行	开停灵敏、无打呛现象

续表 4-35

			序号		
			地点区域		
			日期		
			班次		
			检修周期		
	人员定岗			检修人	
工作面运输机检修记录管理	生产情况	检修内容与标准		按钮	按钮灵活,启动灵敏,吊挂规范
			电缆	失爆	电缆无破皮,电缆不起热,电缆的热补、冷补不失效,要与电压等级相符
				吊挂	钩距1 m,电缆吊挂平直,低压在上高压在下。电缆无盘圈、无缠绕
				机头电缆	不低于5 MΩ
				机尾电缆	不低于5 MΩ
			机头架		无开焊,无变形
			机尾架		无开焊,无变形
			减速机传动部		同心度偏移不超过0.5 mm,橡皮套无缺失、无磨损
			抱轴板		无松动,无变形,无损坏
			分链器		无松动,无变形,磨损弧度不超过1/3
			机头、机尾轴		更换新油一次
			轴承		润滑良好,无过热
			铲煤板		无松动,螺丝齐全、无变形、无损坏
			中部槽、过渡槽		无变形,无磨损(磨损厚度小于1/2)
			开关	隔离开关	接触良好,消弧装置齐全。接触头无电弧烧伤,固定装置紧固
				控制线	接线紧固,无断线,无短路
				接线室	接线紧固,无潮湿,接线柱无放电痕迹,无毛刺
			电缆	接线工艺	芯线排列有序、无毛刺,线不接触外壳,腔内干净整洁,压线紧固,进壁5~15 mm
				接线装置	接线盒与电缆电压相符、连接紧固,高压接线盒应有接地装置
			电机	机头绝缘值	与上次测量有(无)变化
				机尾绝缘值	与上次测量有(无)变化
			齿轮啮合情况		间隙符合要求
			机头、机尾架连接情况		无窜出,无缺失,无变形
			机头、机尾轴		轴承球架无变形,球子无伤痕,密封无磨损、无漏油
			油质		取样化验一次(不符合规定换新油)

	序号			
工作面运输机检修记录管理	地点区域			
	日期			
	班次			
	检修周期			
	人员定岗		检修人	
	生产情况	检修内容与标准	开关	失爆	螺栓紧固、无缺失,弹簧垫、密封圈、挡板、喇叭口不松动,电缆无窜动,外壳无损伤,隔爆面无锈蚀,闭锁装置可靠
				接触器	接触良好,接线柱无放电痕迹,真空管无发黑
				隔离开关	手把换相灵活可靠,接触良好
				运行	开停灵敏,无打呛现象
				保护装置	整定合理,动作灵敏可靠,无铜、铝、铁丝代替保险丝
			其他	
	备注			

（10）采煤机检修记录管理

采煤机检修记录管理需要记录的主要数据包括检修人以及检修项目情况等。具体见表 4-36。

表 4-36　　　　　　　　工作面采煤机检修记录管理基础数据表

	序号			
工作面采煤机检修管理	地点区域			
	日期			
	班次			
	检修周期			
	人员定岗		检修人	
	生产情况	检修内容与标准	煤机卫生	保持清洁,无影响煤机散热、正常运行的杂物
			电缆	失爆	电缆无破皮,电缆不起热,电缆的热补、冷补不失效,要与电压等级相符
				吊挂	钩距 1 m,电缆吊挂平直,低压在上高压在下。电缆无盘圈、无缠绕
				牵引电缆（开关至煤机接线室）	不低于 5 MΩ
				截割电缆（开关至接线室）	不低于 5 MΩ
				对接部位	无松动,无滑扣,无断裂

续表 4-36

工作面采煤机检修管理	生产情况	序号			
		地点区域			
		日期			
		班次			
		检修周期			
		人员定岗		检修人	
		检修内容与标准		支撑架	无松动,无变形,无损伤
				行走箱	无缺齿,不断齿,每周各注油点一次(五处),注油量是油枪的 1/3 油量
				滚筒螺栓	无松动,无变形,无损伤
				过滤器	清洁、干净、无杂物
				电控箱	干净、无杂物,压线无松动
				滚筒按键、端盖	螺栓无松动、无缺失
			开关	隔离开关	接触良好,消弧装置齐全。接触头无电弧烧伤,固定装置紧固
				控制线	接线紧固,无断线,无短路
				接线室	接线紧固,无潮湿,接线柱无放电痕迹,无毛刺
			电缆	接线工艺	芯线排列有序、无毛刺,线不接触外壳,腔内干净整洁、压线紧固,进壁 5～15 mm
				接线装置	接线盒与电缆电压相符、连接紧固、高压接线盒应有接地装置
				煤机机身电缆	煤机前牵引电机(前电机至接线室)
					煤机后牵引电机(后电机至接线室)
					煤机前截割电机(前电机至接线室)
					煤机后截割电机(后电机至接线室)
					煤机调高电机(调高电机至接线室)
			电机	前牵引电机	绝缘值 50 MΩ
				后牵引电机	绝缘值 50 MΩ
				前摇臂电机	绝缘值 50 MΩ
				后摇臂电机	绝缘值 50 MΩ
				调高电机	绝缘值 50 MΩ
				煤机变频器	压线紧固无松动,内腔无灰尘,散热装置良好
				牵引变压器	压线紧固无松动,内腔无灰尘,绕组无变色
				油质	无异味,无杂质,无变色(取样化验符合标准)
				连接销子	每月注油一次(四处),调高千斤顶(两处)注油量 3 两,并拆卸安装销子一次
				保护装置	性能可靠,灵敏
				滚筒浮动密封	无漏油,无变形,无断裂
				防滑制动装置	安全、可靠
		备注			

（11）转载机检修管理

转载机检修管理需要记录的主要数据检修人以及检修项目情况等。具体见表4-37。

表 4-37　　　　　　　　　工作面桥式转载机检修管理基础数据表

			序号		
			地点区域		
			日期		
			班次		
			检修周期		
工作面桥式转载机检修管理	人员定岗			检修人	
	生产情况	检修内容与标准	开关	失爆	螺栓紧固、无缺失,弹簧垫、密封圈、挡板、喇叭口不松动,电缆无窜动,外壳无损伤,隔爆面无锈蚀,闭锁装置可靠
				接触器	接触良好,接线柱无放电痕迹,真空管无发黑
				隔离开关	手把换相灵活可靠,接触良好
				运行	开停灵敏,无打呛现象
				保护装置	整定合理,动作灵敏可靠,无用铜、铝、铁丝代替保险丝
			按钮		按钮灵活、启动灵敏、吊挂规范
			电缆	失爆	电缆无破皮,电缆不起热,电缆的热补、冷补不失效,要与电压等级相符
				吊挂	钩距1 m,电缆吊挂平直,低压在上高压在下。电缆无盘圈、无缠绕
				开关至电机接线室	不低于5 MΩ
			机头架		无开焊,无变形
			机尾架		无开焊,无变形
			减速机传动部		同心度偏移不超过0.5 mm,橡皮套无缺失、无磨损
			挡煤板		无损坏和变形
			推拉千斤顶、连接装置		千斤顶无窜液,连接无变形
			小跑车		无损坏和变形
			抱轴板		无松动,无变形,无损坏
			分链器		无松动,无变形,磨损弧度不超过1/3
			机尾轴		更换新油一次
			轴承		润滑良好,无过热
			开关	隔离开关	接触良好,消弧装置齐全。接触头无电弧烧伤,固定装置紧固
				控制线	接线紧固,无断线,无短路
				接线室	接线紧固,无潮湿,接线柱无放电痕迹、无毛刺
			电缆	接线工艺	芯线排列有序、无毛刺,线不接触外壳,腔内干净整洁、压线紧固,进壁5~15 mm
				接线装置	接线盒与电缆电压相符,连接紧固,高压接线盒应有接地装置

续表 4-37

工作面桥式转载机检修管理		序号		
		地点区域		
		日期		
		班次		
		检修周期		
	人员定岗		检修人	
	生产情况	检修内容与标准	电机	绝缘值	阻值与上次测量有无变化
			齿轮啮合情况	间隙符合要求
			机头架连接情况	无窜出，无缺失，无变形
			顺轴	密封无磨损、无漏油
			机尾轴	轴承球架无变形、球子无伤痕，密封无磨损、无漏油
			油质	取样化验一次（不符合规定换新油）
			开关	失爆	螺栓紧固，无缺失，弹簧垫、密封圈、挡板、喇叭口不松动，电缆无窜动，外壳无损伤，隔爆面无锈蚀，闭锁装置可靠
				接触器	接触良好，接线柱无放电痕迹，真空管无发黑
				隔离开关	手把换相灵活可靠，接触良好
				运行	开停灵敏，无打呛现象
				保护装置	整定合理，动作灵敏可靠，无用铜、铝、铁丝代替保险丝
			其他	

（12）绞车检修管理

绞车检修管理需要记录的主要数据检修人以及检修项目情况等。具体见表 4-38。

表 4-38　　　　　　　　　　采面绞车检修管理基础数据表

采面绞车检修管理		序号		
		地点区域		
		日期		
		班次		
		检修周期		
	人员定岗		检修人	
	生产情况	检修内容与标准	开关	失爆	螺栓紧固，无缺失，弹簧垫、密封圈、挡板、喇叭口不松动，电缆无窜动，外壳无损伤，隔爆面无锈蚀，闭锁装置可靠
				接触器	接触良好，接线柱无放电痕迹，真空管无发黑
				运行	开停灵敏，无打呛现象
				保护装置	整定合理，动作灵敏可靠，无用铜、铝、铁丝代替保险丝

采面绞车检修管理	序号				
	地点区域				
	日期				
	班次				
	检修周期				
	人员定岗			检修人	
	生产情况	检修内容与标准	声光	信号、打点器	信号灵敏可靠,无瞎灯,悬挂布局合理(50 m 1个),信号铃声清晰,打点器灵活可靠
				按钮	按钮灵活、启动灵敏、吊挂规范
			其他	回柱绞车	对轮齐全完整无松动,护罩齐全、无变形、无松动,闸把灵活可靠
				油	无变质,油池油位到大齿轮的1/3,不漏油
				电机	与上次测量有无变化
				电缆	不低于 5 MΩ
				主绳浇油	均匀
	备注				

（13）乳化液泵站检修管理

乳化液泵站检修管理需要记录的主要数据检修人以及检修项目情况等。具体见表 4-39。

表 4-39　　　　　　　　　采面乳化液泵站检修管理基础数据表

采面乳化液泵站检修管理	序号				
	地点区域				
	日期				
	班次				
	检修周期				
	人员定岗			检修人	
	生产情况	检修内容与标准	开关	失爆	螺栓紧固,无缺失,弹簧垫、密封圈、挡板、喇叭口不松动,电缆无窜动,外壳无损伤,隔爆面无锈蚀,闭锁装置可靠
				接触器	接触良好,接线柱无放电痕迹,真空管无发黑
				隔离开关	手把换相灵活可靠,接触良好
				运行	开停灵敏、无打呛现象
				保护装置	整定合理,动作灵敏可靠,无用铜、铝、铁丝代替保险丝
			曲轴箱	轴瓦	无磨损(失去光滑度,如拉痕)
				连杆	连接紧固、无松动
				磁过滤器	磁性良好

续表 4-39

	序号		
	地点区域		
	日期		
	班次		
	检修周期		
	人员定岗	检修人	
采面乳化液泵站检修管理	生产情况	检修内容与标准	开关	失爆	螺栓紧固,无缺失弹簧垫、密封圈、挡板,喇叭口不松动,电缆无窜动,外壳无损伤,隔爆面无锈蚀,闭锁装置可靠
				接触器	接触良好,接线柱无放电痕迹,真空管无发黑
				隔离开关	手把换相灵活可靠,接触良好
				运行	开停灵敏、无打呛现象
				保护装置	整定合理,动作灵敏可靠,无铜、铝、铁丝代替保险丝
			曲轴箱	轴瓦	无磨损(失去光滑度,如拉痕)
				连杆	连接紧固、无松动
				磁过滤器	磁性良好
			柱塞	高压承压快	手盘滑块与柱塞运动一致
			泵头	吸排液阀	动作灵敏(弹簧无失去弹性)
			开关	隔离开关	接触良好,消弧装置齐全。接触头无电弧烧伤,固定装置紧固
				控制线	接线紧固,无断线,无短路
				接线室	接线紧固,无潮湿,接线柱无放电痕迹、无毛刺
			电缆	接线工艺	芯线排列有序、无毛刺,线不接触外壳,腔内干净整洁、压线紧固,进壁5~15 mm
				接线装置	接线盒与电缆电压相符、连接紧固、高压接线盒应有接地装置
			曲轴箱	曲轴	无磨损
				滑块	无拉伤
			蓄能器	氮气	氮气压力不低于8 MPa(卸载管脉动过于频繁,压力低于8 MPa)
			电机	1号泵电机	与上次测量有无变化
				2号泵电机	与上次测量有无变化
			泵箱	乳化液	每月刷洗一次泵箱
			其他		

(14)采煤机回收管理

采煤机回收管理需要记录的主要数据包括拆煤机、装煤机回收情况以及相关人员信息等。具体见表4-40。

表 4-40　　　　　　　　　　　　采煤机回收管理基础数据表

					拆煤机						装煤机				
					采煤机回收管理										
编号	地点区域	日期	班次	跟班干部	拆煤机负责人	所拆部位（量）	挂导链责任人	运煤机负责人	绞车司机	连钩责任人	装煤机负责人	挂导链责任人	刹车人	打扫卫生	备注

（15）运输机回收管理

运输机回收管理需要记录的主要数据包括拆槽子、挡煤板、排槽子、装槽子、运槽子的回收情况以及相关人员信息等。具体见表 4-41。

表 4-41　　　　　　　　　　　　运输机回收管理基础数据表

			编号	
			地点区域	
			日期	
			班次	
运输机回收管理	人员定岗		跟班干部	
	生产情况	拆槽子、挡煤板	负责人	
			螺丝（规格）	
			螺丝/条	
			挡煤板夹板	
			哑铃销/个	
			槽子/节	
		排槽子、挡煤板	负责人	
			绞车司机	
			连钩人	
			槽子/节	
		装槽子、挡煤板	负责人	
			绞车司机	
			连钩人	
			槽子/节	
			刹车人	
			清煤人	
		运槽子、挡煤板	负责人	
			绞车司机	
			连钩人	
			跟车人	
			槽子/节	
			备注	

（16）转载机回收管理

转载机回收管理需要记录的主要数据包括链子、机头、机尾、拆槽子、挡煤板的回收情况以及相关人员信息等。具体见表4-42。

表4-42　　　　　　　　　　　转载机回收管理基础数据表

转载机回收管理		编号		
		地点区域		
		日期		
		班次		
	人员定岗		跟班干部	
	生产情况	链子	负责人	
			掐链人	
			翻底链	
			链子/m	
			挂导链人	
			装车责任人	
		机头、机尾	负责人	
			电机减速机	
			特殊槽	
			挂导链人	
			螺丝（数量）	
			规格	
			交接人	
			（螺丝）存放位置	
		拆槽子、挡煤板	负责人	
			挡煤板夹板	
			拆槽子	
	备注			

（17）风巷管路管理

风巷管路管理需要记录的主要数据包括管路具体信息、异常情况、回收情况以及检修人等。具体见表4-43。

表4-43　　　　　　　　　　　风巷管路管理基础数据表

				风巷管路管理							
序号	地点区域	日期	使用单位	生产情况						人员定岗	备注
				管件名称	规格	长度/m	编号	管路耐压	异常情况	回收情况	检修人	

（18）支架回收管理

支架回收管理需要记录的主要数据包括回架、排架、装架、运架的回收情况以及相关人员信息等。具体见表4-44。

表 4-44　　　　　　　　　　　采面支架回收基础数据表

		序号	
采面支架回收管理		地点区域	
		日期	
		班次	
		跟班干部	
	回架	架号	
		绞车司机	
		连钩、挂滑子人	
		点柱/根	
		木垛/个	
		负责人	
	排架	架号	
		绞车司机	
		连钩人	
		打点人	
		负责人	
	装架	架号	
		绞车司机	
		连钩人	
		紧固螺丝人	
		清理支架卫生	
		负责人	
	运架	架号	
		绞车司机	
		连钩人	
		打点人	
		负责人	

4.2.5　现场管理任务基础数据表

采煤战线现场任务管理通过对现场变化数据以及人员数据的记录，形成现场任务管理每项活动基础数据表。

现场变化数据的记录可以让负责人员通过数据的变化，分析事故发生的几率，从而做出相应的整改措施，避免因现场监测不力导致事故的发生。

人员数据的记录通过对现场负责人员的管理,便于界定后期事故责任。

(1) 瓦斯监测管理

瓦斯监测管理需要记录的主要数据包括外探头瓦斯量、观测人等。具体见表4-45。

表 4-45　　　　　　　　　瓦斯监测管理基础数据表

瓦斯监测管理							
序号	地点区域	日期	班次	时间	生产情况	人员定岗	备注
					外探头瓦斯量	观测人	

(2) 钻孔监测管理

钻孔监测管理需要记录的主要数据包括钻孔号、风巷推进位置、机巷推进位置、钻孔暴露位置以及观测人等。具体见表4-46。

表 4-46　　　　　　　　　钻孔监测管理基础数据表

工作面钻孔监测管理									
序号	地点区域	日期	班次	生产情况				人员定岗	备注
				钻孔号	风巷推进位置/m	机巷推进位置/m	钻孔暴露位置	观测人	

(3) 矿压监测检修管理

矿压监测检修管理需要记录的主要数据包括管路、线路、显示屏、外壳、喇叭嘴的检修情况以及检修人等。具体见表4-47。

表 4-47　　　　　　　　　矿压监测检修管理基础数据表

矿压监测检修管理											
序号	地点区域	日期	班次	检修周期	人员定岗	生产情况					备注
						检修项目与标准					
					检修人	管路	线路	显示屏	外壳	喇叭嘴	
						排列整齐、合理,无漏液,无破口、破皮	吊挂整齐、无破口	显示正常、无故障提示	外壳完好、无变形、无缺失	密封圈、挡板、喇叭嘴不松动,无锈蚀,电缆无窜动	

4.2.6 人员管理任务基础数据表

采煤战线人员任务管理通过对人员出勤、人员调岗、人员定岗、人员培训以及先进职工的记录,落实企业内部人员职务以及每日工作情况,对先进员工予以相应的奖励措施。

(1) 出勤管理

出勤管理需要记录的主要数据包括班次、出勤人数、未出勤人数、在册人数等。具体见表 4-48。

表 4-48　　　　　　　　　　日出勤明细管理基础数据表

日出勤明细管理					
出勤率	出勤情况				
班次	早八点班	午两点班	晚八点班	零点班	合计
在册人数					
出勤人数					
未出勤人数					

(2) 人员调岗管理

人员调岗管理需要记录的主要数据包括人员姓名、原单位、原工种、现单位、现工种等。具体见表 4-49。

表 4-49　　　　　　　　　　人员调岗记录基础数据表

人员调岗记录管理								
序号	日期	姓名	原单位	调出时间	现单位	原工种	现工种	备注

(3) 师徒合同管理

师徒合同管理需要记录的主要数据包括师傅姓名、徒弟姓名、各自工种、合同起止时间等。具体见表 4-50。

表 4-50　　　　　　　　　　师徒合同基础数据表

师徒合同管理								
序号	管理人员	师傅姓名	工种	从事本工种时间	徒弟姓名	工种	合同起止时间	备注

(4) 安全培训管理

安全培训管理需要记录的主要数据包括学习内容、学习班组、应到人数、实到人数、负责人等。具体见表 4-51。

表 4-51　　　　　　　　　　　　安全培训管理基础数据表

安全培训管理							
序号	学习时间	学习地点	学习内容	学习班组	应到人数	实到人数	负责人

（5）未参加培训人员管理

未参加培训人员管理包括姓名、工种、未参加原因、处理意见等。具体见表 4-52。

表 4-52　　　　　　　　职工未及时参加培训人员统计基础数据表

职工未及时参加培训人员统计管理						
序号	处理时间	姓名	工种	简述	处理意见	备注

（6）人员定岗定位管理

人员定岗定位管理需要记录的主要数据班组、总人数、工种、在册人员、不在册人员、外借人员、陪护人员、未出勤人员以及未出勤原因等。具体见表 4-53。

表 4-53　　　　　　　　　　　人员定岗定位管理基础数据表

人员定岗定位管理											
工作地点	班次	班组	日期	总人数	工种	在册人员	不在册人员	外借人员	陪护人员	未出勤人员	未出勤原因	备注

（7）先进职工统计管理

先进职工统计管理需要记录的主要数据包括姓名、班组、A 等职工人数、安全先进个人人数、优秀劳务工人数等。具体见表 4-54。

表 4-54　　　　　　　　　　先进职工统计管理基础数据表

职工先进统计管理							
用工形式	姓名	班组	累计	A 等职工/人	安全先进个人/人	优秀劳务工/人	备注

4.2.7　考核管理任务基础数据表

采煤战线考核任务管理通过对考核人员以及考核结果的记录，形成考核任务管理基础数据表。考核人员记录的目的是为了提高生产人员的技能，以提高产品质量。考核结果则作为使生产人员在标准化作业考核中奖罚的科学依据。

（1）干部评比管理

干部评比管理需要记录的主要数据包括姓名以及考核得分等。具体见表 4-55。

表 4-55　　　　　　　　　　　　　干部评比管理基础数据表

			月份	
干部评比管理	考核内容及标准	德(10)	考核标准	能自觉学习实践"三个代表"重要思想,落实科学发展观;认真贯彻执行矿党政的各项工作计划;班子成员政治立场坚定,作风正派,爱岗敬业,乐于奉献	
			姓名	
			评分标准	1. 班子不团结,班子成员出现打架斗殴、酗酒闹事等违反矿干部作风规定行为的,一次扣5分; 2. 受到矿党政纪处分的,一次扣10分; 3. 一季度班子或成员没有受到矿以上部门表扬或未在计划会上受到表扬的,扣2分	
		能(30)	考核标准	工作积极,精通本职岗位业务,具有较好的组织、沟通、协调能力;有较高的管理水平;安排工作考虑全面、超前、到位,职工便于操作;遇到问题时有针对性的措施或方案,并具有一定创新能力;在安全管理上有措施、有安排、有效果;不出现安全事故;个人不出现"三违",并及时制止"三违"	
			评分标准	1. 本职岗位业务不精通,扣5分; 2. 不具备较好的组织、沟通、协调能力,扣5分; 3. 安排工作出现失误,扣10分; 4. 遇到问题没有及时采取措施,扣5分; 5. 个人出现"三违",扣5分; 6. 不及时制止"三违",扣5分	
		绩(30)	考核标准	有高度的事业心和责任感;按规定完成当月生产政工计划及领导安排的工作;干工作不弄虚作假、不拖沓推诿;不出现安全事故	
			评分标准	1. 没有事业心及责任感,扣5分; 2. 没有完成当月生产政工计划及领导安排的工作,少完成一项扣5分; 3. 工作中出现弄虚作假、拖沓推诿现象,扣10分; 4. 出现安全事故,每起扣10分; 5. 请假每天扣1分; 6. 迟到、早退每次扣1分; 7. 旷会每次扣2分; 8. 不按时上报材料、计划每次扣3分	
		勤(20分)	考核标准	勤勤恳恳、任劳任怨地对待工作;勤于动脑思考、勤于动笔、勤于井下;工作积极主动,生产过程中出现问题积极组织处理;有团队合作意识,劲往一处使,同事之间互相支持、互相帮助、互相补台,高质量、高效率地完成任务	
			评分标准	1. 工作中有情绪,扣5分; 2. 入井工数不够,扣5分; 3. 工作不积极、不主动,扣5分; 4. 同事之间互相拆台,扣10分; 5. 没有团队合作意识,扣5分	
		廉(10分)	考核标准	积极主动地接受各方面的监督,达到见微知著、防微杜渐的境界;自觉规范个人日常行为,严于律己,廉洁奉公,不吃、拿、卡、要,做到一身正气、两袖清风。在原则问题上经得住考验。要加强思想修养,培养高尚的道德情操,坚决抵制歪风邪气的侵扰,真正让自己成为组织放心、群众信任的领导	
			评分标准	1. 因经济问题,群众上访的经查确有问题的,扣10分; 2. 被上级廉政部门查处有经济问题的,扣10分; 3. 发现有吃、拿、卡、要行为的,扣5分; 4. 出现其他有违背原则及道德的问题,扣5分	
		考核得分			

（2）干部检查精细化档案管理

干部检查精细化档案管理需要记录的主要数据包括检查内容、提出问题、整改措施、整改人以及复查人等。具体见表4-56。

表 4-56　　　　　干部检查精细化档案管理基础数据表

干部检查精细化档案记录管理										
序号	姓名	检查时间	检查内容	提出问题	整改措施	整改时间	管理员	整改人	复查人	整改结果

（3）培训考核管理

培训考核管理需要记录的主要数据包括参与考核人员姓名、工种、成绩等。具体见表4-57。

表 4-57　　　　　培训考核管理基础数据表

培训考核管理								
序号	培训时间	地点	姓名	工种	培训内容	培训人员	成绩	合格

（4）质量评估考核管理

质量评估考核管理需要记录的主要数据包括综合得分和评定等级等。具体见表4-58。

表 4-58　　　　　质量评估考核管理基础数据表

质量评估考核管理						
序号	日期	工作面	业务科室考核	评估队考核	安检科考核	综合得分	评定等级

4.2.8　采煤战线精细化管理数据仓库建设

采煤战线主要数据集市包括生产管理数据集市、工程质量管理数据集市、人员管理数据集市、设备管理数据集市、物资消耗管理数据集市、安全生产管理数据集市。根据每个数据集市的数据来源和计算过程,运用软件工程中常用来描述数据处理过程的数据流程图来具体描述以上数据集市的形成情况。

（1）采煤战线生产管理数据集市

从生产台账中提取采煤生产过程中各项活动的时间、地点、班次数据,然后从相应工程质量台账中提取采煤生产质量监控数据,将得出的数据按照班次、日期、地理位置(工作面)进行汇总,即可得到采煤战线出煤量信息,如图4-10所示。

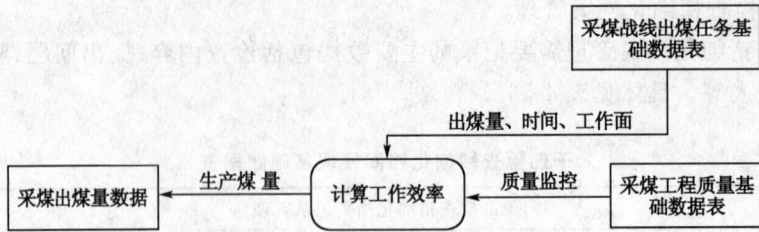

图 4-10　采煤战线生产任务数据流程图

（2）采煤战线人员管理数据集市

人员定岗是指某一项工作内容可以分解成哪些基础岗位，每个岗位具体由哪一个（或几个）人负责。人员管理数据集市的出勤情况来自当班出勤台账，同时可以和人员定位系统中下井人员记录进行对照。将来对人员定岗主题数据进行分析可以了解当前人员定额是否合适，同时可以将工作责任落实到人，体现精细化管理的管控力度。采煤战线人员管理数据流程图如图 4-11 所示。

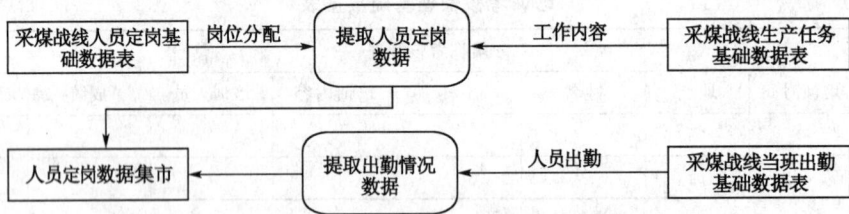

图 4-11　采煤战线人员管理数据流程图

（3）工程质量管理数据集市

采煤战线的工程质量主要是指采煤过程中各项活动的质量。根据各项活动的不同，记录的工程质量参数也不同。采煤战线生产班组每班完成当日任务后都有专人进行工程验收，记录各种质量参数。同时人员定岗台账记录具体施工人员，物资消耗台账记录实际使用的材料和数量。这些数据都是将来进行责任追究、成本分析的基础，它们共同组成数据仓库中的工程质量主题数据。采煤战线工程质量数据流程图如图 4-12 所示。

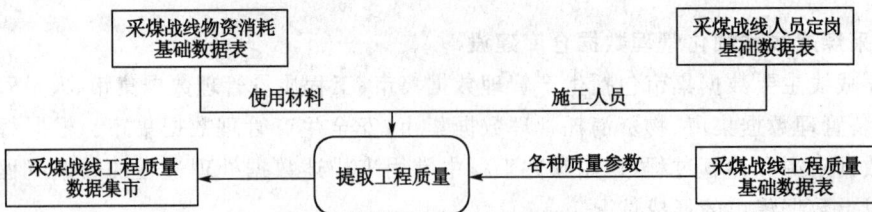

图 4-12　采煤战线工程质量数据流程图

（4）设备管理数据集市

采煤战线日常工作中使用的各类设备很多，尤其是一些大型设备，它们的价格昂贵、操作复杂、日常维护要求较高。所以，设备管理水平的高低直接影响产量、安全和成本等基本经营目标的实现。十二矿设备管理有三个层次:集团企业负责采购;物管中心和机电科负责设备到矿的验收、发放和回收;各战线和区队申请、领用设备并负责日常维检工作。设备管理主题涉及的数据分散存储在大量不同的数据源中,反映设备运行状态的数据来自监控系统,反映设备日常维护的数据来自区队的设备管理台账,设备基础信息来自物管中心设备管理信息系统。采煤战线设备管理数据流程图如图 4-13 所示。

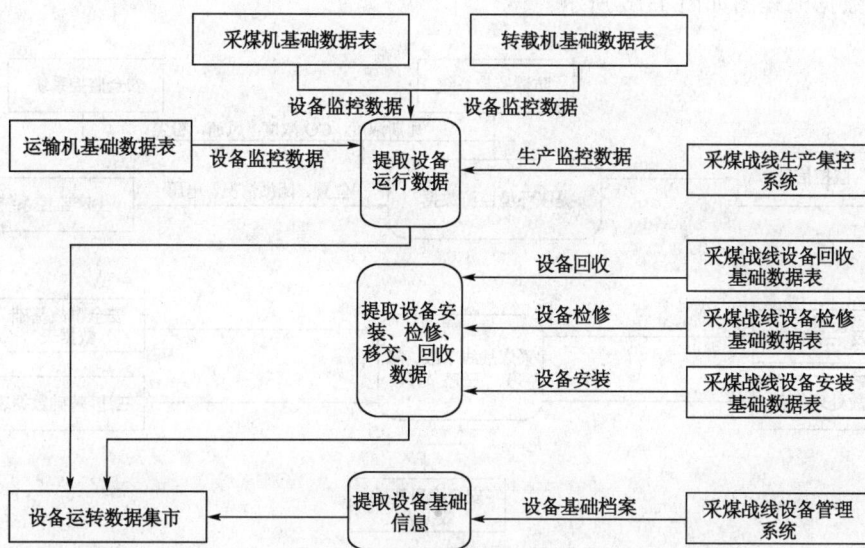

图 4-13   采煤战线设备管理数据流程图

(5)物资消耗管理数据集市

十二矿物资管理主要由物管中心负责,目前正在运行的物资管理信息系统由蓝光公司开发,为 B/S 结构,后台数据库为 Oracle 9i。该系统目前实现了到矿物资验收,区队物资计划申报、审批等功能。物资实际消耗、修旧利废、回收等情况记录在各区队、班组的精细化管理台账上,为 Excel 格式。采煤战线物资消耗数据流程图如图 4-14 所示。

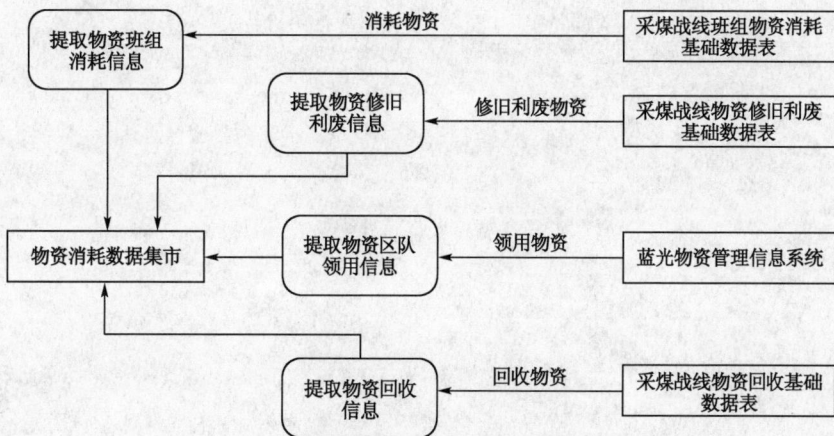

图 4-14   采煤战线物资消耗数据流程图

（6）安全生产管理数据集市

该主题数据来源于各监控系统和安全管理台账。安全监控系统的数据库为 Microsoft SQL Server 2000，可以直接通过数据库工具提取其中数据。转换完成后的数据存储在数据仓库中的监控信息表。另一部分安全生产数据来自日常检查活动形成的 Excel 台账，将台账统一成标准格式后，Microsoft 公司的 SSIS 组件可以比较容易地提取该数据。采煤战线安全生产数据流程图如图 4-15 所示。

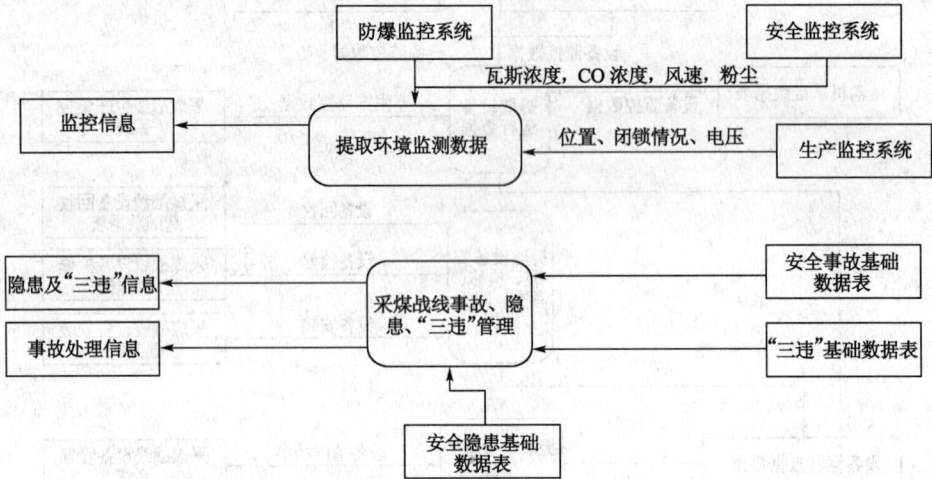

图 4-15　采煤战线安全生产数据流程图

5　通防战线精细化管理实践

5.1　通防战线精细化工作分解

通防是煤矿安全生产中的重头戏,通防战线的主要工作任务与目标是创造一个安全的生产环境,从而有效保证井下工作面"通风、防尘、防火、防瓦斯"。根据"通防"工作需要和工作职责,对通防战线进行工作结构分解,使"通防"工作职责明确、任务明确、标准明确,杜绝推诿扯皮现象,做到"通防"工作事事有标准、处处有人问、时时有人管。通防战线工作项目分解为生产任务、安全管理任务、设备管理任务、材料管理任务、人员管理任务、考核管理任务等六大任务。通防战线工作分解结构图如图 5-1 所示。

图 5-1　通防战线工作分解结构图

5.1.1　生产任务工作分解结构图

根据十二矿精细化管理工作分解结构建设的目标和原则,通防战线生产任务分解为矿井通风工作、瓦斯防治工作、综合防尘工作、防突工作、爆破工作、地测工作。根据通防战线工作职能,矿井通风工作分解为测风活动、气体抽样及分析活动、通风系统设施维护活动。瓦斯防治工作分解为瓦斯检查活动、瓦斯抽放活动、瓦斯排放活动;综合防尘工作分解为巷道、硐室、转载机运输防尘,采煤工作面防尘,开掘工作面防尘,煤层注水,隔爆设施安装;防突工作分解为打钻、测试、抽放;爆破工作分解为打钻、装药、爆破;地测工作分解为矿井地质工作、水文地质工作、矿井储量管理、测量技术工作。通防战线生产任务工作分解结构图如图 5-2 所示。

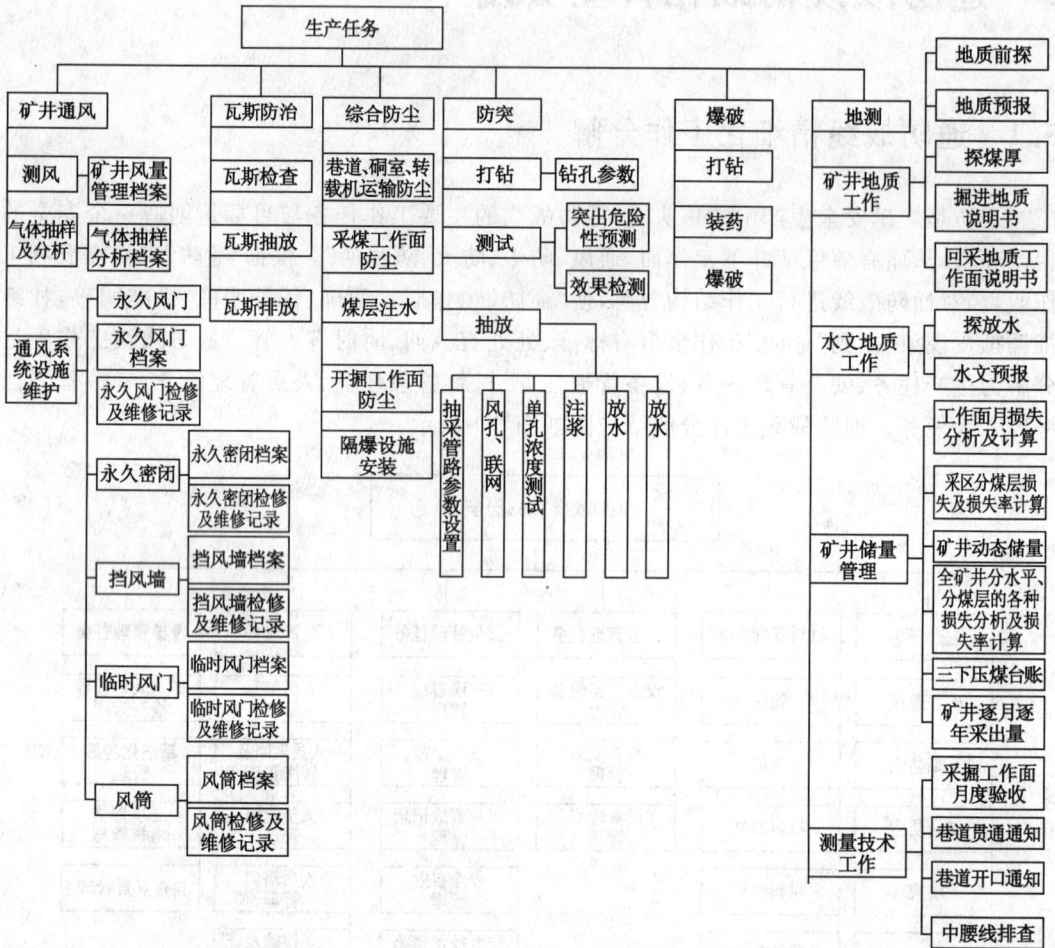

图 5-2　通防战线生产任务工作分解结构图

5.1.2　材料管理任务工作分解结构图

材料管理任务主要分解为领料、发料、修旧利废、材料回收、材料消耗等具体工作。根据精细化管理的要求,需把工作进一步划分为具体的活动。根据煤矿材料管理领用及发放相关程序,领料工作分解为战线材料领取总账记录活动、班组领取材料记录活动;发料工作分解为发料记录活动、库存活动;材料消耗分解为材料消耗记录活动、专项材料消耗记录活动;材料回收工作分解为材料回收记录活动、废旧物品回收记录活动;修旧利废工作分解为修旧利废记录活动。通防战线材料管理任务工作分解结构图如图 5-3 所示。

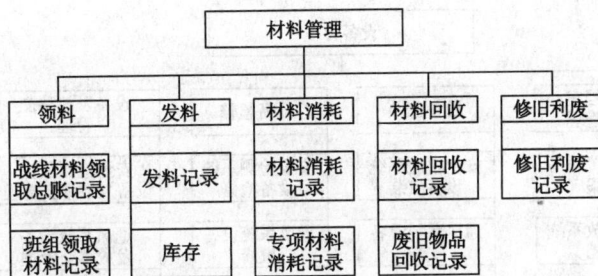

图 5-3　通防战线材料任务工作分解结构图

5.1.3　安全管理任务工作分解结构图

安全管理任务分解为安全自主管理工作、"三违"事故管理工作、人身事故管理工作、生产事故管理工作、安全措施管理工作。安全自主管理工作分解为安全自主管理记录活动、安全培训记录活动、安全事故报告档案记录活动、安全信息整改记录活动、安全隐患排查记录活动；"三违"事故管理工作分解为"三违"事故记录活动；人身事故管理工作分解为人身事故记录活动；生产事故管理工作分解为生产事故记录活动；安全措施管理工作分解为安全技术措施管理记录活动、安全制度制定活动。通防战线安全管理任务工作分解结构图如图 5-4 所示。

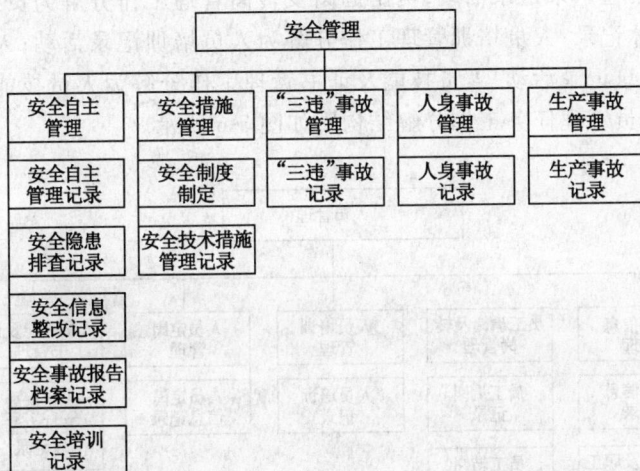

图 5-4　通防战线安全管理任务工作分解结构图

5.1.4　设备管理任务工作分解结构图

设备管理任务分解为设备档案信息管理工作、设备安装工作、设备检修工作、设备发放移交管理工作。根据开掘战线生产特点，设备管理主要包括防尘系统设备管理、通风系统设备管理、瓦斯抽放系统设备管理、安全检测系统设备管理、安全仪器设备管理等设备的管理。通防战线设备管理任务工作分解结构图如图 5-5 所示。

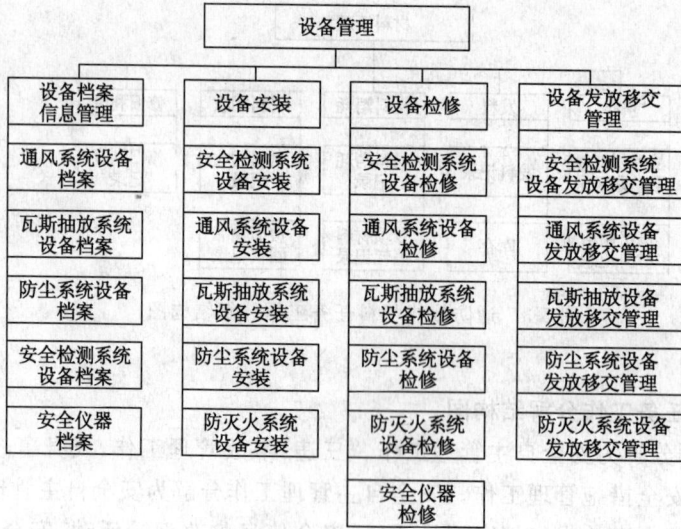

图 5-5　通防战线设备管理任务工作分解结构图

设备管理

设备档案信息管理	设备安装	设备检修	设备发放移交管理
通风系统设备档案	安全检测系统设备安装	安全检测系统设备检修	安全检测系统设备发放移交管理
瓦斯抽放系统设备档案	通风系统设备安装	通风系统设备检修	通风系统设备发放移交管理
防尘系统设备档案	瓦斯抽放系统设备安装	瓦斯抽放系统设备检修	瓦斯抽放设备发放移交管理
安全检测系统设备档案	防尘系统设备安装	防尘系统设备检修	防尘系统设备发放移交管理
安全仪器档案	防灭火系统设备安装	防灭火系统设备检修	防灭火系统设备发放移交管理
		安全仪器检修	

5.1.5　人员管理任务工作分解结构图

人员管理任务分解为人员信息管理工作、员工调岗及转岗管理工作、人员培训管理工作、人员定岗管理工作、人员技能及证书管理工作。人员信息管理工作分解为人员信息记录活动、队干部及职工通讯录记录活动；员工调岗及转岗管理工作分解为员工调岗记录、员工转岗记录、员工退休记录；人员培训管理工作分解为人员培训记录活动；人员定岗管理工作分解为人员定岗信息记录活动；人员技能及证书管理工作分解为人员技能及证书管理记录活动。通防战线人员管理任务工作分解结构图如图 5-6 所示。

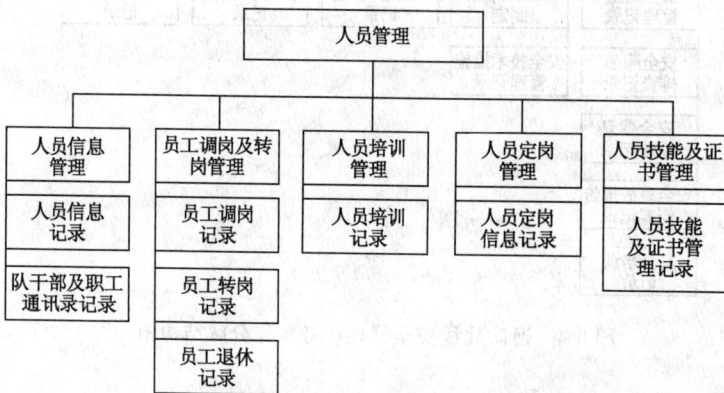

人员管理

人员信息管理	员工调岗及转岗管理	人员培训管理	人员定岗管理	人员技能及证书管理
人员信息记录	员工调岗记录	人员培训记录	人员定岗信息记录	人员技能及证书管理记录
队干部及职工通讯录记录	员工转岗记录			
	员工退休记录			

图 5-6　通防战线人员管理任务工作分解结构图

5.1.6　考核管理任务工作分解结构图

考核管理任务分解为矿（队）领导检查管理、精细化考核管理、三项评估考核管理、自查互查管理。矿（队）领导检查管理分解为矿（队）领导检查记录活动；精细化考核管理分解为精细化考核管理记录活动;三项评估考核管理分解为三项评估考核记录活动;自查互查管理分解为自查互查档案记录活动。通防战线考核管理任务工作分解结构图如图5-7所示。

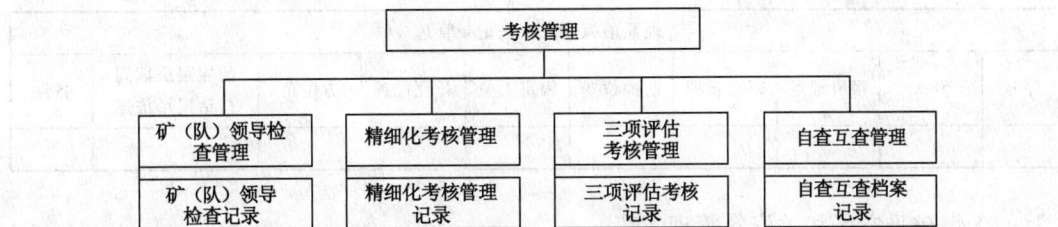

```
                        考核管理
    ┌──────────┬──────────┬──────────┬──────────┐
矿(队)领导检    精细化考核管理    三项评估        自查互查管理
查管理                          考核管理
矿(队)领导      精细化考核管理    三项评估考核      自查互查档案
检查记录          记录            记录            记录
```

图5-7　通防战线考核管理任务工作分解结构图

5.2　通防战线数据仓库的建立与开发

通防战线数据仓库的建立通过生产管理数据集市、材料管理数据集市、安全管理数据集市、设备管理数据集市、人员管理数据集市等结合而成。每个数据集市由多个数据源组成,而数据的来源则需要从每项活动中提取,因此我们通过台账进行划分与整理,重新设计具有针对性的每项活动的基础数据表。

5.2.1　生产管理任务基础数据表

通防战线生产任务管理主要是确保煤炭开采时环境的稳定与安全,以通防情况数据、人员定岗数据、质量评估数据的记录形成生产任务管理每项活动的基础数据表,通过对数据的详细记录,分析目前通防战线的不足,全面开展通防与瓦斯专项整治活动,促进矿井通防本质安全程度进一步提升。

通防情况数据通过记录通防战线员工工作量以及工作质量来评判每日工作效率。人员定岗数据则记录人员当日工作具体内容,为后期责任界定提供依据。质量评估数据的记录则为通防战线各项活动的工作质量层层把关,把好安全关,为煤矿生产人员塑造良好的工作环境。

(1)地测队生产完成情况管理

地测队生产完成情况管理需要记录的主要数据是单位、施工地点、计划量、实际完成量等。具体见表5-1。

表 5-1　　　　　　　　　　　地测队生产完成情况管理基础数据表

地测队生产完成情况管理									
序号	单位	施工地点	矿排计划		评估队	实际完成			备注
			月进	日进		本月合计	直巷	辅助巷	

(2)地质前探钻孔跟班记录管理

地质前探钻孔跟班记录管理需要记录的主要数据是跟班人员、前探位置、开孔位置、方位角等。具体见表5-2。

表5-2　　　　　地质前探钻孔跟班记录管理基础数据表

地质前探钻孔跟班记录管理									
序号	班次	跟班地点	跟班日期	前探位置	跟班人员	开孔位置	方位角	前探跟班期间打钻现场描述	备注

（3）煤矿采空区相关资料管理

煤矿采空区相关资料管理需要记录的主要数据是采空区名称、坐标、走向长、预计积水面积、采煤方法等。具体见表5-3。

表5-3　　　　　煤矿采空区相关资料管理基础数据表

煤矿采空区相关资料管理									
序号	采空区名称	矿井名称	坐标/m	走向长/m	地面位置	预计积水面积/m²	回采开始时间	采煤方法	记录人

（4）灰底抽巷管理

灰底抽巷管理需要记录的主要数据是孔位、人员、生产情况等。具体见表5-4。

表5-4　　　　　灰底抽巷管理基础数据表

灰底抽巷管理						
序号	日期	孔位	班次	人员	生产情况	备注

（5）地测队精细化台账分析利用报告管理

地测队精细化台账分析利用报告管理需要记录的主要数据是档案名称、发现的问题、采取的措施等。具体见表5-5。

表5-5　　　　地测队精细化台账分析利用报告管理基础数据表

地测队精细化台账分析利用报告管理					
序号	档案名称	检查档案发现的问题	采取措施	档案分析总结	备注

（6）矿井突水点管理

矿井突水点管理需要记录的主要数据是出水点标号、水量、测量方式、地点等。具体见表5-6。

表 5-6   **矿井突水点管理基础数据表**

									坐标			
序号	日期	出水点编号	层位	出水点标高	出水形式	水量 $/(m^3 \cdot min^{-1})$	测量方法	地点	X	Y	Z	备注

（7）抽采管路总回系统参数管理

抽采管路总回系统参数管理需要记录的主要数据是管路名称、型号、性质、安装时间等。具体见表 5-7。

表 5-7   **抽采管路总回系统参数管理基础数据表**

序号	管路名称	编号	安装位置	型号/mm	性质	安装时间	备注

（8）封孔联网参数管理

封孔联网参数管理需要记录的主要数据是孔号、风控人、联网人、注浆压力、注浆量、注浆人等。具体见表 5-8。

表 5-8   **封孔联网参数管理基础数据表**

序号	孔号	封孔段长度/m	埋管长度/m	封孔材料	用药量/kg	封孔日期及班次	封孔人	联网日期及班次	联网人	注浆压力/MPa	注浆量	注浆时间	注浆人	封孔前浓度	封孔后浓度	备注

（9）单孔巡检浓度管理

单孔巡检浓度管理需要记录的主要数据是孔号、浓度等。具体见表 5-9。

表 5-9   **单孔巡检浓度管理基础数据表**

序号	孔号	日期	浓度/100%

（10）瓦斯月抽采量管理

瓦斯月抽采量管理需要记录的主要数据是日总抽放量、各泵站抽采量等。具体见表 5-10。

表 5-10　　　　　　　　　　　　　　瓦斯月抽采量管理基础数据表

瓦斯月抽采量管理						
序号	日期	日抽放纯量/m³	泵站			备注
			中央地面瓦斯抽放泵站	三期中部瓦斯抽放泵站	己 15—17160 回风巷移动泵站	当日抽放总量/m³	

（11）1号抽放管路孔板记录管理

1号抽放管路孔板记录管理需要记录的主要数据是规格、安装时间、包机人、负压、瓦斯浓度、压差、在抽孔数、日抽放量、测定人等。具体见表 5-11。

表 5-11　　　　　　　　　1 号抽放管路孔板记录管理基础数据表

1 号抽放管路孔板记录管理														
序号	规格/mm	孔板系数 K	使用地点	管路编号区间	安装时间	检查周期	包机人	包机干部	测试时间	负压/Pa	瓦斯浓度/%	压差/Pa	在抽孔数	日抽放量/m³	测定人

（12）冲尘管理

冲尘管理需要记录的主要数据是巷道名称、冲尘结果、责任人等。具体见表 5-12。

表 5-12　　　　　　　　　　　冲尘管理基础数据表

冲尘管理					
序号	巷道名称	冲尘范围	冲尘要求	冲尘班次	冲尘结果	冲尘责任人

（13）防突排放孔执行情况管理

防突排放孔执行情况管理需要记录的主要数据是监钻工、评估员、孔号、孔径、钻孔设计角度、孔深等。具体见表 5-13。

表 5-13　　　　　　　　防突排放孔执行情况管理基础数据表

防突排放孔执行情况管理											
序号	施工时间	监钻工	评估员	跟班干部	孔号	孔径/mm	钻孔设计角度		钻孔深度		打钻时间/min	备注
							水平角/(°)	倾角/(°)	设计/m	实际/m		

（14）永久风门巡检及维修记录管理

永久风门巡检及维修记录管理需要记录的主要数据是存在问题、维修人、巡检人、维修结果等。具体见表 5-14。

表 5-14   永久风门巡检及维修记录管理基础数据表

永久风门巡检及维修记录管理								
序号	巡检人	巡检时间	存在问题	维修人	维修时间	维修方法	维修结果	备注

（15）风筒维修管理

风筒维修管理需要记录的主要数据是编号、发现问题及整改情况、整改人等。具体见表 5-15。

表 5-15   风筒维修管理基础数据表

风筒维修管理								
序号	地点	风筒使用地点	现场编号	发现问题时间	发现的问题及整改情况	整改时间	整改人	备注

（16）风筒使用管理

风筒使用管理需要记录的主要数据是规格、领取人、发放人、延接人等。具体见表 5-16。

表 5-16   风筒使用管理基础数据表

风筒使用管理											
序号	地点	单位	现场编号	生产厂家	风筒规格	领取人	发放人	编码	延接时间	延接人	更换新风筒编码	备注

（17）永久密闭、挡风墙检查记录管理

永久密闭、挡风墙检查记录管理需要记录的主要数据是密闭情况、内部与外部气体取样、压差、风向、巡检人等。具体见表 5-17。

表 5-17   永久密闭、挡风墙检查记录管理基础数据表

永久密闭、挡风墙检查记录管理												
序号	时间	密闭状况	内部				外部				风向进出	压差/Pa	巡检人	备注
			CH_4/%	CO_2/%	CO/%	温度	CH_4/%	CO_2/%	CO/%	温度				

（18）永久密闭、挡风墙管理档案管理

永久密闭、挡风墙管理档案管理需要记录的主要数据是施工负责人、验收负责人、达标情况、厚度等。具体见表 5-18。

表 5-18   **永久密闭、挡风墙管理档案管理基础数据表**

				永久密闭、挡风墙管理档案管理									
序号	地点	编码	建筑时间	达标情况			施工负责人	验收负责人	厚度/m	报废时间	巡检周期报废原因	巡检周期	备注
				水泥	料石	沙子							

（19）临时风门管理档案

临时风门管理档案管理需要记录的主要数据是施工负责人、验收负责人、风门尺寸、巷道断面等。具体见表5-19。

表 5-19   **临时风门管理档案管理基础数据表**

				临时风门管理档案管理								
序号	地点	编号	建筑时间	风门尺寸		施工负责人	验收负责人	巷道断面	报废时间	报废原因	巡检周期	备注
				净口宽	净口高							

（20）临时风门巡检及维修记录管理

临时风门巡检及维修记录管理需要记录的主要数据是存在问题、巡检人、维修人、维修结果等。具体见表5-20。

表 5-20   **临时风门巡检及维修记录管理基础数据表**

			临时风门巡检及维修记录管理					
序号	巡检人	巡检时间	存在问题	维修人	维修时间	维修方法	维修结果	备注

（21）气体取样数据管理

气体取样数据管理需要记录的主要数据是地点、取样周期、气体取样数据记录等。具体见表5-21。

表 5-21   **气体取样数据管理基础数据表**

					气体取样数据管理										
序号	采区	地点	取样周期	取样时间	氧气/%	氮气/%	一氧化碳/%	甲烷/%	二氧化碳/%	氢气	乙烯	乙烷	丙烷	乙炔	备注

（22）工作创新管理

工作创新管理需要记录的主要数据是创新项目、简介、创新人等。具体见表5-22。

表 5-22   **工作创新管理基础数据表**

工作创新管理				
序号	创新项目	时间	简介	创新发明人

（23）井下各巡检地点目录管理

井下各巡检地点目录管理需要记录的主要数据是巡检地点、已回收地点等。具体见表 5-23。

表 5-23   **井下各巡检地点目录管理基础数据表**

井下各巡检地点目录管理			
序号	巡检地点	已回收地点	备注

（24）测风数据目录管理

测风数据目录管理需要记录的主要数据是测风地点、断面、风速、风量、温度、测量人等。具体见表 5-24。

表 5-24   **测风数据目录管理基础数据表**

测风数据目录管理										
序号	日期	测风区域	测风地点	测点	断面 /m^2	风速 /$(m \cdot s^{-1})$	风量 /$(m^3 \cdot min^{-1})$	温度 /℃	测量人	备注

（25）井下一氧化碳安装使用管理

井下一氧化碳安装使用管理需要记录的主要数据是安装数量、安装人员、用线数等。具体见表 5-25。

表 5-25   **井下一氧化碳安装使用管理基础数据表**

井下一氧化碳安装使用管理										
序号	设备名称	安装时间	安装地点	型号	单位	安装数量	安装人员	用线数	回收时间	备注

（26）永久风门档案管理

永久风门档案管理需要记录的主要数据是施工负责人、风门尺寸、所用材料消耗等。具体见表 5-26。

表 5-26 永久风门档案管理基础数据表

永久风门档案管理	序号		
	编码		
	地点		
	状态		
	建筑时间		
	重建日期		
	风门尺寸	净口宽	
		净口高	
	所用材料消耗	水泥/t	
		料石/m³	
		沙子/m³	
	验收日期		
	施工负责人		
	达标验收人		
	巷道断面		
	报废时间		
	报废原因		
	巡检周期		
	备注		

（27）进风巷注浆钻孔、前探孔、回风巷记录管理

进风巷注浆钻孔、前探孔、回风巷记录管理需要记录的主要数据是钻孔角度记录、钻孔编号、验收人、孔径等。具体见表 5-27。

表 5-27 进风巷注浆钻孔、前探孔、回风巷记录管理基础数据表

进风巷注浆钻孔、前探孔、回风巷记录管理	序号	
	钻孔编号	
	巷别	
	钻孔位置	
	水平角/(°)	
	设计倾角/(°)	
	实际倾角/(°)	
	孔深/m	
	时间	
	组别	
	跟班干部	
	验收人	
	煤/m	
	岩/m	
	孔径/mm	
	开钻时间	
	收孔时间	
	浓度/%	
	煤粉/袋	
	备注	

（28）探水孔钻机打钻记录管理

探水孔钻机打钻记录管理需要记录的主要数据是钻孔角度记录、钻孔编号、验收人、孔径等。具体见表5-28。

表 5-28　　　　　　　　　探水孔钻机打钻记录管理基础数据表

探水孔钻机打钻记录管理	钻孔序号	
	钻孔编号	
	巷别	
	钻孔位置	
	水平角/(°)	
	实际水平角/(°)	
	设计倾角/(°)	
	实际倾角/(°)	
	孔深/m	
	时间	
	组别	
	跟班干部	
	验收人	
	岩/m	
	煤/m	
	孔径/mm	
	开钻时间	
	收孔时间	
	浓度/%	
	煤粉/袋	
	备注	

（29）煤粉量信息汇总管理

煤粉量信息汇总管理需要记录的主要数据是钻机、工作量、工作情况等。具体见表5-29。

表 5-29　　　　　　　　　煤粉量信息汇总管理基础数据表

煤粉量信息汇总管理														
序号	钻机	地点	工作量描述									工作情况			
			0点			8点			4点						
			装	倒	运	装	倒	运	装	倒	运	班次	出煤粉数/袋	用矿车数/辆	上胶带数/袋	负责人

（30）矿领导安排工作落实管理

矿领导安排工作落实管理需要记录的主要数据是安排工作内容、责任人、承诺时间等。具体见表5-30。

表 5-30　　　　　矿领导安排工作落实管理基础数据表

矿领导安排工作落实管理							
序号	矿领导	安排工作时间	安排工作内容	单位承诺时间	落实整改情况	责任人	备注

（31）巷道管理

巷道管理需要记录的主要数据是巷道名称、长度、断面、存在问题、整改情况等。具体见表5-31。

表 5-31　　　　　　　　巷道管理基础数据表

巷道管理										
序号	矿井采区	巷道类别	巷道名称	编码	长度		断面/m²	支护形式	存在问题	整改情况	备注
					明细/m	小计/m					

（32）冲尘文明生产管理

冲尘文明生产管理需要记录的主要数据是冲尘巷道、冲尘人员、存在问题、处理方法等。具体见表5-32。

表 5-32　　　　　　冲尘文明生产管理基础数据表

冲尘文明生产管理										
序号	日期	巷道名称	冲尘巷道	冲尘周期	冲尘班次	冲尘人员	存在问题	处理办法	填表审核	考核人

（33）爆破员精细化工作任务管理

爆破员精细化工作任务管理需要记录的主要数据是姓名、每次爆破情况、瓦检员等。具体见表5-33。

表 5-33　　　　爆破员精细化工作任务管理基础数据表

爆破员精细化工作任务管理								
班次	爆破员	领药管数量	每次爆破情况	爆破时间	班组长	瓦检员	退库	备注

（34）注浆记录管理

注浆记录管理需要记录的主要数据是注浆量、冲管用水量、责任人等。具体见表 5-34。

表 5-34　　　　　　　　　　　　注浆记录管理基础数据表

注浆记录管理									
日期	班次	注浆地点	注浆量/m³		冲管用水量/m³	当班注浆量/m³	累计/m³	责任人	备注
			水/m³	土/m³					

5.2.2　材料管理任务基础数据表

通防战线材料任务管理通过对材料库存、材料消耗、材料回收、材料加工、材料复用数据的记录形成材料任务管理每项活动的基础数据表。重点对材料消耗量、材料使用人员以及材料使用去向进行详细记录，以便设定每个班组的每项活动定额材料消耗。后期可针对不同的活动定额发放材料，避免材料不必要的浪费。

（1）班组物资消耗管理

班组物资消耗管理需要记录的主要数据是品名、使用数量、经办人等。具体见表 5-35。

表 5-35　　　　　　　　　　　　班组物资消耗管理基础数据表

班组物资消耗管理											
序号	日期	品名	规格	单位	单价	使用地点	使用数量	金额	经办人	凭证员	备注

（2）班组物资管理

班组物资管理需要记录的主要数据是物资名称、规格型号、入库量、库存等。具体见表 5-36。

表 5-36　　　　　　　　　　　　班组物资管理基础数据表

班组物资管理										
序号	物资编码	物资品名	规格型号	计量单位	单价	上月结余	本月入库	本月消耗	库存	最高限量

（3）班组物资设备回收管理

班组物资设备回收管理需要记录的主要数据是班组、使用人、回收物资及使用情况等。具体见表 5-37。

表 5-37　　　　　　　　　　　　班组物资设备回收管理基础数据表

班组物资设备回收管理					
序号	班组	时间班次	使用人	使用地点	回收物资名称及使用情况

（4）物资设备入井管理

物资设备入井管理需要记录的主要数据是物品名称、数量、使用单位等。具体见表5-38。

表 5-38　　　　　　　　　　　物资设备入井管理基础数据表

物资设备入井管理											
序号	编号	入井日期	车型	品名	规格	单位	数量	使用地点	使用单位	要求运达时间	备注

（5）物资管理

物资管理需要记录的主要数据是物资名称、规格、收入、付出、结存、经办人等。具体见表5-39。

表 5-39　　　　　　　　　　　物资管理基础数据表

物资管理		序号	
		日期	
		物资编码	
		品名	
		规格	
		计量单位	
		单价	
		定额	
		摘要	
	收入	合计	
		购入	
		加工	
		旧品	
		其他	
	付出	合计	
		本队	
		转出	
		其他	
	结存	数量	
		金额	
		经办人	
		备注	

（6）局部通风组物资入库消耗管理

局部通风组物资入库消耗管理需要记录的主要数据是物品名称、领取数量、消耗数量、使用班组、经办人等。具体见表5-40。

表 5-40　　　　　　　　　　局部通风组物资入库消耗管理基础数据表

局部通风组物资入库消耗管理															
序号	月份	物资品名	规格	计量单位	时间	领取数量	消耗数量	领取数量累计	剩余量	消耗数量累计	使用班组	使用地点	使用单位经办人	配送员	凭证	备份

（7）物资消耗管理

物资消耗管理需要记录的主要数据是物品名称、规格、下料数量、经办人、使用班组等。具体见表5-41。

表 5-41　　　　　　　　　　物资消耗管理基础数据表

物资消耗管理										
序号	物品名称	规格	单位	下料时间	下料数量	领料来源	经办人	使用班组	使用地点	备注

（8）物资回收管理

物资回收管理需要记录的主要数据是物资名称、数量、经办人等。具体见表5-42。

表 5-42　　　　　　　　　　物资回收管理基础数据表

物资回收管理									
序号	供货单位	名称	规格	单位	回收时间	数量	回收地点	队经办人	验收经办人	备注

（9）物资系列化管理

物资系列化管理需要记录的主要数据是存在问题、整改方法、处理人等。具体见表5-43。

表 5-43　　　　　　　　　　物资系列化管理基础数据表

物资系列化管理							
序号	时间	隐患来源	存在问题	整改方法	处理人	解决日期	负责人

（10）废品回收管理

废品回收管理需要记录的主要数据是物资名称、回收数量、回收单位等。具体见表5-44。

表 5-44   **废品回收管理基础数据表**

废品回收管理										
序号	物资名称	回收时间	单位	数量	奖励单价	奖励金额	物管中心验收人	回收单位	回收单位交库人	备注

（11）物资领取管理

物资领取管理需要记录的主要数据是物资品名、实发数量等。具体见表 5-45。

表 5-45   **物资领取管理基础数据表**

物资领取管理										
序号	品名	规格	单位	日期	申请数量	实发数量	单价/元	金额/元	凭证号	备注

（12）高分子灭火剂管理

高分子灭火剂管理需要记录的主要数据是负责人、泵号、孔号、注胶量、注胶人员等。具体见表 5-46。

表 5-46   **高分子灭火剂管理基础数据表**

高分子灭火剂管理										
序号	日期	班次	负责人	泵号	孔号	注胶量/袋	累计	注胶时间	注胶人员	备注

（13）物资库存管理

物资库存管理需要记录的主要数据是物资名称、总库存、井上仓库、井下料场等。具体见表 5-47。

表 5-47   **物资库存管理基础数据表**

物资库存管理												
序号	物资名称	规格	单位	总库存	井上仓库					井下料场		
					小计	新品	复用	待修	报废	小计	新品	复用

（14）修旧利废自制加工管理

修旧利废自制加工管理需要记录的主要数据是加工投入材料、数量、加工成的材料名称、数量、使用地点等。具体见表 5-48。

表 5-48		修旧利废自制加工管理基础数据表								
修旧利废自制加工管理										
序号	加工时间	自制加工投入原材料名称	规格	单位	数量	加工成品材料名称	规格	单位	数量	使用地点

（15）主干线电缆管理

主干线电缆管理需要记录的主要数据是电缆规格、长度、编号等。具体见表 5-49。

表 5-49		主干线电缆管理基础数据表			
主干线电缆管理					
序号	电缆区间	规格/mm²	编号	长度/m	备注

（16）物资出库管理

物资出库管理需要记录的主要数据是物资名称、井上派发、井下实际使用情况等。具体见表 5-50。

表 5-50　　　　　　物资出库管理基础数据表

		序号	
物资出库管理		物资名称	
		规格	
		单位	
	井上派发	日期	
		班组	
		合计	
		新品	
		复用	
		使用地点	
		责任人	
		凭证号	
	井下实际使用	日期	
		班组	
		合计	
		新品	
		复用	
		使用地点	
		责任人	

5.2.3 安全管理任务基础数据表

通防战线安全管理任务通过对各项事故管理、监测管理、隐患整改管理以及安全持证管理,形成安全管理任务基础数据表。安全管理任务通过对通防战线每项活动的巡检与监测,对每个人员安全持证情况进行检查,管控每一个安全细节,及时整改存在的安全隐患。对已产生的安全事故详细记录违规人员姓名、违规行为并进行相应的考核,作为后期安全工作的违规案例记录在案。

(1)风机、开关事故管理

风机、开关事故管理需要记录的主要数据是事故经过、责任划分与处理意见、防范措施等。具体见表5-51。

表 5-51   风机、开关事故管理基础数据表

风机、开关事故管理						
序号	时间	地点	事故经过	原因分析	责任划分及处理意见	防范措施

(2)监测机房运行事故统计管理

监测机房运行事故统计管理需要记录的主要数据是事故及原因、操作员、处理意见等。具体见表5-52。

表 5-52   监测机房运行事故统计管理基础数据表

监测机房运行事故统计管理				
序号	时间	监测系统运行事故及事故原因	操作员签字	处理意见

(3)安全事故统计管理

安全事故统计管理需要记录的主要数据是事故经过、责任划分与处理意见、防范措施等。具体见表5-53。

表 5-53   安全事故统计管理基础数据表

安全事故统计管理						
序号	时间	事故经过	事故原因	责任划分	处理情况	防范措施

(4)安全监测事故管理

安全监测事故管理需要记录的主要数据是事故经过、责任划分与处理意见、防范措施等。具体见表5-54。

表 5-54   安全监测事故管理基础数据表

安全监测事故管理						
序号	时间	地点	事故经过	原因分析	责任划分及处理意见	防范措施

（5）通风设施事故管理

通风设施事故管理需要记录的主要数据是事故经过、责任划分与处理意见、防范措施等。具体见表 5-55。

表 5-55   通风设施事故管理基础数据表

通风设施事故管理						
序号	时间	地点	事故经过	原因分析	责任划分及处理意见	防范措施

（6）局部通风事故管理

局部通风事故管理需要记录的主要数据是事故经过、责任划分与处理意见、防范措施等。具体见表 5-56。

表 5-56   局部通风事故管理基础数据表

局部通风事故管理						
序号	时间	地点	事故经过	原因分析	责任划分及处理意见	防范措施

（7）测风事故管理

测风事故管理需要记录的主要数据是事故经过、责任划分与处理意见、防范措施等。具体见表 5-57。

表 5-57   测风事故管理基础数据表

测风事故管理						
序号	时间	地点	事故经过	原因分析	责任划分及处理意见	防范措施

（8）救护检查事故管理

救护检查事故管理需要记录的主要数据是事故经过、责任划分与处理意见、防范措施等。具体见表 5-58。

表 5-58   救护检查事故管理基础数据表

救护检查事故管理						
序号	时间	地点	事故经过	原因分析	责任划分及处理意见	防范措施

（9）"三违"管理

"三违"管理需要记录的主要数据是违章者姓名、违章行为、处理结果、累计次数等。具体见表5-59。

表5-59　　　　　　　　　　　　　　"三违"管理基础数据表

"三违"管理												
序号	日期	违章地点	违章者姓名	工种或职务	违章行为及防范措施	处理意见	处理结果	查处者	查处部门或单位	累计次数	上次违章编号	违章类别	备注

（10）安全质量检查整改通知记录管理

安全质量检查整改通知记录管理需要记录的主要数据是存在问题、责任单位、整改方法、处理人等。具体见表5-60。

表5-60　　　　　　　　　　安全质量检查整改通知记录管理基础数据表

安全质量检查整改通知记录管理									
序号	时间	责任单位	隐患来源	存在问题	整改方法	处理人	解决日期	负责人	备注

（11）安全资格证持证管理

安全资格证持证管理需要记录的主要数据是姓名、工种、证件编号等。具体见表5-61。

表5-61　　　　　　　　　　安全资格证持证管理基础数据表

安全资格证持证管理									
序号	单位	姓名	类别	持证工种	证件编号	初培时间	一审	二审	备注

（12）隐患落实管理

隐患落实管理需要记录的主要数据是隐患内容、整改人、整改情况等。具体见表5-62。

表5-62　　　　　　　　　　隐患落实管理基础数据表

隐患落实管理									
序号	隐患日期	隐患来源	隐患内容	整改情况	整改人	整改日期	遗留问题	安排人	备注

（13）爆破员安全资格证管理

爆破员安全资格证管理需要记录的主要数据是姓名、安全资格证编号等。具体见表5-63。

表 5-63　　　　　　　　　　　爆破员安全资格证基础数据表

爆破员安全资格证							
姓名	工种	安全资格证编号	培训日期	第一次复训时间	第二次复训时间	需要复训时间	领药药卡号

5.2.4　设备管理任务基础数据表

通防战线设备管理任务通过对设备档案记录、设备发放、设备检修、设备回收等数据的记录形成通防战线设备管理任务每项活动的基础数据表。通过对设备的各项零部件的保管、检查与维修,确保机器安全正常行驶,为井下生产提供良好的工作环境。

（1）地测队仪器管理

地测队仪器管理需要记录的主要数据是仪器名称、型号、生产厂家、使用跟踪描述等。具体见表 5-64。

表 5-64　　　　　　　　　　地测队仪器管理基础数据表

地测队仪器管理									
序号	仪器名称	仪器型号	内部编号	生产厂家	购买日期	起用日期	使用跟踪描述	异常损毁	使用时长

（2）里机巷钻机精细化管理

里机巷钻机精细化管理需要记录的主要数据是设备名称、型号、生产厂家等。具体见表 5-65。

表 5-65　　　　　　　　　里机巷钻机精细化管理基础数据表

里机巷钻机精细化管理												
序号	安装地点	设备编号	设备名称	设备型号	电压等级	功率	生产厂家	生产日期	安全标志编号	防爆合格证号	固定资产身份码	出厂编号

（3）电机及开关、水泵检修记录管理

电机及开关、水泵检修记录管理需要记录的主要数据是名称、检修内容、检修人员等。具体见表 5-66。

表 5-66　　　　　　　电机及开关、水泵检修记录管理基础数据表

电机及开关、水泵检修记录管理						
序号	名称	检修时间	检修班次	检修内容	检修负责人	备注

（4）压风自救管理

压风自救管理需要记录的主要数据是安装人员、检查人员、各部件异常情况及检修记录等。具体见表5-67。

表5-67　　压风自救管理基础数据表

											各部件异常情况及检修记录					
序号	日期	组别	数量/个	阀门规格	安装时间	安装地点	检查人	检查周期	安装人员	负责人	袋体	减压阀、阀门	手把	三通	其他	备注

（5）供风、供水、排水管路管理

供风、供水、排水管路管理需要记录的主要数据是关键名称、规格、长度、管理单位等。具体见表5-68。

表5-68　　供风、供水、排水管路管理基础数据表

序号	管理单位	管件名称	规格	长度/m	异常情况记录

（6）地面瓦斯抽放站机电设备档案管理

地面瓦斯抽放站机电设备档案管理需要记录的主要数据是设备名称、安全标志编号、安装日期等。具体见表5-69。

表5-69　　地面瓦斯抽放站机电设备档案管理基础数据表

序号	安装使用地点	设备编号	设备名称	设备型号	电压等级	功率	生产厂家	生产日期	安全标志编号	防爆合格证号	固定资产身份码	出厂编号	安装日期

（7）瓦斯抽放站检修管理

瓦斯抽放站检修管理需要记录的主要数据是设备编号、设备情况（馈电、开关、电机等）、检修人等。具体见表5-70。

表5-70　　瓦斯抽放站检修管理基础数据表

				设备名称							
序号	检修周期	检修日期	设备编号	馈电	开关	电机	减速机	真空泵	电缆	检修人	备注

（8）回风下山钻机及附属设备参数管理

回风下山钻机及附属设备参数管理需要记录的主要数据是设备名称、责任人、安装时间等。具体见表5-71。

表 5-71　　　　　　回风下山钻机及附属设备参数管理基础数据表

回风下山钻机及附属设备参数管理									
序号	设备名称	设备型号	固定身份证号	责任人	安全标识号	防爆合格证	生产厂家	出厂日期	安装时间

（9）钻机检修记录管理

钻机检修记录管理需要记录的主要数据是设备、名称、检修内容、处理结果、检修人等。具体见表5-72。

表 5-72　　　　　　钻机检修记录管理基础数据表

钻机检修记录管理								
序号	设备名称	设备地点	检修日期	检修负责人	检修内容	处理方法	处理结果	备注

（10）钻机钻杆丢失情况管理

钻机钻杆丢失情况管理需要记录的主要数据是掉钻长度、数量、钻杆类型、掉钻杆位置、原因等。具体见表5-73。

表 5-73　　　　　　钻机钻杆丢失情况管理基础数据表

钻机钻杆丢失情况管理													
序号	巷别	钻孔编号	位置	方位角/(°)	倾角/(°)	孔深/m	掉钻杆时间	掉钻杆长度/m	掉钻头数量	组长	钻杆类型	掉钻杆位置	原因	备注

（11）机电设备管理

机电设备管理需要记录的主要数据是设备名称、编号、安装日期、移交日期等。具体见表5-74。

表 5-74　　　　　　机电设备管理基础数据表

机电设备管理													
序号	使用单位	安装使用地点	设备名称	设备型号	生产厂家	生产日期	安全标志编号	防爆合格证编号	固定资产身份证编号	出厂编号	电缆型号/m²	电缆长度	安装日期	移交(回收)日期

（12）机电设备检查管理

机电设备检查管理需要记录的主要数据是设备名称、存在问题、处理办法、检查人员等。具体见表5-75。

表 5-75　　　　　　机电设备检查管理基础数据表

机电设备检查管理										
序号	日期	巷道名称	设备名称	检查周期	检查班次	检查人员	存在问题	处理办法	填表审核	考核人

（13）机电检修记录管理

机电检修记录管理需要记录的主要数据是设备名称、检修人、检修记录、检修措施等。具体见表5-76。

表 5-76　　　　　　机电检修记录管理基础数据表

机电检修记录管理								
序号	检修设备名称	型号	检修人	检修记录			检修措施	备注
				地点	检修时间	检修负责人	移交看风机工签字	

（14）机电设备故障记录管理

机电设备故障记录管理需要记录的主要数据是设备名称、故障原因、处理人等。具体见表5-77。

表 5-77　　　　　　机电设备故障记录管理基础数据表

机电设备故障记录管理								
序号	故障地点	设备名称及型号	故障时间	故障现象及原因	故障处理情况	故障排除时间	处理人	值班干部

（15）回风巷机电设备风机群处巡检记录管理

回风巷机电设备风机群处巡检记录管理需要记录的主要数据是巡检时间、巡检内容、巡检人员等。具体见表5-78。

表 5-78　　　　　　　回风巷机电设备风机群处巡检记录管理基础数据表

回风巷机电设备风机群处 巡检记录管理	巡检人员	
	地点	
	巡检时间	
	现场文明生产情况	
	风机群处电气设备有无失爆现象 （包括风机开关、风机馈电、风机倒台装置、风机群处接线）	
	风机运转声音有无异响	
	消音器是否完好	
	风机接地极是否符合要求	
	各类仪表指示灯是否正常	
	线路吊挂是否整齐	
	询问看风机工风电闭锁情况	
	询问看风机工风机自动倒台情况	
	现场看风机工签字	
	巡检人	

（16）回风巷机电设备主、备风机线路巡检管理

回风巷机电设备主、备风机线路巡检管理需要记录的主要数据是巡检时间、巡检内容、巡检人员等。具体见表 5-79。

表 5-79　　　　　　　回风巷机电设备主、备风机线路巡检管理基础数据表

回风巷机电设备主、 备风机线路巡检管理	巡检人员	
	地点	
	巡检时间	
	变电所至风机处电缆吊挂是否符合要求	
	变电所至风机处电缆是否有破口、 漏芯线等不符合规定的现象	
	自采区变电所出来第一个接线盒吊挂是否符合规定、有无失爆现象 （—270 移变站里 50 m）	
	自采区变电所出来第二个接线盒吊挂是否符合规定、有无失爆现象 （13080 胶带一部 11 号边管）	
	自采区变电所出来第三个接线盒吊挂是否符合规定、有无失爆现象 （写出接线盒具体位置）	
	自采区变电所出来第四个接线盒吊挂是否符合规定、有无失爆现象 （写出接线盒具体位置）	
	自采区变电所出来第五个接线盒吊挂是否符合规定、有无失爆现象 （写出接线盒具体位置）	
	自采区变电所出来第六个接线盒吊挂是否符合规定、有无失爆现象 （写出接线盒具体位置）	
	自采区变电所出来第七个接线盒吊挂是否符合规定、有无失爆现象 （写出接线盒具体位置）	

（17）风机专线及接线盒使用档案管理

风机专线及接线盒使用档案管理需要记录的主要数据是主风机或备机专线型号及根数、电缆合计(m)、四通合计(个)等。具体见表5-80。

表 5-80　　　　　　　　　　　风机专线及接线盒使用档案管理基础数据表

风机专线及接线盒使用档案管理									
序号	地点	主风机专线型号及根数	主机线长度/m	200 A 四通数	备机专线型号及根数	备机线长度/m	200 A 四通数	电缆合计/m	四通合计/个	备注

（18）设备发放、回收管理

设备发放、回收管理需要记录的主要数据是设备名称、领用人员、回收时间、审批人等。具体见表5-81。

表 5-81　　　　　　　　　　　设备发放、回收管理基础数据表

设备发放、回收管理										
序号	发放日期	使用地点	设备名称	型号	设备明细	审批人	设备员	领用人	回收时间	备注

（19）安全监测设备安装、回收精细化管理

安全监测设备安装、回收精细化管理需要记录的主要数据是设备名称、包机人、安装时间、回收时间、巡检周期等。具体见表5-82。

表 5-82　　　　　　　　安全监测设备安装、回收精细化管理基础数据表

安全监测设备安装、回收精细化管理													
序号	分站号	包机人	包机干部	地点	电源箱电源取自配电室内127 V照明				分站信号来自斜井变电所内交换机				备注
					模拟量	设备名称	型号	使用地点	安装时间	回收时间	编号	生产厂家	巡检周期	

（20）安全监测装置井下调校记录管理

安全监测装置井下调校记录管理需要记录的主要数据是设备型号、调校人、调校情况

等。具体见表 5-83。

表 5-83   **安全监测装置井下调校记录管理基础数据表**

安全监测装置井下调校记录管理									
序号	日期	使用地点	设备型号	允许新鲜空气		允许标准气样(2.04)		现场显示瓦斯浓度/%	调校人	备注
				调前	调后	调前	调后			

（21）监测设备巡检记录管理

监测设备巡检记录管理需要记录的主要数据是设备型号、巡检人、巡检内容情况等。具体见表 5-84。

表 5-84   **监测设备巡检记录管理基础数据表**

监测设备巡检记录管理									
序号	使用地点	设备型号	日期	显示值	分站电源箱完好状况	传感器完好状况	断电情况	巡检人	备注

（22）监测设备故障记录管理

监测设备故障记录管理需要记录的主要数据是设备名称、故障现象、处理结果、记录人等。具体见表 5-85。

表 5-85   **监测设备故障记录管理基础数据表**

监测设备故障记录管理									
序号	设备名称	设备型号	日期班次	地点	记录人	故障现象	故障原因	处理结果	备注

（23）设备检查问题处理管理

设备检查问题处理管理需要记录的主要数据是存在问题、处理办法、处理人、负责人等。具体见表 5-86。

表 5-86   **设备检查问题处理管理基础数据表**

设备检查问题处理管理									
序号	时间	隐患来源	检查人	存在问题	处理办法	处理人	解决日期	负责人	备注

（24）发放设备明细管理

发放设备明细管理需要记录的主要数据是设备名称、使用单位、配套设施名称等。具体见表 5-87。

表 5-87　　　　　　　　　　发放设备明细管理基础数据表

发放设备明细管理		序号	
		名称	
		规格型号	
		固定资产身份证号	
		安全标志证号	
		防爆合格证号	
		出厂编号	
		生产厂家	
		生产日期	
		使用单位	
		使用地点	
	配套设备	名称	
		规格型号	
		固定资产身份证号	
		安全标志证号	
		防爆合格证号	
		出厂编号	
		生产厂家	
		生产日期	
		备注	

（25）监测组吊挂传感器牌板和吊挂 S 钩情况统计管理

监测组吊挂传感器牌板和吊挂 S 钩情况统计管理需要记录的主要数据是吊挂人员、吊挂数量、更换数量、更换人员等。具体见表 5-88。

表 5-88　　　　　监测组吊挂传感器牌板和吊挂 S 钩情况统计管理基础数据表

监测组吊挂传感器牌板和吊挂 S 钩情况统计管理									
序号	班次	吊挂人员	吊挂地点	吊挂牌板数量	S 钩数量	更换日期	更换 4 寸管子人员	更换数量	备注

（26）三脚架吊挂情况管理

三脚架吊挂情况管理需要记录的主要数据是吊挂人员、吊挂数量等。具体见表 5-89。

表 5-89　　　　　　　　　三脚架吊挂情况管理基础数据表

三脚架吊挂情况管理					
序号	时间	吊挂人员	吊挂地点	吊挂数量	备注

（27）防尘管路管理

防尘管路管理需要记录的主要数据是管理类型、长度、直径、安装日期、负责人、完好情况等。具体见表5-90。

表5-90　　　　　　　　　　防尘管路管理基础数据表

防尘管路管理									
序号	采区	巷道名称	管路类型	管路长度	管路直径	安装日期	区域负责人	完好状况	备注

（28）阀门巡检管理

阀门巡检管理需要记录的主要数据是阀门编号、巡检人、巡检状况等。具体见表5-91。

表5-91　　　　　　　　　　阀门巡检管理基础数据表

阀门巡检管理								
序号	巷道名称	阀门类别	共设组数	编号	巡检周期	巡检人	巡检日期	巡检状况	备注

（29）隔爆水棚巡检管理

隔爆水棚巡检管理需要记录的主要数据是水棚编号巡检人、巡检内容等。具体见表5-92。

表5-92　　　　　　　　　　隔爆水棚巡检管理基础数据表

隔爆水棚巡检管理											
序号	水棚位置	编号	巡检周期	巡检人	巡检日期	巡检内容					备注
						水棚架完好度	水袋是否破损	水袋数量	水量	水袋编号	清洁度	

（30）降尘时间管理

降尘时间管理需要记录的主要数据是工作人员，喷雾类别，开、停时间等。具体见表5-93。

表5-93　　　　　　　　　　降尘时间管理基础数据表

降尘时间管理								
序号	巷道名称	共设组数	喷雾类别	降尘周期	工作人员	日期	开、停时间	备注

（31）供排水、风管路巡查管理

供排水、风管路巡查管理需要记录的主要数据是存在问题、处理办法、考核人等。具体见表5-94。

表 5-94　　　　　　供排水、风管路巡查管理基础数据表

供排水、风管路巡查管理										
序号	日期	巷道名称	巡查周期	巡查班次	冲尘人员	存在问题	处理办法	填表审核	考核人	备注

（32）制氮机运行管理

制氮机运行管理需要记录的主要数据是空气压缩机与制氮机运行情况等。具体见表5-95。

表 5-95　　　　　　制氮机运行管理基础数据表

制氮机运行管理										
时间	空气压缩机				制氮机					
	排气压力/MPa		排气温度/℃		氮气排量/MPa	氧气纯度/%	滤芯压差/kPa	氮气压力/MPa	空气压力/MPa	温度/℃	制氮总量/m³
	1	2	1	2						

（33）注浆、注氮管路巡查维修管理

注浆、注氮管路巡查维修管理需要记录的主要数据是注浆管路、注氮管路、存在问题、处理结果、检修人等。具体见表5-96。

表 5-96　　　　　注浆、注氮管路巡查维修管理基础数据表

注浆、注氮管路巡查维修管理									
日期	巡查人	注浆管路	注氮管路	使用地点	存在问题	处理方法	处理结果	故障（检修）起始时间	检修人

（34）注氮管路档案管理

注氮管路档案管理需要记录的主要数据是名称、规格、安装时间、负责人等。具体见表5-97。

表 5-97　　　　　　注氮管路档案管理基础数据表

注氮管路档案管理									
序号	名称	规格	使用地点	编号	安装时间	长度	包片人	负责人	备注

（35）注浆管路档案管理

注浆管路档案管理需要记录的主要数据是名称、规格、包片人等。具体见表5-98。

表 5-98 注浆管路档案管理基础数据表

注浆管路档案									
序号	名称	规格	使用地点	编号	交接时间	长度	包片人	负责人	备注

5.2.5　现场管理任务基础数据表

通防战线现场管理任务通过对现场各项数据进行测试,保证数据在正常的范围内,确保安全的工作环境。

（1）突出危险性预测管理

突出危险性预测管理需要记录的主要数据是测试负责人、孔号、预测指标等。具体见表5-99。

表 5-99 突出危险性预测管理基础数据表

突出危险性预测管理								预测指标 （钻屑量为 6 kg/m）				预测指标（钻孔瓦斯 涌出初速度为 5 L/min）				
序号	测试 时间	循环 数	具体 位置	测试 负责 人	评估 员	跟班 干部	孔号	4 m	6 m	8 m	10 m	3 m	5 m	7 m	9 m	11 m

（2）观测孔管理

观测孔管理需要记录的主要数据是瓦检员、孔号、孔径、水平角、倾角、设计、实际等。具体见表5-100。

表 5-100 观测孔管理基础数据表

观测孔管理											
序号	测试 时间	瓦检员	监钻人	跟班 干部	孔号	孔径 /mm	水平角 /(°)	倾角 /(°)	设计 /m	实际 /m	时间 /min	异常情 况描述

5.2.6　人员管理任务基础数据表

通防战线人员管理任务通过对人员定岗数据、人员请销假数据、人员出勤数据、人员顶岗数据的记录,形成人员任务管理每项活动的基础数据表。通过对人员信息的详细记录可有效管理人员岗位,方便内部人员调控。

（1）人员定岗管理

人员定岗管理需要记录的主要数据是姓名、职务、事物安排等。具体见表5-101。

表 5-101　　　　　　　　　　　人员定岗管理基础数据表

人员定岗管理						
序号	日期	姓名	职务	事物安排		备注
				上午	下午	

（2）请销假管理

请销假管理需要记录的主要数据是请假人、起始时间、销假日期、批准人等。具体见表5-102。

表 5-102　　　　　　　　　　　请销假管理基础数据表

请销假管理							
序号	请假人	请假时间	批准人	起始日期	销假日期	年度累计（含年休假）	备注

（3）防突队出勤及工作量管理

防突队出勤及工作量管理需要记录的主要数据是班次、入井人数、打钻进尺、瓦斯抽放量、成孔个数等。具体见表5-103。

表 5-103　　　　　　　　　　防突队出勤及工作量管理基础数据表

防突队出勤及工作量管理																
日期	班次	工种	值班干部	矿核定入井人数			合计	当天入井人数	打钻进尺	瓦斯抽放量	出勤人数		入井人员班次			成孔个数	备注
				4点	0点	8点					入井	地面	0点	8点	4点		

（4）通风队井下各班组人员顶岗档案管理

通风队井下各班组人员顶岗档案管理需要记录的主要数据是班组、出勤、未出勤人员及原因、任务完成情况等。具体见表5-104。

表 5-104　　　　　　　通风队井下各班组人员顶岗档案管理基础数据表

通风队井下各班组人员顶岗档案管理													
序号	时间	班组	在册	当班出勤	年(工)休	事假	婚假	工伤	班次	未出勤人员	出勤人员	当班工作任务	任务完成情况

（5）通风队入井人员申请管理

通风队入井人员申请管理需要记录的主要数据是申请单位、申请原因、申请人数、审核意见等。具体见表5-105。

表 5-105　　　　　　　　　　通风队入井人员申请管理基础数据表

通风队入井人员申请管理								
序号	申请单位	申请时间	作业地点	申请原因及工作量	入井班次	申请人数	战线审核意见	调度审核意见

（6）维修队人员定岗考核管理

维修队人员定岗考核管理需要记录的主要数据是班次、考核人、姓名、当日任务、完成情况、得分等。具体见表 5-106。

表 5-106　　　　　　　　　　维修队人员定岗考核管理基础数据表

维修队人员定岗考核管理												
序号	日期	班次	班组长	考核人	姓名	当日任务	完成情况	质量情况	安全	标准	清洁	实得分	备注

（7）维修队人员顶岗管理

维修队人员顶岗管理需要记录的主要数据是班次、在岗人员、不在岗人员等。具体见表5-107。

表 5-107　　　　　　　　　　维修队人员顶岗管理基础数据表

维修队人员顶岗管理																		
序号	班次	合计	在岗人员							不在岗人员								备注
			小计	巷修	喷浆	冲尘排水	检修	地面	管理人员	小计	旷工	年休、工休	工伤	探亲	学习疗养	事假	婚丧产	病假	外借

（8）巡岗找顶管理

巡岗找顶管理需要记录的主要数据是巷道名称、巡查人员、隐患程度、处理办法等。具体见表 5-108。

表 5-108　　　　　　　　　　巡岗找顶管理基础数据表

巡岗找顶管理									
序号	日期	巷道名称	巡查测点	巡查周期	巡查班次	巡查人员	隐患程度	处理办法	填表审核	考核人

（9）通风队人员日出勤管理

通风队人员日出勤管理需要记录的主要数据是班子次、在岗人数、不在岗人数等。具体见表 5-109。

表 5-109   通风队人员日出勤管理基础数据表

		序号	
		班次	
		合计	
	在岗人员	小计	
		救护组	
		监测组	
		机电组	
		测风组	
		设施组	
		风筒组	
		发放组	
		机房组	
通风队人员日出勤管理		地面	
		管理人员	
	不在岗人员	小计	
		旷工	
		年休、工休	
		工伤	
		探亲	
		学习疗养	
		事假	
		婚丧产	
		病假	
		外借	
		其他	
		备注	

（10）培训人员管理

培训人员管理需要记录的主要数据是姓名、培训工种、考试合格情况等。具体见表 5-110。

表 5-110   培训人员管理基础数据表

培训人员管理									
序号	月份	姓名	需培训工种职务	培训通知日期	培训日期	培训形式	培训性质	培训地点	考试合格情况	备注

5.2.7 考核管理任务基础数据表

通防战线考核管理任务通过对考核内容、考核人员、整改结果、复查人员、考核结果的详细记录形成考核任务基础数据表。通过对考核情况以及人员的详细记录，根据事故的轻重程度，判断惩罚的力度。

（1）通风战线精细化台账检查记录管理

通风战线精细化台账检查记录管理需要记录的主要数据是查看内容、提出问题、整改措施、复查人等。具体见表5-111。

表 5-111　　　　　通风战线精细化台账检查记录管理基础数据表

通风战线精细化台账检查记录管理											
序号	姓名	单位	管理人员	检查时间	查看内容	提出问题	整改措施	整改时间	整改人	复查人	整改结果

（2）队干部审阅精细化台账记录管理

队干部审阅精细化台账记录管理需要记录的主要数据是姓名、查处问题、整改情况、考核情况等。具体见表5-112。

表 5-112　　　　　队干部审阅精细化台账记录管理基础数据表

队干部审阅精细化台账记录管理									
序号	姓名	职务	时间	查看内容	查出问题	整改时间	整改情况	考核情况	备注

（3）开掘巷道中心线周巡视情况汇报管理

开掘巷道中心线周巡视情况汇报管理需要记录的主要数据是工作面、中腰线情况描述、巷道偏差、检查人员等。具体见表5-113。

表 5-113　　　　　开掘巷道中心线周巡视情况汇报管理基础数据表

开掘巷道中心线周巡视情况汇报管理						
序号	单位	工作面名称	中腰线情况描述	巷道偏差	备注说明	检查人员

（4）培训考试成绩管理

培训考试成绩管理需要记录的主要数据是姓名、成绩等。具体见表5-114。

表 5-114　　　　　培训考试成绩管理基础数据表

培训考试成绩管理			
序号	单位	姓名	成绩	备注

（5）违章违纪登记管理

违章违纪登记管理需要记录的主要数据是违章者姓名、违章行文、处理意见、查处人员等。具体见表 5-115。

表 5-115　　　　　　　　　　　违章违纪登记管理基础数据表

违章违纪登记管理											
序号	日期	单位	违章者姓名	工种或职务	违章时间	违章地点	违章行为简述	处理意见	查处违章人员	年度累计	备注

（6）罚款记录管理

罚款记录管理需要记录的主要数据是罚款人、罚款原因、罚款数目等。具体见表 5-116。

表 5-116　　　　　　　　　　　罚款记录管理基础数据表

罚款记录管理						
序号	罚款人	罚款原因	罚款数目/元	罚款时间	罚款单位	备注

（7）精细化工资考核管理

精细化工资考核管理需要记录的主要数据是违章者姓名、违章行为、处理意见、追查人员等。具体见表 5-117。

表 5-117　　　　　　　　　　精细化工资考核管理基础数据表

精细化工资考核管理									
序号	违章者姓名	工种或职务	违章时间	违章地点	违章行为简述	单位处理意见	追查人员	追缴情况	收款人

（8）效益工资考核管理

效益工资考核管理需要记录的主要数据是班组、奖惩原因、追查人等。具体见表 5-118。

表 5-118　　　　　　　　　　　效益工资考核管理基础数据表

效益工资考核管理						
序号	日期	班组	地点	奖罚原因	奖罚	追查人

（9）安全化工资考核管理

安全化工资考核管理需要记录的主要数据是姓名、工种、责任追究内容、奖惩、追查人员等。具体见表 5-119。

表 5-119　　　　　　　　安全化工资考核管理基础数据表

安全化工资考核管理								
序号	姓名	工种	时间	地点	责任追究内容	奖罚	追究情况	追查单位/人员

（10）考核评估队信息管理

考核评估队信息管理需要记录的主要数据是信息量、责任人、落实情况等。具体见表 5-120。

表 5-120　　　　　　　　考核评估队信息管理基础数据表

考核评估队信息管理					
序号	时间	地点	信息量	责任人	落实情况

（11）精细化分析考核管理

精细化分析考核管理需要记录的主要数据是分析文档名称、出现问题、考核结果等。具体见表 5-121。

表 5-121　　　　　　　　精细化分析考核管理基础数据表

精细化分析考核管理					
序号	分析时间	文档		问题	考核结果
		分析文件①	分析文件②		

（12）矿领导带班信息整改记录管理

矿领导带班信息整改记录管理需要记录的主要数据是代办领导、存在隐患及"三违"内容、负责人、处理结果等。具体见表 5-122。

表 5-122　　　　　　　　矿领导带班信息整改记录管理基础数据表

矿领导带班信息整改记录管理										
序号	时间	带班领导	隐患来源	存在隐患及"三违"内容	处理意见	整改方法	整改人	处理结果	处理日期	负责人

（13）战线查处问题处罚管理

战线查处问题处罚管理需要记录的主要数据是查处问题、被罚人以及罚款金额、负责处理人员等。具体见表 5-123。

表 5-123　　　　　　　　战线查处问题处罚管理基础数据表

战线查处问题处罚管理										
序号	查处时间	查处问题	处罚方式	被罚款人员及罚款金额	查处人员	负责处理人	要求解决时间	实际解决时间	累计金额/元	备注

（14）精细化自查互查处罚管理

精细化自查互查处罚管理需要记录的主要数据是班组、查处问题、处理结果等。具体见表 5-124。

表 5-124　　　　　　　　精细化自查互查处罚管理基础数据表

精细化自查互查管理						
班组	日期	自查内容	查出问题	整改情况	处理结果	合计

5.2.8　通防战线精细化管理数据仓库建设

通防是煤矿安全生产中的重中之重，由于通防战线数据多，我们根据概念模型设计阶段得到五大数据集市，有些数据集市来自单一的数据源，比如工程质量，但大部分主题数据都来自多个数据源。我们把这些数据经过清洗、标准化、计算后才能成为数据集市。为了详细描述每个数据集市中各项数据的具体来源和计算过程，下面使用软件工程中常用来描述数据处理过程的数据流程图来具体描述每个主题。

（1）通防战线任务数据集市。通防任务管理主要是从通风、瓦斯防治、水文地质管理、爆矿等几个主要方面展开工作。通风主要是从台账中提取测风的区域、断面、地点、时间等数据，然后从气体取样台账中获取气体取样的时间、地点、气体成分等数据，得出风量变化与瓦斯数据，进而绘出风量变化曲线图与气体变化曲线图；水文地质管理主要是从通防战线地质管理基础数据表中提取煤层厚度及水文情况，得出水文、地质相关数据，进而预测矿井水文与地质情况，从而采取相应的措施展开开掘与采煤工作。具体如图 5-8 所示。

（2）人员定岗数据集市。人员定岗是指某一项工作内容可以分解成哪些基础岗位，每个岗位具体由哪一个（或几个）人负责。该主题中的出勤情况来自当班出勤台账，同时可以和人员定位系统中下井人员记录进行对照。将来对人员定岗主题数据进行分析可以了解当前人员定额是否合适，同时可以将工作责任落实到人，体现精细化管理的管控力度。具体如图 5-9 所示。

（3）设备数据集市。通防战线日常工作中使用的各类设备很多，尤其是一些大型设备，价格昂贵，操作负责及日常维护要求较高。所以，设备管理水平的高低直接影响产量、安全和成本等基本经营目标的实现。十二矿设备管理有三个层次：集团企业负责采购；物管中心和机电科负责设备到矿的验收、发放和回收；各战线和区队申请、领用设备并负责日常维检工作。设备管理主题涉及的数据分散存储在大量不同的数据源中：反映设备运行状态的数据来自监控系统，反映设备日常维护的数据来自区队的设备管理台账，设备基础信息来自物管中心设备管理信息系统。其数据抽取过程如图 5-10 所示。

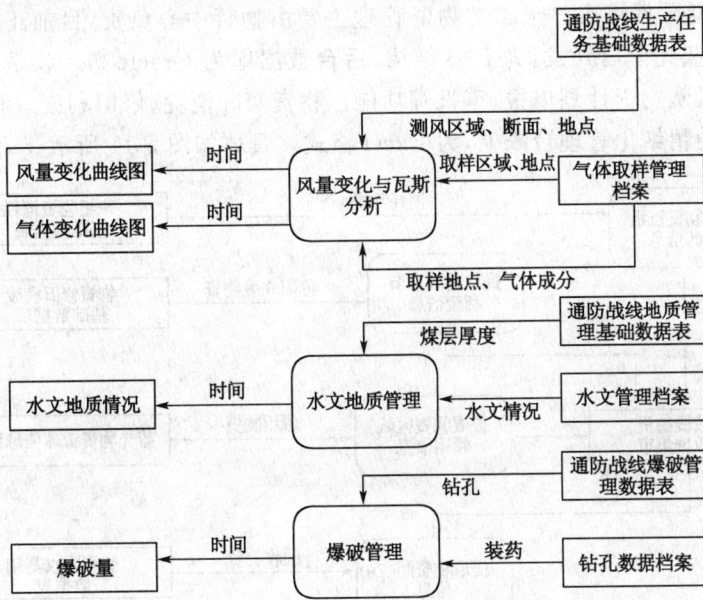

图 5-8 通防战线基本工作任务数据流程图

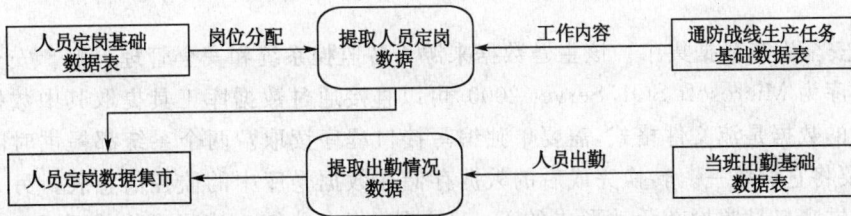

图 5-9 人员定岗数据集市流程图

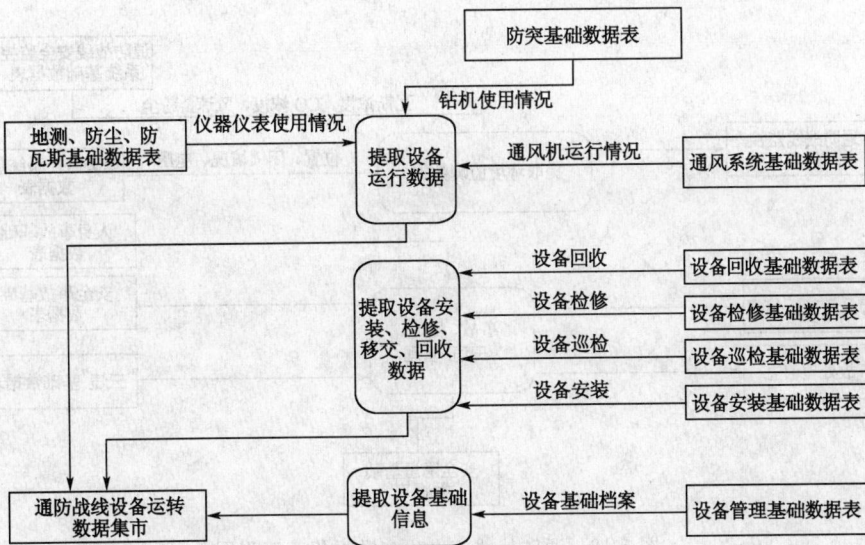

图 5-10 设备管理数据集市流程图

（4）物资消耗数据集市。十二矿物资管理主要由物管中心负责，目前正在运行的物资管理信息系统由蓝光公司开发，为 B/S 结构，后台数据库为 Oracle 9i。该系统目前实现了到矿物资验收、区队物资计划申报、审批等功能。物资实际消耗、修旧利废、回收等情况记录在各区队、班组的精细化管理台账上，为 Excel 格式。具体如图 5-11 所示。

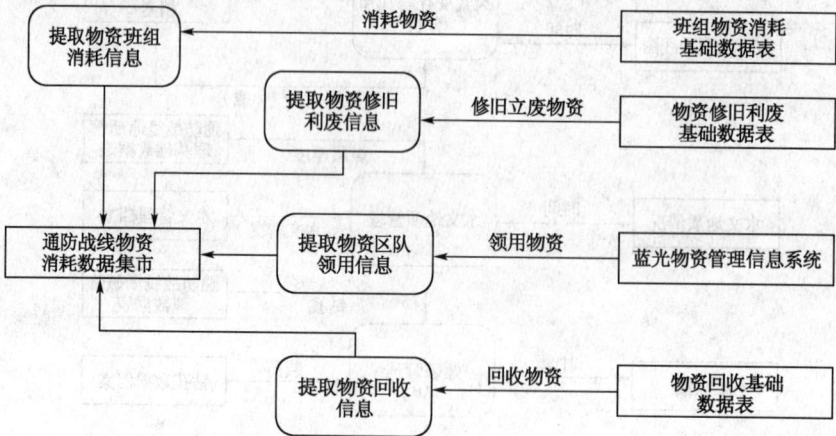

图 5-11　通防战线物资消耗数据集市流程图

（5）安全生产数据集市。该主题数据来源于各监控系统和安全管理台账。安全监控系统的数据库为 Microsoft SQL Server 2000，可以直接通过数据库工具提取其中数据。爆破监控系统的数据是流文件格式，需要单独编写接口程序读取。两个系统都提供时间和地点数据，需要将它们统一。转换完成后的数据存储在数据仓库中的监控信息表。另一部分安全生产数据来自日常检查活动形成的 Excel 台账，将台账统一成标准格式后，Microsoft 公司的 SSIS 组件可以比较容易的提取其数据。具体如图 5-12 所示。

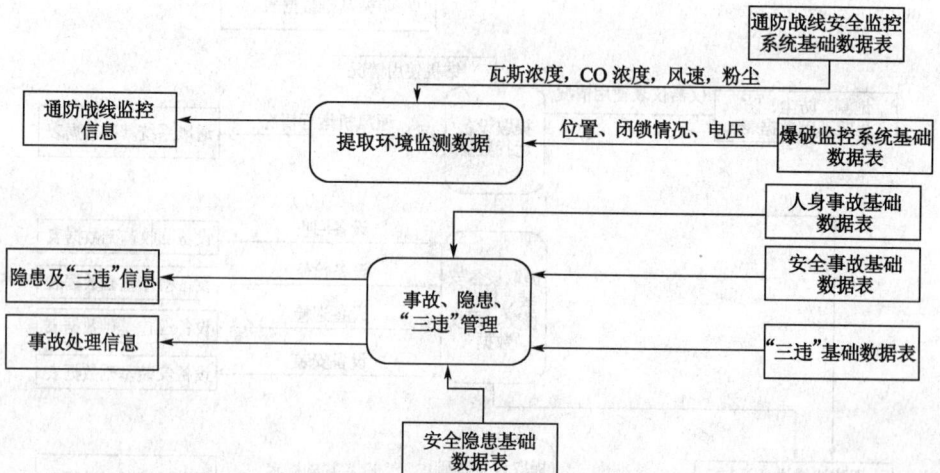

图 5-12　通防战线安全生产数据集市流程图

6 机电战线精细化管理实践

6.1 机电战线精细化工作分解

机电设备在煤矿生产安全中占据着越来越重要的地位,贯穿于矿井生产战线的各个环节,遍布于井上下各个生产角落,涉及范围广,技术性强,在煤炭企业生产中发挥着举足轻重的作用。因此,鉴于其在煤炭开采、运输、提升等环节中的重要性,煤矿机电战线是煤矿企业生产中重要的生产辅助业务之一。煤矿的机电设备管理必须从基础工作做起,以提高矿井机电设备安全可靠性为中心,做好煤矿机电设备管理工作,消灭机电事故隐患,确保矿井机电系统安全、可靠、高效,稳定煤矿企业发展。因此,通过工作结构分解明确机电战线的各项工作任务,明确责任单位和责任人,提高员工工作责任心,形成事事有人管,人人都管事的安全、高效的安全生产工作局面。机电战线主要是对机电设备的管理及其机电技术人员的管理,因此,根据战线特点,机电战线工作项目分解为生产任务、安全管理任务、设备管理任务、材料管理任务、人员管理任务、考核管理任务等六大任务。具体工作分解结构图见图 6-1。

图 6-1 机电战线 WBS 分解图

6.1.1 材料管理任务工作分解结构图

材料管理任务主要分解为领料、发料、材料消耗、修旧利废、自制加工、旧品复用、材料回收等具体工作。根据精细化管理的要求,需把工作进一步划分为具体的活动。根据煤矿材料管理领用及发放相关程序,领料工作分解为战线材料领取总账记录活动、班组领取材料记录活动;发料工作分解为发料记录活动、库存活动;材料消耗分解为材料消耗记录活动、钢丝绳管理台账记录记录活动;修旧利废工作分解为修旧利废记录活动;自制加工工作分解为自制加工记录活动、自制加工领用台账记录活动;旧品复用工作分解为旧品复用记录活动;材料回收工作分解为材料回收记录活动。具体如图 6-2 所示。

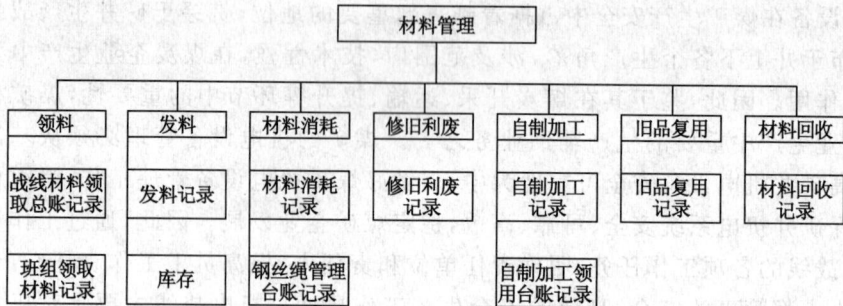

图 6-2 机电战线材料管理任务工作分解结构图

6.1.2 生产任务工作分解结构图

根据十二矿精细化管理工作分解结构建设的目标和原则,机电战线生产任务分解为设备检修工作、设备巡检工作、设备维修工作。根据精细化管理工作分解结构建设要求,还需要把工作分解为工作活动。根据煤矿企业生产工艺,机电战线设备检修工作分解为供电系统设备检修、运输系统设备检修、胶带管理系统设备检修、架空乘人管理系统设备检修、各战线回收设备检修、固定设备检修;设备巡检工作分解为供电系统设备巡检、运输系统设备巡检、胶带管理系统设备巡检、架空乘人管理系统设备巡检、各战线回收设备巡检、固定设备巡检、风水系统设备巡检、新老副井提升系统设备巡检、主要通风机及托架管设备巡检;设备维修工作分解为供电系统设备维修、胶带管理系统设备维修、架空乘人管理系统设备维修、各战线回收设备维修、固定设备维修、风水系统设备维修、新老副井提升系统设备维修、主要通风机及托架管设备维修。机电战线生产任务工作分解结构图如图 6-3 所示。

6.1.3 安全管理任务工作分解结构图

安全管理任务分解为"三违"事故管理工作、人身事故管理工作、生产事故管理工作、安全技术措施管理工作。"三违"事故管理工作分解为"三违"事故记录活动;人身事故管理工作分解为人身事故记录活动;生产事故管理工作分解为生产事故记录活动;安全技术措施管理工作分解为安全技术措施管理记录活动。具体如图 6-4 所示。

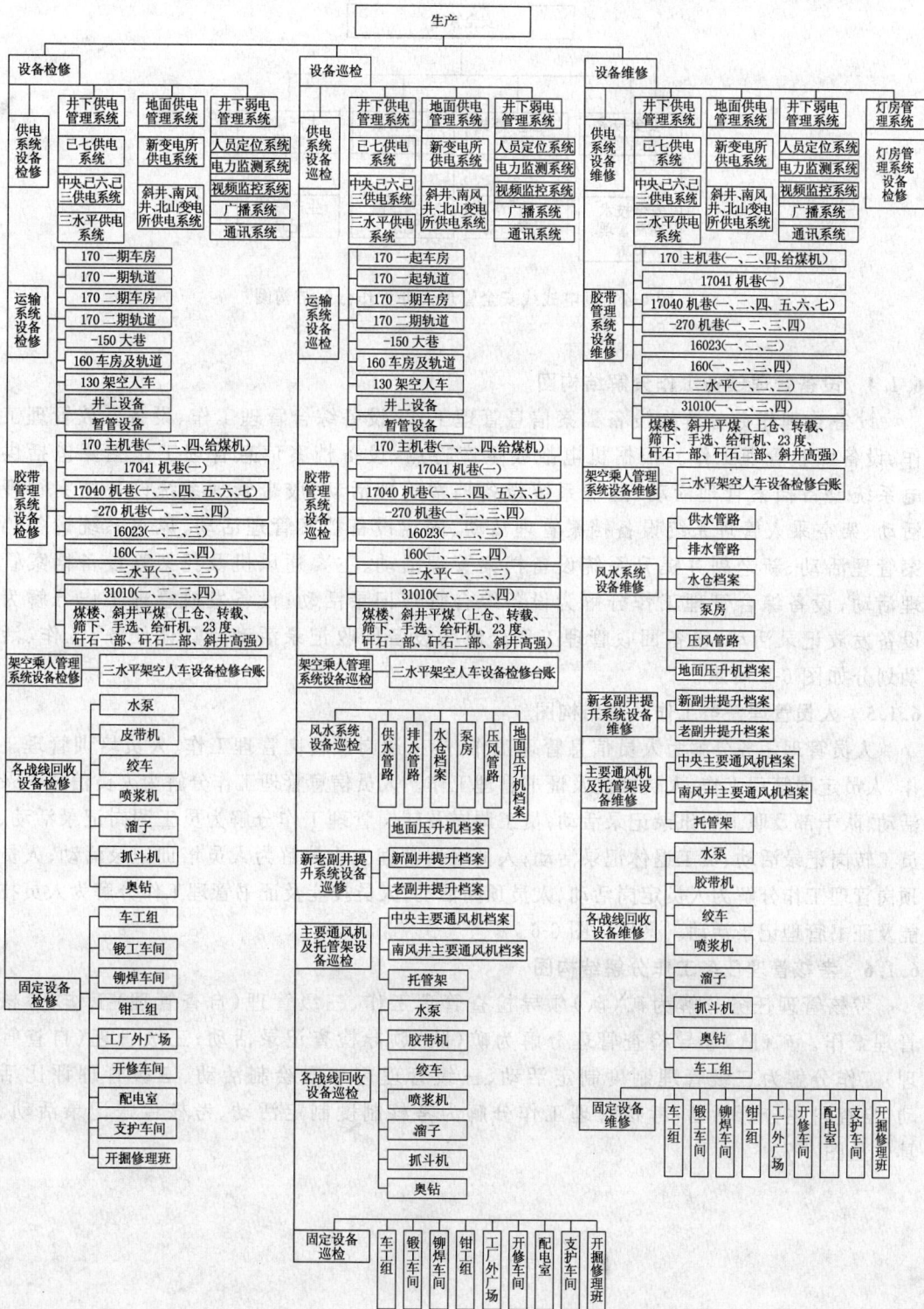

图 6-3　机电战线生产任务工作分解结构图

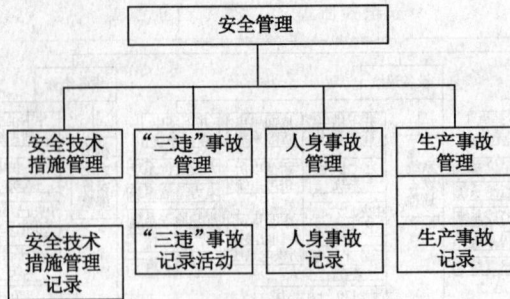

图 6-4　机电战线安全管理任务工作分解结构图

6.1.4　设备管理任务工作分解结构图

设备管理任务分解为设备档案信息管理工作、设备综合管理工作、设备发放管理工作、设备回收管理工作。根据机电战线生产特点,设备档案信息管理工作主要包括供电系统设备档案管理活动、运输系统设备档案管理活动、胶带管理系统设备档案管理活动、架空乘人管理系统设备档案管理活动、固定设备档案管理活动、风水系统设备档案管理活动、新老副井提升系统设备档案管理活动、主要通风机及托架管设备档案管理活动;设备综合管理工作分解为设备综合管理记录活动;设备发放管理工作分解为设备发放记录活动;设备回收管理工作分解为设备回收记录活动。具体任务、工作、活动划分如图 6-5 所示。

6.1.5　人员管理任务工作分解结构图

人员管理任务分解为人员信息管理工作、员工调岗及转岗管理工作、人员培训管理工作、人员定岗管理工作、人员技能及证书管理工作。人员信息管理工作分解为人员信息记录活动、队干部及职工通讯录记录活动;员工调岗及转岗管理工作分解为员工调岗记录活动、员工转岗记录活动、员工退休记录活动;人员培训管理工作分解为人员培训记录活动;人员顶岗管理工作分解为人员定岗活动、人员顶岗活动;人员技能及证书管理工作分解为人员技能及证书管理记录活动。具体见图 6-6。

6.1.6　考核管理任务工作分解结构图

考核管理任务分解为矿(队)领导检查管理工作、三级管理(自查管理)工作、考核管理工作。矿(队)领导检查管理分解为矿(队)领导检查记录活动;三级管理(自查管理)工作分解为三级管理制度制定活动、三级管理包片图绘制活动、三级管理评比活动、自查自主分析活动;考核管理工作分解为考核制度制定活动、考核台账记录活动。具体见图 6-7。

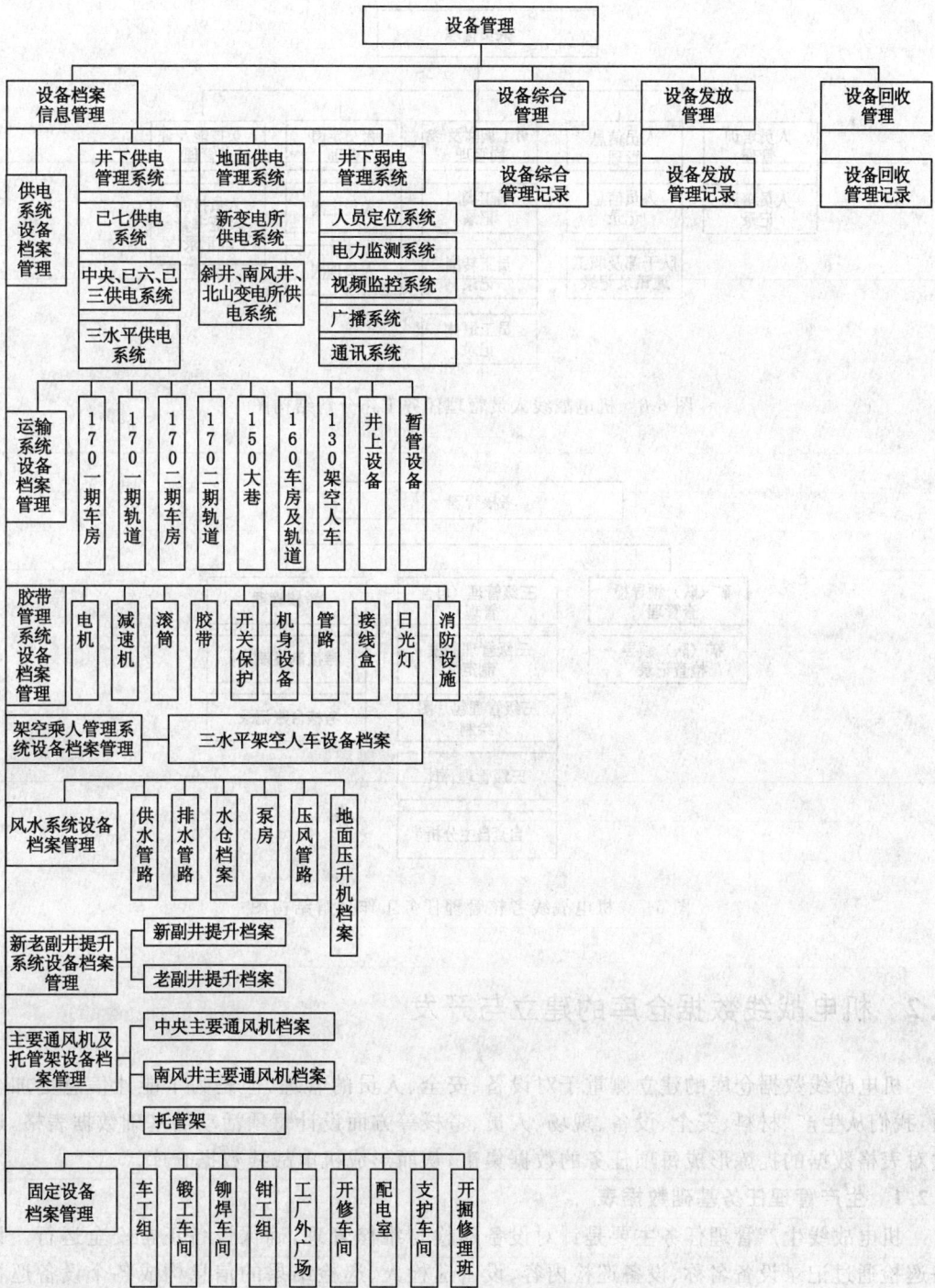

图 6-5 机电战线设备管理任务工作分解结构图

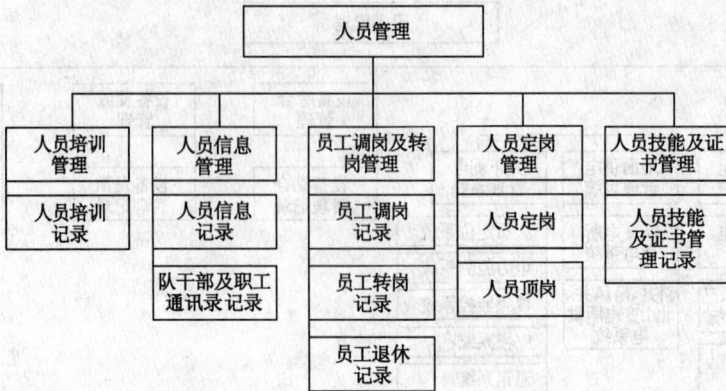

图 6-6   机电战线人员管理任务工作分解结构图

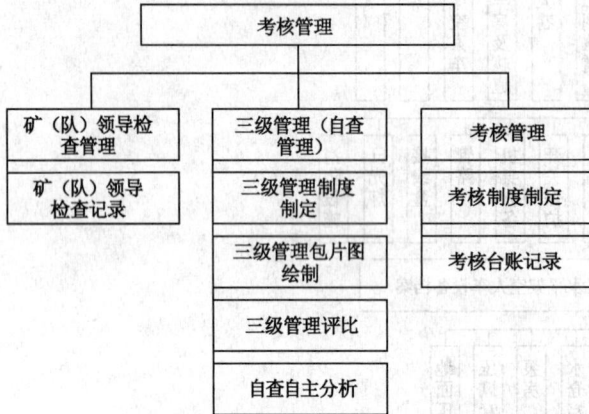

图 6-7   机电战线考核管理任务工作分解结构图

6.2   机电战线数据仓库的建立与开发

机电战线数据仓库的建立侧重于对设备、安全、人员的管理,但是为了能让信息更加全面,我们从生产、材料、安全、设备、现场、人员、考核等方面设计每项活动的基础数据表格,通过对表格数据的提炼形成每项任务的数据集市,从而形成机电战线数据仓库。

6.2.1   生产管理任务基础数据表

机电战线生产管理任务主要是针对设备巡检与维修管理,确保设备正常安全运行。设备巡检通过记录设备名称、设备巡检内容、设备巡检人、巡检结果的信息构成各个设备巡检基础数据表,设备维修则通过记录设备名称、设备故障、设备维修结果、设备维修人等信息形成各种设备维修基础数据表。通过对设备巡查和维修管理,达到设备的寿命周期费用最低、设备综合效能最高的目标。

设备名称的记录可作为设备档案记录,后期针对设备维修的次数考虑此设备运行的安全系数。

设备巡检内容、设备故障说明、巡检结果以及设备维修结果的记录可在设备运行中监测设备良莠状态,发现问题及时调整解决,同时作为测量设备性能和精度的依据,确保设备正常安全运行。

设备巡检人员数据通过对巡检与维修人员的详细记录,后期设备因巡检或维修不到位而造成机器损伤可界定责任。

（1）设备维修管理

设备维修管理需要记录的主要数据是设备名称、故障原因、处理人、处理结果等。具体见表6-1。

表6-1　　　　　　　　　　　　　设备维修管理基础数据表

设备维修管理											
序号	设备名称	型号	编号	安装地点	使用地点	故障起始时间	故障原因	原因分析	处理时间和结果	处理人	备注

（2）设备故障整理管理

设备故障整理管理需要记录的主要数据是设备名称、故障类型、原因分析等。具体见表6-2。

表6-2　　　　　　　　　　　　设备故障整理管理基础数据表

设备故障整理管理			
设备名称	故障类型	原因分析	处理过程

（3）固定设备巡回检查管理

固定设备巡回检查管理需要记录的主要数据是设备名称、包机人、巡回内容等。具体见表6-3。

表6-3　　　　　　　　　　固定设备巡回检查管理基础数据表

固定设备巡回检查管理										
设备名称	型号	编号	安装地点	包机人	包片干部	巡回周期	巡回时间	巡回内容	巡回结果	备注

（4）固定设备检修管理

固定设备检修管理需要记录的主要数据是设备名称、检修人、检修结果等。具体见表6-4。

表 6-4　　　　　　　　　　　固定设备检修管理基础数据表

固定设备检修管理								
设备名称	型号	编号	安装地点	检修周期	检修时间	检修人员	检修结果	备注

（5）变电所高压设备检修管理

变电所高压设备检修管理需要记录的主要数据是设备名称、包机人、检修情况等。具体见表 6-5。

表 6-5　　　　　　　　　　变电所高压设备检修管理基础数据表

变电所高压设备检修管理													
月份	设备名称	负荷名称	设备编号	规格	容量/整定	安装时间	厂家	出厂日期	包片干部	资金来源	包机人	检修周期	检修情况	备注

（6）变电所高压设备日巡检管理

变电所高压设备日巡检管理需要记录的主要数据是设备名称、巡检人、巡检情况等。具体见表 6-6。

表 6-6　　　　　　　　　变电所高压设备日巡检管理基础数据表

变电所高压设备日巡检管理						
月份	设备名称	负荷名称	设备编号	巡检日期	巡检情况	巡检人

（7）矿灯维修管理

矿灯维修管理需要记录的主要数据是灯架号、维修人、维修结果等。具体见表 6-7。

表 6-7　　　　　　　　　　矿灯维修管理基础数据表

矿灯维修管理				
灯架号	日期	维修人	维修结果	备注

（8）电力监控设备巡回管理

电力监控设备巡回管理需要记录的主要数据是使用地点、包机人、巡检情况等。具体见表 6-8。

表 6-8　　　　　　　　　电力监控设备巡回管理基础数据表

电力监控设备巡回管理						
设备名称	使用地点	包机人	包机干部	巡回周期	巡检情况	备注

（9）电力监控设备维修管理

电力监控设备维修管理需要记录的主要数据是设备名称、故障原因、维修人、处理结果等。具体见表6-9。

表6-9　　　　　　　　　电力监控设备维修管理基础数据表

电力监控设备维修管理								
设备名称	故障地点	故障原因	故障起始时间	处理结束时间	处理方法	原因分析	维修人员	记录人

（10）广播系统设备巡回管理

广播系统设备巡回管理需要记录的主要数据是设备名称、包机人、巡检情况等。具体见表6-10。

表6-10　　　　　　　　　广播系统设备巡回管理基础数据表

广播系统设备巡回管理						
设备名称	包机人	包机干部	巡回周期	使用地点	巡检情况	备注

（11）广播设备维修管理

广播设备维修管理需要记录的主要数据是设备名称、故障原因、维修人、处理结果等。具体见表6-11。

表6-11　　　　　　　　　广播设备维修管理基础数据表

广播设备维修管理								
设备名称	故障地点	故障原因	故障起始时间	处理结束时间	处理方法	原因分析	维修人员	记录人

（12）人员定位设备巡回管理

人员定位设备巡回管理需要记录的主要数据是设备名称、包机人、巡检情况等。具体见表6-12。

表6-12　　　　　　　　　人员定位设备巡回管理基础数据表

人员定位设备巡回管理						
设备名称	包机人	包机干部	巡回周期	使用地点	巡检情况	备注

（13）人员定位设备维修管理

人员定位设备维修管理需要记录的主要数据是设备名称、故障原因、维修人、处理结果等。具体见表6-13。

表 6-13   人员定位设备维修管理基础数据表

人员定位设备维修管理								
设备名称	故障地点	故障原因	故障起始时间	处理结束时间	处理方法	原因分析	维修人员	记录人

（14）监控定位设备巡回管理

监控定位设备巡回管理需要记录的主要数据是使用地点、包机人等。具体见表 6-14。

表 6-14   监控定位设备巡回管理基础数据表

监控定位设备巡回管理						
使用地点	日期	包机人	包机干部	巡回周期	巡检情况	备注

（15）监控定位设备维修管理

监控定位设备维修管理需要记录的主要数据是设备名称、故障原因、维修人、处理结果等。具体见表 6-15。

表 6-15   监控定位设备维修管理基础数据表

监控定位设备维修管理								
设备名称	故障地点	故障原因	故障起始时间	处理结束时间	处理方法	原因分析	维修人员	记录人

（16）通讯设备维修管理

通讯设备维修管理需要记录的主要数据是通讯设备名称、故障原因、维修人员、处理情况等。具体见表 6-16。

表 6-16   通讯设备维修管理基础数据表

通讯设备维修管理								
日期	电话号码	通讯设备	使用单位	故障地点	维修人员	处理完毕时间	故障原因	处理情况

（17）小灵通维修管理

小灵通维修管理需要记录的主要数据是设备名称、维修人员、原因、处理结果等。具体见表 6-17。

表 6-17   小灵通维修管理基础数据表

小灵通维修管理							
设备名称	地点	型号	处理时间	维修人	原因	处理结果	记录人

（18）通讯设备安装管理

通讯设备安装管理需要记录的主要数据是安装时间、号码、使用单位、安装人等。具体见表6-18。

表 6-18　　　　　　　　　　通讯设备安装管理基础数据表

通讯设备安装管理						
安装时间	地点	安装电话号码	回收电话	使用单位	安装人/回收人	备注

（19）电话精细化管理

电话精细化管理需要记录的主要数据是电话号码、包机干部等。具体见表6-19。

表 6-19　　　　　　　　　　电话精细化管理基础数据表

电话精细化管理						
单位	电话号码	责任人	包机干部	使用地点	巡回周期	备注

（20）周期注油管理

周期注油管理需要记录的主要数据是设备名称、包机人、注油周期、注油量等。具体见表6-20。

表 6-20　　　　　　　　　　周期注油管理基础数据表

周期注油管理									
设备地点	设备名称	设备型号	设备编号	包机人	包机干部	注油周期	注油时间	注油量	备注

（21）井下托辊维修管理

井下托辊维修管理需要记录的主要数据是故障类型、更换原因、负责人等。具体见表6-21。

表 6-21　　　　　　　　　　井下托辊维修管理基础数据表

井下托辊维修管理								
设备地点	中间架编号	上托	下托	故障类型	更换时间	更换原因	负责人	备注

（22）沉淀池管理

沉淀池管理需要记录的主要数据是名称、规格尺寸、容积、负责人等。具体见表6-22。

表6-22　　　　　　　　　　　　　　沉淀池管理基础数据表

沉淀池管理										
区域	日期	名称	规格尺寸（长×宽×深）	编号	容积	清理周期	负责人	使用地点	管理情况	备注

（23）出煤粉情况分队统计管理

出煤粉情况分队统计管理需要记录的主要数据是出粉量、跟班干部等。具体见表6-23。

表6-23　　　　　　　　　　出煤粉情况分队统计管理基础数据表

出煤粉情况分队统计管理							
日期	班次	跟班干部	出粉量				备注
			卸胶带量/袋	移交量/袋	装车数/车	存量/袋	

（24）井下设备日检修班巡回管理

井下设备日检修班巡回管理需要记录的主要数据是设备名称、包机人、巡回内容等。具体见表6-24。

表6-24　　　　　　　　　　井下设备日检修班巡回管理基础数据表

井下设备日检修班巡回管理											
设备地点	设备名称	设备型号	设备编号	设备用途	包机人	包机干部	巡回周期	巡回时间	巡回内容	巡回结果	备注

（25）井下设备运转班巡查管理

井下设备运转班巡查管理需要记录的主要数据是设备名称、型号、值班干部等。具体见表6-25。

表6-25　　　　　　　　　　井下设备运转班巡查管理基础数据表

井下设备运转班巡查管理							
设备地点	设备名称	设备型号	设备编号	汇报问题	汇报人	值班干部	汇报时间

（26）井下设备检修管理

井下设备检修管理需要记录的主要数据是设备名称、型号、检修内容、检修结果、负责人等。具体见表6-26。

表 6-26　　　　　井下设备检修管理基础数据表

井下设备检修管理											
设备地点	设备名称	设备型号	设备编号	整定	检修周期	包机负责人	包机干部	检修时间	检修内容	检修结果	备注

（27）井下电机维修管理

井下电机维修管理需要记录的主要数据是设备名称、故障原因、处理结果、处理人等。具体见表 6-27。

表 6-27　　　　　井下电机维修管理基础数据表

井下电机维修管理												
设备地点	设备名称	设备编号	设备型号	故障类型	故障时间	故障原因	处理时间	处理过程	处理结果	处理人	原因分析	备注

（28）三水平架空人车巡回管理

三水平架空人车巡回管理需要记录的主要数据是设备名称、规格型号、责任人、巡查结果等。具体见表 6-28。

表 6-28　　　　　三水平架空人车巡回管理基础数据表

三水平架空人车巡回管理								
设备名称	规格型号	编号	责任人	包片干部	巡查周期	巡查时间	巡查人员	巡查结果	备注

（29）三水平架空人车检修管理

三水平架空人车检修管理需要记录的主要数据是设备名称、规格型号、检修人员、检修结果等。具体见表 6-29。

表 6-29　　　　　三水平架空人车检修管理基础数据表

三水平架空人车检修管理								
设备名称	规格型号	编号	责任人	包片干部	巡查周期	检修周期	检修时间	检修人员	检修结果	备注

（30）三水平架空人车托绳轮维护管理

三水平架空人车托绳轮维护管理需要记录的主要数据是设备名称、故障原因、处理结果、责任人等。具体见表 6-30。

表 6-30　　　　　　　　三水平架空人车托绳轮维护管理基础数据表

三水平架空人车托绳轮维护管理								
设备名称	使用地点	故障时间	故障原因	处理时间	处理过程	处理结果	责任人	备注

（31）运输队冲尘管理

运输队冲尘管理需要记录的主要数据是冲尘人员、工作面、冲尘结果等。具体见表 6-31。

表 6-31　　　　　　　　　运输队冲尘管理基础数据表

运输队冲尘管理								
冲尘日期	冲尘人员	工作面					冲尘结果	备注
		一期轨道	二期轨道	三期轨道	−150大巷	−600大巷	160轨道		

（32）钢丝绳检修管理

钢丝绳检修管理需要记录的主要数据是设备名称、检修内容、检修结果、检修人等。具体见表 6-32。

表 6-32　　　　　　　　　钢丝绳检修管理基础数据表

钢丝绳检修管理										
设备名称	编号	使用地点	包机人	包机干部	检修周期	检修人	检修时间	检修内容	检修结果	备注

（33）钢丝绳维修管理

钢丝绳维修管理需要记录的主要数据是设备名称、规格、故障现象、处理意见、责任人等。具体见表 6-33。

表 6-33　　　　　　　　　钢丝绳维修管理基础数据表

钢丝绳维修管理														
序号	设备名称	使用地点	规格/mm	钢丝绳长度	故障时间	故障现象	处理意见	处理时间	责任人	旧绳回收				原因分析	备注
										回收时间	回收长度	回收去向	交物管中心时间	物管中心接收人		

（34）运输队液压油专项管理

运输队液压油专项管理需要记录的主要数据是设备名称、型号、使用地点、生产厂家等。具体见表 6-34。

表 6-34　　　　　　　　**运输队液压油专项管理基础数据表**

运输队液压油专项管理						
设备名称	编号	出厂日期	更换日期	型号	使用地点	生产厂家

（35）外风巷暂管设备巡回管理

外风巷暂管设备巡回管理需要记录的主要数据是设备名称、包机人、巡回内容、巡回结果等。具体见表 6-35。

表 6-35　　　　　　　　**外风巷暂管设备巡回管理基础数据表**

外风巷暂管设备巡回管理										
设备名称	编号	资金来源	使用地点	巡回人	包机人	包机干部	巡回周期	巡回时间	巡回内容	巡回结果	备注

（36）外风巷绞车维修管理

外风巷绞车维修管理需要记录的主要数据是编号、故障原因、处理结果、责任人等。具体见表 6-36。

表 6-36　　　　　　　　**外风巷绞车维修管理基础数据表**

外风巷绞车维修管理									
编号	使用地点	故障时间	故障原因	处理时间	处理过程	处理结果	责任人	原因分析	备注

（37）外风巷暂管检修设备管理

外风巷暂管检修设备管理需要记录的主要数据是设备名称、检修内容、检修结果、检修人等。具体见表 6-37。

表 6-37　　　　　　　　**外风巷暂管检修设备管理基础数据表**

外风巷暂管检修设备管理									
设备名称	编号	使用地点	包机人	包机干部	检修人	检修周期	巡回时间	检修内容	检修结果	备注

（38）外风巷开关维护管理

外风巷开关维护管理需要记录的主要数据是设备名称、故障原因、处理结果、处理人等。具体见表 6-38。

表 6-38　　　　　　　　**外风巷开关维护管理基础数据表**

外风巷开关维护管理								
设备名称	使用地点	故障时间	故障原因	处理时间	处理过程	处理结果	处理人	原因分析	备注

（39）电车组维修管理

电车组维修管理需要记录的主要数据是编号、故障原因、处理结果、责任人等。具体见表 6-39。

表 6-39　　　　　　　　　　电车组维修管理基础数据表

电车组维修管理									
编号	使用地点	故障时间	故障原因	处理时间	处理过程	处理结果	责任人	原因分析	备注

（40）老井口维护管理

老井口维护管理需要记录的主要数据是编号、故障原因、处理结果、责任人等。具体见表 6-40。

表 6-40　　　　　　　　　　老井口维护管理基础数据表

老井口维护管理									
编号	使用地点	故障时间	故障原因	处理时间	处理过程	处理结果	责任人	原因分析	备注

（41）车辆维护管理

车辆维护管理需要记录的主要数据是编号、故障原因、处理结果、责任人等。具体见表 6-41。

表 6-41　　　　　　　　　　车辆维护管理基础数据表

车辆维护管理									
编号	车辆种类	故障时间	故障原因	处理时间	处理过程	处理结果	责任人	原因分析	备注

（42）架空人车设备巡回管理

架空人车设备巡回管理需要记录的主要数据是设备名称、巡回内容、巡回结果、包机人等。具体见表 6-42。

表 6-42　　　　　　　　　　架空人车设备巡回管理基础数据表

架空人车设备巡回管理								
设备名称	编号	使用地点	包机人	包片干部	巡查周期	巡回时间	巡回内容	巡回结果	备注

（43）架空人车设备检修管理

架空人车设备检修管理需要记录的主要数据是设备名称、检修内容、检修结果、包机人等。具体见表 6-43。

表 6-43　　　　　　　　　　　架空人车设备检修管理基础数据表

架空人车设备检修管理									
设备名称	编号	型号、规格	包机人	包机干部	检修周期	检修时间	检修内容	检修结果	备注

（44）架空人车日光灯维修管理

架空人车日光灯维修管理需要记录的主要数据是设备名称、故障原因、处理结果、责任人等。具体见表 6-44。

表 6-44　　　　　　　　　　　架空人车日光灯维修管理基础数据表

架空人车日光灯维修管理									
设备名称	使用地点	故障时间	故障原因	处理时间	处理过程	处理结果	责任人	原因分析	备注

（45）架空人车开关维修管理

架空人车开关维修管理需要记录的主要数据是设备名称、故障原因、处理结果、责任人等。具体见表 6-45。

表 6-45　　　　　　　　　　　架空人车开关维修管理基础数据表

架空人车开关维修管理									
设备名称	使用地点	故障时间	故障原因	处理时间	处理过程	处理结果	责任人	原因分析	备注

（46）架空人车托绳轮维护管理

架空人车托绳轮维护管理需要记录的主要数据是设备名称、故障原因、维修结果、责任人等。具体见表 6-46。

表 6-46　　　　　　　　　　　架空人车托绳轮维护管理基础数据表

架空人车托绳轮维护管理									
设备名称	使用地点	故障时间	故障原因	处理时间	处理过程	处理结果	责任人	原因分析	备注

（47）架空人车蹬座维护管理

架空人车蹬座维护管理需要记录的主要数据是设备名称、故障原因、维修结果、责任人等。具体见表 6-47。

表 6-47　　　　　　　　　　　架空人车蹬座维护管理基础数据表

架空人车蹬座维护管理									
设备名称	使用地点	故障时间	故障原因	处理时间	处理过程	处理结果	责任人	原因分析	备注

（48）－150大巷设备巡回管理

－150大巷设备巡回管理需要记录的主要数据是设备名称、巡查内容、巡查结果、包机人等。具体见表6-48。

表6-48　　　　　　　　　　－150大巷设备巡回管理基础数据表

－150大巷设备巡回管理									
设备名称	编号	使用地点	包机人	包片干部	巡查周期	巡查时间	巡查内容	巡查结果	备注

（49）－150大巷日光灯维护管理

－150大巷日光灯维护管理需要记录的主要数据是设备名称、故障原因、处理结果、责任人等。具体见表6-49。

表6-49　　　　　　　　　　－150大巷日光灯维护管理基础数据表

－150大巷日光灯维护管理									
设备名称	使用地点	故障时间	故障原因	处理时间	处理过程	处理结果	处理人	原因分析	备注

（50）－150大巷硅整流充电器维修管理

－150大巷硅整流充电器维修管理需要记录的主要数据是设备名称、故障原因、处理结果、责任人等。具体见表6-50。

表6-50　　　　　　　　－150大巷硅整流充电器维修管理基础数据表

－150大巷硅整流充电器维修管理									
设备名称	使用地点	故障时间	故障原因	处理时间	处理过程	处理结果	责任人	原因分析	备注

（51）－150大巷开关维护管理

－150大巷开关维护管理需要记录的主要数据是设备名称、故障原因、处理结果、责任人等。具体见表6-51。

表6-51　　　　　　　　　　－150大巷开关维护管理基础数据表

－150大巷开关维护管理									
设备名称	使用地点	故障时间	故障原因	处理时间	处理过程	处理结果	责任人	原因分析	备注

（52）－150电车维修管理

－150电车维修管理需要记录的主要数据是设备名称、故障原因、处理结果、责任人等。具体见表6-52。

表 6-52　　　　　　　　　　　　　－150 电车维修管理基础数据表

一150 电车维修管理								
设备名称	故障时间	故障原因	处理时间	处理过程	处理结果	责任人	原因分析	备注

（53）车房设备巡回管理

车房设备巡回管理需要记录的主要数据是设备名称、巡查内容、巡查结果、包机人等。具体见表 6-53。

表 6-53　　　　　　　　　　　　车房设备巡回管理基础数据表

车房设备巡回管理									
设备名称	编号	使用地点	包机人	包片干部	巡查周期	巡回时间	巡回内容	巡回结果	备注

（54）运输队车房设备检修管理

运输队车房设备检修管理需要记录的主要数据是设备名称、检修内容、检修结果、检修人等。具体见表 6-54。

表 6-54　　　　　　　　　　运输队车房设备检修管理基础数据表

运输队车房设备检修管理									
设备名称	编号	型号、规格	包机人	包机干部	检修周期	检修人	检修时间	检修内容	检修结果	备注

（55）车房日光灯维护管理

车房日光灯维护管理需要记录的主要数据是设备名称、故障原因、处理结果、责任人等。具体见表 6-55。

表 6-55　　　　　　　　　　　车房日光灯维护管理基础数据表

车房日光灯维护管理									
设备名称	使用地点	故障时间	故障原因	处理时间	处理过程	处理结果	处理人	原因分析	备注

（56）车房开关维修管理

车房开关维修管理需要记录的主要数据是设备名称、故障原因、处理结果、责任人等。具体见表 6-56。

表 6-56　　　　　　　　　　　车房开关维修管理基础数据表

车房开关维修管理								
设备名称	使用地点	故障时间	故障原因	处理时间	处理过程	处理结果	责任人	原因分析	备注

（57）车房马达维护管理

车房马达维护管理需要记录的主要数据是设备名称、故障原因、处理结果、责任人等。具体见表6-57。

表6-57　　　　　　　车房马达维护管理基础数据表

车房马达维护管理									
设备名称	使用地点	故障时间	故障原因	处理时间	处理过程	处理结果	责任人	原因分析	备注

（58）车房绞车零件维修管理

车房绞车零件维修管理需要记录的主要数据是零件名称、故障原因、处理结果、责任人等。具体见表6-58。

表6-58　　　　　　　车房绞车零件维修管理基础数据表

车房绞车零件维修管理										
零件名称	编号	使用地点	故障时间	故障原因	处理时间	处理过程	处理结果	处理人	原因分析	备注

（59）绞车房每日巡回检查管理

绞车房每日巡回检查管理需要记录的主要数据是巡检内容、巡检结果、巡检人等。具体见表6-59。

表6-59　　　　　　　绞车房每日巡回检查管理基础数据表

绞车房每日巡回检查管理				
日期	巡检人员	巡检内容	巡检结果	备注

（60）运输队车房设备巡查管理

运输队车房设备巡查管理需要记录的主要数据是巡检内容、巡检结果、巡检人等。具体见表6-60。

表6-60　　　　　　　运输队车房设备巡查管理基础数据表

运输队车房设备巡查管理				
日期	巡查人员	巡查内容	巡查结果	备注

（61）轨道设备巡回管理

轨道设备巡回管理需要记录的主要数据是设备名称、巡查内容、巡查结果、包机人等。具体见表6-61。

表 6-61   轨道设备巡回管理基础数据表

轨道设备巡回管理									
设备名称	编号	使用地点	包机人	包机干部	巡回周期	巡查时间	巡查内容	巡查结果	备注

（62）运输队轨道设备每日巡查管理

运输队轨道设备每日巡查管理需要记录的主要数据是设备名称、巡查情况等。具体见表 6-62。

表 6-62   运输队轨道设备每日巡查管理基础数据表

运输队轨道设备每日巡查管理					
编号	设备名称	日期	地点	巡查情况	备注

（63）轨道设备检修管理

轨道设备检修管理需要记录的主要数据是设备名称、检修内容、检修结果、检修人等。具体见表 6-63。

表 6-63   轨道设备检修管理基础数据表

轨道设备检修管理									
设备名称	编号	地点	包机人	包机干部	检修人	检修周期	检修日期	检修内容	备注

（64）轨道日光灯维护管理

轨道日光灯维护管理需要记录的主要数据是设备名称、故障原因、处理结果、责任人等。具体见表 6-64。

表 6-64   轨道日光灯维护管理基础数据表

轨道日光灯维护管理									
设备名称	使用地点	故障时间	故障原因	处理时间	处理过程	处理结果	责任人	原因分析	备注

（65）轨道人车、信号灯维护管理

轨道人车、信号灯维护管理需要记录的主要数据是设备名称、故障原因、处理结果、责任人等。具体见表 6-65。

表 6-65   轨道人车、信号灯维护管理基础数据表

轨道人车、信号灯维护管理							
设备名称	故障时间	故障原因	处理时间	处理过程	处理结果	责任人	原因分析	备注

（66）轨道挡车器维修管理

轨道挡车器维修管理需要记录的主要数据是设备名称、故障原因、处理结果、责任人等。具体见表6-66。

表 6-66　　　　　　　轨道挡车器维修管理基础数据表

轨道挡车器维修管理									
设备名称	使用地点	故障时间	故障原因	处理时间	处理过程	处理结果	责任人	原因分析	备注

（67）轨道地滚、隔爆水袋维修管理

轨道地滚、隔爆水袋维修管理需要记录的主要数据是设备名称、故障原因、处理结果、责任人等。具体见表6-67。

表 6-67　　　　　　　轨道地滚、隔爆水袋维修管理基础数据表

轨道地滚、隔爆水袋维修管理									
设备名称	使用地点	故障时间	故障原因	处理时间	处理过程	处理结果	责任人	原因分析	备注

（68）轨道信号盘、小绞车维护管理

轨道信号盘、小绞车维护管理需要记录的主要数据是设备名称、故障原因、处理结果、责任人等。具体见表6-68。

表 6-68　　　　　　　轨道信号盘、小绞车维护管理基础数据表

轨道信号盘、小绞车维护管理									
设备名称	使用地点	故障时间	故障原因	处理时间	处理过程	处理结果	处理人	原因分析	备注

（69）轨道冲尘管路维护管理

轨道冲尘管路维护管理需要记录的主要数据是设备名称、故障原因、处理结果、责任人等。具体见表6-69。

表 6-69　　　　　　　轨道冲尘管路维护管理基础数据表

轨道冲尘管路维护管理									
设备名称	使用地点	故障时间	故障原因	处理时间	处理过程	处理结果	处理人	原因分析	备注

（70）斜巷人车检查管理

斜巷人车检查管理需要记录的主要数据是检查项目、检查人、检查结果等。具体见表6-70。

表 6-70   斜巷人车检查管理基础数据表

斜巷人车检查管理					
检查项目	使用地点	检查人	检查日期	检查结果	备注

（71）轨道水管维修管理

轨道水管维修管理需要记录的主要数据是设备名称、故障原因、处理结果、责任人等。具体见表 6-71。

表 6-71   轨道水管维修管理基础数据表

轨道水管维修管理								
设备名称	使用地点	故障时间	故障原因	处理时间	处理过程	处理结果	处理人	原因分析	备注

（72）风、水管路维修管理

风、水管路维修管理需要记录的主要数据是设备名称、存在问题、处理结果、检修人等。具体见表 6-72。

表 6-72   风、水管路维修管理基础数据表

风、水管路维修管理										
序号	设备名称	编号	使用地点	存在问题	生产情况				人员定岗	备注
					处理方法	检修时间	故障（检修）起始时间	原因分析	处理结果	检修人	

（73）管路托管架维修管理

管路托管架维修管理需要记录的主要数据是设备名称、存在问题、处理结果、检修人等。具体见表 6-73。

表 6-73   管路托管架维修管理基础数据表

管路托管架维修管理									
序号	设备名称	使用地点	设备存在问题	生产情况					人员定岗	备注
				原因分析	故障（检修）处理时间	处理方法	检修时间	处理结果	检修人	

（74）井下泵房维修档案管理

井下泵房维修档案管理需要记录的主要数据是设备存在的问题、处理结果、检修人等。具体见表 6-74。

表 6-74　　　　　　　　　　　井下泵房维修档案管理基础数据表

井下泵房维修档案管理									
序号	地点	设备存在问题	生产情况					人员定岗	备注
			处理方法	故障(检修)处理时间	检修时间	原因分析	处理结果	检修人	

（75）副井提升检修、维修档案管理

副井提升检修、维修档案管理需要记录的主要数据是设备名称、存在问题、处理结果、检修人等。具体见表 6-75。

表 6-75　　　　　　　　　　副井提升检修、维修档案管理基础数据表

副井提升检修、维修档案管理								
序号	设备名称	使用地点	存在问题	处理方法	处理结果	故障(检修)起始时间	检修人	原因分析

（76）井下泵房检修管理

井下泵房检修管理需要记录的主要数据是检查人员、检查地点、检查情况等。具体见表 6-76。

表 6-76　　　　　　　　　　　井下泵房检修管理基础数据表

井下泵房检修管理	序号		
	地点区域		
	日期		
	人员定岗	检查人员	
	生产情况	日检	1. 检查设备运转时的振动情况,运转是否正常,有无异响
			2. 检查水泵、电机各轴承的温度是否正常
			3. 检查水泵电机、基础有无损坏和其他连接或固定的螺丝是否松动、损坏
			4. 检查各种仪表、附属部件是否正常
			5. 检查小井水面位置,井内有无木块等杂物,检查水仓水位及淤积情况
			6. 检查水泵盘根、截门盘根、水龙头漏水、水泵上水情况并及时处理
			7. 检查各种锈蚀情况,对锈蚀部分要及时除锈刷漆
			8. 检查供电设备是否正常
			9. 检查水泵平衡盘是否正常

续表 6-76

		序号		
井下泵房检修管理		地点区域		
		日期		
	人员定岗		检查人员	
	生产情况	月检	1. 检查水泵轴承油量及运转时的振动情况	
			2. 检查对轮间隙、径向偏差及窜量	
			3. 检查各闸阀转动是否灵活,丝杠是否锈蚀,管路是否漏水及来水管的支撑情况	
			4. 检查对轮销子,各部螺丝的紧固情况	
			5. 检查平衡盘是否正常	
			6. 检查轴承间隙及磨损情况并注油	
			7. 检查清理水龙头罩子,清除泵来水端杂物	
			8. 检查电机轴承油量及运转的振动情况	
			9. 检查电机绝缘及接线的完好情况	
			10. 检查日光灯接线工艺是否符合完好标准	
			11. 确定电气防爆检查是否符合防爆规定,严禁失爆现象	
		年检	水泵联合试运情况	

（77）副井巡回检查日检管理

副井巡回检查日检管理需要记录的主要数据是检查人员、检查情况等。具体见表 6-77。

表 6-77　　　　　　　　　　副井巡回检查日检管理基础数据表

		序号		
副井巡回检查日检管理		日期		
	生产情况	机工	各部件的连接螺丝、铆钉、销子和其他加固件是否松动	
			润滑系统的润滑情况	
			减速机和滚筒的工作情况	
			油泵运转是否正常,输油管路是否堵塞、漏油	
			上下井口及井筒各设施是否正常	
			轴承是否振动,滚筒及轴承是否窜动;各基座与基础螺丝是否松动	
			罐笼、罐座、摇台、阻车器、罐耳等是否完好可靠,有无损坏	
			钢丝绳磨损锈蚀情况和钢丝绳在滚筒上的运转情况	
			绞车调绳装置及各传动装置是否正常	
		电工	高压、电控、制动系统、信号是否正常	
			深度指示器、各种保护和闭锁装置、仪表及电器件是否正常	
	人员定岗	机工人员		
		电工人员		
	备注			

（78）副井巡回检查周检管理

副井巡回检查周检管理需要记录的主要数据是检查人员、检查情况等。具体见表6-78。

表 6-78　　　　　　　　　副井巡回检查周检管理基础数据表

副井巡回检查周检管理	序号			
	日期			
	周检	机工	过压保护实验	
			减速机油位	
			提升销子	
			钢轨罐道及卡子	
			检查调绳装置，进行开闭试验	
			防坠器、制动绳（包括缓冲绳）	
			防撞梁及托罐装置	
			防蹲罐装置及安全承接装置	
			调整闸板间隙，测量有关数据	
		电工	调整各电器元件及触头	
			全面检查提升信号系统及闭锁装置	
			调绳开关与闭锁是否可靠	
	人员定岗		机工人员	
			电工人员	
	备注			

（79）副井巡回检查月检管理

副井巡回检查月检管理需要记录的主要数据是检查人员、检查情况等。具体见表6-79。

表 6-79　　　　　　　　　副井巡回检查月检管理基础数据表

副井巡回检查月检管理													
		月检										人员定岗	
		机工							电工				
序号	日期	测量罐道与罐耳间隙，检查罐耳磨损情况	检查滚筒绳卡子并紧固	检查测量天轮衬木	全面检查罐笼	检查制动绳张紧装置、导向套、缓冲器的工作情况，制动绳注油情况	紧固滚筒衬木螺丝，滚筒腰瓦注油情况	主提升钢丝绳涂油情况	检查高压电源柜、换向柜、动力制动柜、加速柜、主控台	检查电阻室各电阻接头，紧固各部螺丝	机工人员	电工人员	备注

（80）副井巡回检查季检管理

副井巡回检查季检管理需要记录的主要数据是检查人员、检查情况等。具体见表6-80。

表 6-80　　副井巡回检查季检管理基础数据表

| | | 季检 | | | | 人员定岗 | | |
| | | 机工 | | | 电工 | | | |
序号	日期	打开检查三轴联轴节,检查蛇形簧	打开减速机观察孔,检查齿轮啮合情况	打开钩头检查主提升钢丝绳并窜动 0.5 m	检查电机、轴瓦、油质、接线等情况	机工人员	电工人员	备注

（81）副井巡回检查半年检管理

副井巡回检查半年检管理需要记录的主要数据是检查人员、检查情况等。具体见表6-81。

表 6-81　　副井巡回检查半年检管理基础数据表

| | | 半年检 | | | | | | 人员定岗 | | |
| | | 机工 | | | | 电工 | | | | |
序号	日期	检查罐道磨损情况,并测量各间隙数据	检查清洗天轮轴承,并注油	检查防坠器、清洗并注油	剁钩头、做钢丝绳定期试验	电控清扫、检查调整高压柜真空接触器等部件	检查电机轴瓦注油	机工人员	电工人员	备注

（82）副井巡回检查年检管理

副井巡回检查年检管理需要记录的主要数据是检查人员、检查情况等。具体见表6-82。

表 6-82　　副井巡回检查年检查管理基础数据表

| | | 年检 | | | 人员定岗 | | |
| | | 机工 | 电工 | | | | |
序号	日期	罐笼做脱钩试验	摇测接地电阻	加温室电控检查,电机检查注油试运行	机工人员	电工人员	备注

（83）主要通风机巡回检查管理

主要通风机巡回检查管理需要记录的主要数据是检查人员、检查情况等。具体见表6-83。

表 6-83　　　　　　　　　　主要通风机巡回检查管理基础数据表

			序号	
			日期	
主要通风机巡回检查管理	生产情况	日检	检查风机运转时有无漏风现象和异常声音；电压、电流及风压是否正常	
			检查各部振动情况，各轴承温度及电机绕组温度是否正常	
			检查基础是否有裂纹，基础螺丝及其他连接螺丝有无松动现象	
			检查有关保护装置与仪表是否完整良好	
			检查各停送电牌悬挂是否正确	
			检查风门、风门绞车，钢丝绳、到位开关	
		旬检 机工	检查机壳完好情况	
			检查反风设备是否灵活、完善、牢固	
		旬检 电工	检查反风电气设备是否灵活、完善、牢固	
			检查调试各有关电气保护装置，确保灵活可靠	
			全面检查各电气设备及触头，紧固各部件螺丝，确保可靠	
		月检 机工	检查风叶有无松动及锈蚀情况，风叶与机壳间隙是否正常和一致，有无磨损等现象；检查各叶片安装角度是否一致，检查铆钉紧固情况	
			检查风门是否严密，机壳有无裂纹、变形和漏风	
			检查各部件的锈蚀情况	
			检查各风门绞车、钢丝绳及防爆盖等的完好情况	
			清理风道杂物	
		每月	电机注油	
		每月	风机倒台	
		每月	风机、电机摇测绝缘	
		按矿要求	调整风叶角度	
		每年	主要通风机反风	
	人员定岗		机工人员	
			电工人员	
			备注	

（84）主要通风机检修管理

主要通风机检修管理需要记录的主要数据是检查人员、检查情况等。具体见表6-84。

表 6-84   **主要通风机检修管理基础数据表**

主要通风机检修管理	生产情况	序号			
		日期			
		月检	电工	检查调试各有关电气保护装置,确保灵活可靠	
				全面检查电气设备及触头,紧固各部螺丝,确保可靠	
				打开电机接线盒进行检查、清扫,并测定绝缘电阻	
				检查风门绞车电气设备、到位开关等的完好情况	
		季检	机工	清除机壳、叶片及外部各部件的尘垢	
				各钢丝绳涂油	
				对反风设施进行全面检查,确保操作灵活可靠	
		半年检	电工	全面检查反风系统电气部分,确保操作灵活可靠	
				全面检查电机电缆,并测定绝缘电阻	
		年检	机工	全面检查反风装置,更换风门绞车钢丝绳	
			电工	全面检查反风系统电气部分,配合全矿反风	
				检查、测定接地电阻	
				电控清扫,检查调整高压柜隔离刀闸等部件	
				清洗疏通排油管,以免堵塞	
		人员定岗		机工人员	
				电工人员	
		备注			

(85) 主要通风机维修管理

主要通风机维修管理需要记录的主要数据是设备名称、存在问题、处理结果、检修人等。具体见表 6-85。

表 6-85   **主要通风机维修管理基础数据表**

主要通风机维修管理								
序号	设备	编号	使用地点	存在问题	生产情况			人员定岗	备注
					处理方法	处理结果	处理完成时间	检修人	

(86) 水仓维修管理

水仓维修管理需要记录的主要数据是设备名称、存在问题、处理结果、检修人等。具体见表 6-86。

表 6-86   **水仓维修管理基础数据表**

水仓维修管理								
序号	名称	使用地点	存在问题	生产情况			人员定岗	备注
				故障起始时间	处理方法	处理结果	处理人	

（87）水仓周期巡回检查管理

水仓周期巡回检查管理需要记录的主要数据是工作面检查结果、序号等。具体见表6-87。

表6-87　　　　　　　　　　　　水仓周期巡回检查管理基础数据表

水仓周期巡回检查管理									
序号	日期	工作面检查结果							备注
		小绞车	小绞车开关	小绞车电机	单机泵	单级泵开关	单级泵电机	潜水泵开关	馈电开关	

（88）运输队后煤楼出渣情况统计管理

运输队后煤楼出渣情况统计管理需要记录的主要数据是出渣人员、煤楼出渣、井下出渣、矸石山上班存渣、需翻渣数、东矸石山翻渣、矸石山本班余渣、应翻渣总数等。具体见表6-88。

表6-88　　　　　　　　　运输队后煤楼出渣情况统计管理基础数据表

运输队后煤楼出渣情况统计管理										
日期	出渣人员	煤楼出渣	井下出渣	井下出煤	井下出煤粉	矸石山上班存渣	需翻渣数	东矸石山翻渣	矸石山本班余渣	应翻渣总数	备注

6.2.2　材料管理任务基础数据表

（1）物资入库管理

物资入库管理需要记录的主要数据是物资名称、入库时间、入库数量等。具体见表6-89。

表6-89　　　　　　　　　　　　物资入库管理基础数据表

物资入库管理												
序号	日期	物资名称	规格	计量单位	入库日期	入库数量	摘要	材料类型	新品	旧品	合计	备注

（2）物资交旧管理

物资交旧管理需要记录的主要数据是物资名称、交送数量、接收人等。具体见表6-90。

表6-90　　　　　　　　　　　　物资交旧管理基础数据表

物资交旧管理											
序号	物资编码	物资品名	规格型号	计量单位	单价	交送数量	交送时间	接收单位	接收人	说明	备注

（3）班组材料消耗明细管理

班组材料消耗明细管理需要记录的主要数据是物资名称、领取数量、消耗数量、责任人等。具体见表6-91。

表6-91　　　　　　　　　　　　　班组材料消耗明细管理基础数据表

班组材料消耗明细管理													
序号	物资名称	规格或型号	单位	项目								上月班组库存	班组使用
				领取日期	工作内容	领取类型	凭证号	责任人	领取数量	消耗数量	班组库存		

（4）钢丝绳管理

钢丝绳管理需要记录的主要数据是型号、直径、长度、强度、净重、最小破断拉力、许可证等。具体见表6-92。

表6-92　　　　　　　　　　　　　钢丝绳管理基础数据表

钢丝绳管理														
序号	设备名称	使用地点	安装时间	型号	直径/mm	标准	长度/m	强度/MPa	净重/kg	毛重/kg	最小破断拉力/kN	生产日期	煤安标志编号	许可证

（5）钢丝绳使用管理

钢丝绳使用管理需要记录的主要数据是编号、领取长度、使用长度、责任人等。具体见表6-93。

表6-93　　　　　　　　　　　　　钢丝绳使用管理基础数据表

钢丝绳使用管理													
序号	设备名称	编号	型号	领取日期	领取长度/m	生产厂家	钢丝绳来源	使用日期	使用地点	使用长度/m	责任人	包片干部	巡回周期	备注

（6）电缆、信号线管理

电缆、信号线管理需要记录的主要数据是物资名称、规格、生产长度、责任人等。具体见表6-94。

表6-94　　　　　　　　　　　　　电缆、信号线管理基础数据表

电缆、信号线管理														
序号	物资名称	领取日期	领取长度/m	生产厂家	电缆来源	使用日期	使用地点	电源位置	负荷	规格/mm²	电缆编号	长度/m	责任人	包片干部	巡回周期	备注

（7）电缆使用回收管理

电缆使用回收管理需要记录的主要数据是电缆规格、责任人、回收长度、回收去向、接收人等。具体见表 6-95。

表 6-95　　　　　　　　　　　　　电缆使用回收管理基础数据表

电缆使用回收管理										旧绳回收						
序号	名称	编号	使用地点	规格/mm	电缆长度	故障时间	发放回收	处理意见	处理时间	责任人	回收时间	回收长度	回收去向	上交时间	接收人	原因分析	备注

（8）井下灭火器材、绝缘工具管理

井下灭火器材、绝缘工具管理需要记录的主要数据是规格型号、责任人等。具体见表 6-96。

表 6-96　　　　　　　　　　　　井下灭火器材、绝缘工具管理基础数据表

井下灭火器材、绝缘工具管理												
名称	规格型号	编号	灭火器维修时间	灭火器编号	绝缘用具上次试验时间	厂家	责任人	包片干部	巡检周期	巡回日期	巡检问题	备注

（9）井上高、低压电缆管理

井上高、低压电缆管理需要记录的主要数据是规格型号、电缆长度、检查人等。具体见表 6-97。

表 6-97　　　　　　　　　　　　井上高、低压电缆管理基础数据表

井上高、低压电缆管理										
型号	规格	用途	厂家	电缆长度	安装时间	检查人	包片干部	巡查周期	日期	备注

（10）井下高压连接器管理

井下高压连接器管理需要记录的主要数据是规格型号、安装时间、包机人等。具体见表 6-98。

表 6-98　　　　　　　　　　　　井下高压连接器管理基础数据表

井下高压连接器管理										
编号	规格型号	使用地点	安全标志号	防爆证号	厂家	出厂日期	安装时间	包机人	包片干部	巡回周期

（11）隔爆型荧光灯管理

　　隔爆型荧光灯管理需要记录的主要数据是规格型号、安装时间、包机人等。具体见表6-99。

表6-99　　　　　　　　　　　隔爆型荧光灯管理基础数据表

隔爆型荧光灯管理											
编号	规格型号	使用地点	安全标志号	防爆证号	厂家	出厂日期	安装时间	包机人	包片干部	检查周期	月份

　　（12）物资或设备入井登记管理

　　物资或设备入井登记管理需要记录的主要数据是物品名称、用途、数量/长度、签批人等。具体见表6-100。

表6-100　　　　　　　　物资或设备入井登记管理基础数据表

物资或设备入井登记管理							
编号	入井日期	用途	物品名称	物品规格	数量/长度	队值班/签批人	经办人

　　（13）物资回收登记管理

　　物资回收登记管理需要记录的主要数据是物资名称、回收负责人等。具体见表6-101。

表6-101　　　　　　　　物资回收登记管理基础数据表

物资回收登记管理				
物资名称	回收地点	回收时间	回收负责人	备注

　　（14）物资投入登记管理

　　物资投入登记管理需要记录的主要数据是物资名称、投入负责人等。具体见表6-102。

表6-102　　　　　　　　物资投入登记管理基础数据表

物资投入登记管理				
物资名称	投入地点	投入时间	投入负责人	备注

　　（15）物资领取管理

　　物资领取管理需要记录的主要数据是材料名称、使用情况等。具体见表6-103。

表6-103　　　　　　　　　　　　　物资领取管理基础数据表

物资领取管理						
材料名称	规格型号	领取时间	使用情况			
			领取数量	使用地点	使用数量	剩余数量

（16）物资加工管理

物资加工管理需要记录的主要数据是物资名称、数量、加工人员、验收人员等。具体见表6-104。

表6-104　　　　　　　　　　　　　物资加工管理基础数据表

物资加工管理									
物资名称	规格	单位	数量	加工时间	加工人员	验收人员	验收时间	领用单位	领用人

（17）自制加工领用验收管理

自制加工领用验收管理需要记录的主要数据是名称、数量、发放人员、使用人员等。具体见表6-105。

表6-105　　　　　　　　　　　　自制加工领用验收管理基础数据表

自制加工领用验收管理												
日期	使用单位	名称	规格	单价	件数	折算		金额	发放人员	使用人员	验收人员	图纸编号	备注
						/kg	/m²						

（18）风、水管路管理

风、水管路管理需要记录的主要数据是规格、安装地点、包机人等。具体见表6-106。

表6-106　　　　　　　　　　　　　风、水管路管理基础数据表

风、水管路管理												
序号	名称	规格	使用地点	编号	尺寸/mm	安装时间	检查周期	管路安装区间	过滤器安装位置	包机人	包机干部	备注

（19）管路托管架档案管理

管路托管架档案管理需要记录的主要数据是规格、尺寸、安装时间、包机人等。具体见表6-107。

表 6-107　　　　　　　　　管路托管架档案管理基础数据表

管路托管架档案管理												
序号	名称	规格	使用地点	编号	尺寸/mm	所托管路明细	安装时间	管路安装区间	过滤器安装位置	检查周期	包机人	包机干部	备注

（20）罐道道木档案管理

罐道道木档案管理需要记录的主要数据是使用地点、道木长度等。具体见表 6-108。

表 6-108　　　　　　　　　罐道道木档案管理基础数据表

罐道道木档案管理					
序号	使用地点	编号	生产情况		备注
			实际位置	道木长度	

（21）运输队物料分选精细化管理

运输队物料分选精细化管理需要记录的主要数据是接班压车情况、进车情况、出车情况、交班压车情况等。具体见表 6-109。

表 6-109　　　　　　　　　运输队物料分选精细化管理基础数据表

运输队物料分选精细化管理	日期		
	班次		
	填表人		
	接班压车情况	车辆类型	
		物料种类	
		队别	
		压车地点	
	进车情况	进片盘时间	
		车辆类型	
		车号	
		物料种类	
		队别	
		进车地点	
	出车情况	出片盘时间	
		车辆类型	
		车号	
		物料种类	
		队别	
		出车地点	
	交班压车情况	车辆类型	
		物料种类	
		队别	
		压车地点	

6.2.3 安全管理任务基础数据表

机电战线安全管理任务通过记录事故责任人、事故原因、事故结果形成安全管理任务每项活动的基础数据表。事故责任人记录为界定责任、处罚考核。事故原因通过记录引起事故原因的分析查找解决方法，为后期遇到此类问题提供案例。事故结果的记录则为后期复查时检查是否改善完毕提供资料。

（1）机电队事故精细化管理

机电队事故精细化管理需要记录的主要数据是事故类型、事故时间、事故原因、责任划分、罚款金额等。具体见表 6-110。

表 6-110　　　　　　　机电队事故精细化管理基础数据表

机电队事故精细化管理												
序号	日期	事故类型	事故起止时间	事故原因	影响范围	队值班	事故报告送交时间	开票单位	处罚人员	责任划分	收罚款单时间	罚款金额	备注

（2）"三违"管理

"三违"管理需要记录的主要数据是违章者姓名、工种、违章行为、处理意见等。具体见表 6-111。

表 6-111　　　　　　　　　"三违"管理基础数据表

"三违"管理												
序号	日期	违章地点	违章者姓名	工种或职务	违章行为及防范措施	处理意见	处理结果	查处者	查处部门或单位	累计次数	上次违章编号	违章类别	备注

（3）安全管理登记管理

安全管理登记管理需要记录的主要数据是违章者姓名、工种、违章行文、处理意见等。具体见表 6-112。

表 6-112　　　　　　　　安全管理登记管理基础数据表

安全管理登记管理										
单位	违章者姓名	工种或职务	违章时间	违章地点	违章行为简述	矿处理意见	单位处理意见	查处违章人员	矿或单位查处	累计"三违"次数

（4）班组安全管理

班组安全管理需要记录的主要数据是违章者姓名、工种、违章行为等。具体见表 6-113。

表 6-113   班组安全管理基础数据表

班组安全管理								
违章者姓名	工种或职务	违章时间	违章地点	违章行为简述	处理意见	查处违章人员	累计"三违"次数	备注

（5）队干部查看台账管理

队干部查看台账管理需要记录的主要数据是查看内容、落实人、落实情况等。具体见表 6-114。

表 6-114   队干部查看台账管理基础数据表

队干部查看台账管理							
序号	检查时间	姓名	查看内容	原因分析	如何安排	落实人	落实情况	落实时间

（6）区域现场情况巡查管理

区域现场情况巡查管理需要记录的主要数据是负责人、巡视人员、现场存在问题、累计问题次数等。具体见表 6-115。

表 6-115   区域现场情况巡查管理基础数据表

区域现场情况巡查管理									
序号	地点区域	巡回周期	区域负责人	包片干部	巡回日期	班次	现场存在的问题	巡查人	情况说明	发现问题次数

6.2.4 设备管理任务基础数据表

（1）设备综合管理

设备综合管理需要记录的主要数据是设备名称、入库验收、出库发放、结存情况等。具体见表 6-116。

表 6-116   设备综合管理基础数据表

设备综合管理											
日期	详细	摘要	设备入库验收				设备出库发放			结存		备注
			设备名称	设备规格	验收人	数量/台	身份编码	使用地点	领用人	数量/台	完好	待修

（2）设备发放台管理

设备发放台管理需要记录的主要数据是设备名称、发放人、接收人、检修人员、回收单位等。具体见表 6-117。

表 6-117　　　　　　　　　　设备发放台管理基础数据表

设备发放台管理																
发放时间	设备名称	型号	领用单位	使用地点	发放人	接收人	完好程度	检修人员	检修单位	设备身份证号			设备检修及来源				备注
										设备	电机	减速机	检修时间	检修部位	回收时间	回收单位	

（3）水仓设备档案管理

水仓设备档案管理需要记录的主要数据是设备名称、型号、包机人等。具体见表 6-118。

表 6-118　　　　　　　　　　水仓设备档案管理基础数据表

水仓设备档案管理													
序号	设备名称	安装地点	设备身份证号	设备型号	功率	生产厂家	生产日期	煤安标志号	生产编号	防爆号	安装时间	包机人	包机干部	备注

（4）主要通风机设备档案管理

主要通风机设备档案管理需要记录的主要数据是设备名称、型号、包机人以及其安全情况记录等。具体见表 6-119。

表 6-119　　　　　　　　　　主要通风机设备档案管理基础数据表

主要通风机设备档案管理														
序号	名称	编号	设备身份证号码	型号	风量 /(m³·min⁻¹)	静压 /Pa	功率 /kW	额定电压 /V	额定电流 /A	卷筒直径 /mm	生产厂家	生产日期	安装时间	包机人	包机干部	备注

（5）副井设备档案管理

副井设备档案管理需要记录的主要数据是设备名称、型号、安装时间、包机人以及设备安全情况记录等。具体见表 6-120。

表 6-120　　　　　　　　　　副井设备档案管理基础数据表

副井设备档案管理													
序号	设备名称	设备型号	设备身份证号码	生产地址	生产日期	电压 /V	电流 /A	功率 /kW	流量	压力	安装时间	包机人	包机干部	备注

（6）井下泵房设备档案管理

井下泵房设备档案管理需要记录的主要数据是设备名称、型号、安装时间、包机人以及设备安全情况记录等。具体见表6-121。

表 6-121   **井下泵房设备档案管理基础数据表**

井下泵房设备档案管理															
序号	设备	编号	使用地点	设备身份证号码	型号	生产厂家	出厂日期	安全标志号	防爆号	安装时间	流量	扬程/m	电机功率/kW	包机人	包机干部	备注

（7）变电所设备管理

变电所设备管理需要记录的主要数据是设备名称、规格型号、安装时间、包机人等。具体见表6-122。

表 6-122   **变电所设备管理基础数据表**

变电所设备管理																
设备名称	规格型号	负荷名称	设备编号	整定	安全标志号	防爆合格证号	安装时间	厂家	出厂编号出厂日期	设备编码	包机人	包片干部	巡回周期	检修日期	检修周期	备注

（8）设备回收登记管理

设备回收登记管理需要记录的主要数据是设备名称、送交人、接收人、完好程度等。具体见表6-123。

表 6-123   **设备回收登记管理基础数据表**

设备回收登记管理										
送交时间	设备名称	型号	回收单位	回收地点	送交人	接收人	完好程度	身份证编码		
								设备	电机	减速机

（9）设备投入登记管理

设备投入登记管理需要记录的主要数据是设备名称、投入负责人等。具体见表6-124。

表 6-124   **设备投入登记管理基础数据表**

设备投入登记管理				
设备名称	投入地点	投入时间	投入负责人	备注

（10）设备变更管理

设备变更管理需要记录的主要数据是设备名称、变更项目、负责人等。具体见表

6-125。

表 6-125　　　　　　　　　设备变更管理基础数据表

设备变更管理			
设备名称	变更项目	变更时间	负责人

（11）设备移交管理

设备移交管理需要记录的主要数据是设备名称、移交负责人、接收负责人等。具体见表 6-126。

表 6-126　　　　　　　　　设备移交管理基础数据表

设备移交管理								
时间	地点	移交设备名称	数量	移交单位	接受单位	移交负责人	接受负责人	移交总负责人

（12）备用零部件及设备管理

备用零部件及设备管理需要记录的主要数据是名称、规格型号、数量等。具体见表 6-127。

表 6-127　　　　　　　　备用零部件及设备管理基础数据表

备用零部件及设备管理				
品名	规格或型号	单位	数量	备注

（13）设备库存管理

设备库存管理需要记录的主要数据是设备名称、待修与完好情况等。具体见表 6-128。

表 6-128　　　　　　　　　设备库存管理基础数据表

设备库存管理										
设备名称	待修					完好				
	时间	入库数量	出库数量	库存合计	备注	时间	入库数量	出库数量	库存合计	备注

（14）设备档案管理

设备档案管理需要记录的主要数据是设备名称、型号、生产厂家、接收单位、包机人等。具体见表 6-129。

表 6-129　　　　　　　　　　　　　设备档案管理基础数据表

设备档案管理																	
设备名称	编号	安装日期	整定	资金来源	接受日期	接收单位	出厂日期	固定资产身份证	防爆合格证	煤安标志证号	型号	使用地点	生产厂家	包机人	包机干部	巡回周期	检修周期

（15）设备或物资入井登记管理

设备或物资入井登记管理需要记录的主要数据是物品名称、数量、使用单位、经办人等。具体见表 6-130。

表 6-130　　　　　　　设备或物资入井登记管理基础数据表

设备或物资入井登记管理										
车型	车号	入井时间	品名	规格	单位	数量	使用地点	使用单位	要求运达时间	经办人

（16）三水平架空人车设备管理

三水平架空人车设备管理需要记录的主要数据是设备名称、规格型号、责任人、安装时间等。具体见表 6-131。

表 6-131　　　　　　　三水平架空人车设备管理基础数据表

三水平架空人车设备管理									
设备名称	规格型号	编号	MA 号	生产厂家	身份证编码号	安装时间	责任人	包片干部	巡查周期	检修周期

（17）井上设备管理

井上设备管理需要记录的主要数据是设备名称、型号、包机人等。具体见表 6-132。

表 6-132　　　　　　　　　井上设备管理基础数据表

井上设备管理								
设备名称	编号	型号	使用地点	生产厂家	包机人	包机干部	巡回周期	检修周期

（18）井下设备检修管理

井下设备检修管理需要记录的主要数据是设备名称、设备型号、检修人员、检修结果等。具体见表 6-133。

表 6-133　　　　　　　　　井下设备检修管理基础数据表

井下设备检修管理										
设备地点	设备名称	设备型号	整定	用途	设备编号	检修周期	检修人员	检修时间	检修结果	备注

（19）架空人车设备管理

架空人车设备管理需要记录的主要数据是设备名称、型号、包机人等。具体见表6-134。

表 6-134　　　　　　　　　架空人车设备管理基础数据表

架空人车设备管理								
设备名称	编号	型号	使用地点	生产厂家	包机人	包机干部	巡回周期	检修周期

（20）轨道设备管理

轨道设备管理需要记录的主要数据是设备名称、型号、包机人等。具体见表6-135。

表 6-135　　　　　　　　　轨道设备管理基础数据表

轨道设备管理					
设备名称	型号	地点	包机人	包机干部	巡回周期	检修周期

（21）井下泵房配件管理

井下泵房配件管理需要记录的主要数据是名称、规格、包机人等。具体见表6-136。

表 6-136　　　　　　　　　井下泵房配件管理基础数据表

井下泵房配件管理								
序号	名称	使用地点	编号	生产情况			人员定岗		备注
				规格	安装时间	更换时间	包机人	包机干部	

（22）水仓清理档案管理

水仓清理档案管理需要记录的主要数据是工作面、任务分工、人员名单、分数等。具体见表6-137。

表 6-137　　　　　　　　　水仓清理档案管理基础数据表

水仓清理档案管理								
序号	日期	工作面	工作量	任务分工	人员名单	班次	分数	备注

（23）水仓规格及倒仓日期管理

水仓规格及倒仓日期管理需要记录的主要数据是地点、长度、断面、容水量、倒仓使用日期等。具体见表6-138。

表 6-138 水仓规格及倒仓日期管理基础数据表

水仓规格及倒仓日期管理							
序号	地点	内仓	外仓	长度/m	断面/m²	容水量/m³	倒仓使用日期

（24）安全设施管理

安全设施管理需要记录的主要数据是入库、出库、库存信息等。具体见表6-139。

表 6-139 安全设施管理基础数据表

安全设施管理							
时间	入库		出库				库存	备注
	数量/个	编号	数量/个	编号	领用单位	领用人	数量	

（25）自救器使用管理

自救器使用管理需要记录的主要数据是在册、使用、备用以及报废情况等。具体见表6-140。

表 6-140 自救器使用管理基础数据表

自救器使用管理													
在册			使用		备用			报废					备注
									本月		累计		
型号	出厂日期	台数	使用日期	台数	型号	出厂日期	台数	型号	台数	报废原因	型号	使用日期	台数	

（26）矿灯架管理

矿灯架管理需要记录的主要数据是名称、型号、矿灯盏数等。具体见表6-141。

表 6-141 矿灯架管理基础数据表

矿灯架管理																
名称	架号	产品型号	许可证号	直流电源	直流电压	产品编号	制造日期	生产厂家	固定资产身份证	额定电压	输出电压	输入电压	最大输出电流	输入电流	额定输出功率	矿灯盏数

（27）矿灯房设备管理

矿灯房设备管理需要记录的主要数据是名称、型号、安装时间、包机人等。具体见表 6-142。

表 6-142　　　　　　　　　　　　　矿灯房设备管理基础数据表

矿灯房设备管理									
设备名称	型号	编（架）号	灯号	安装时间	灯架厂家	出厂日期	包片干部	包机人	备注

（28）广播系统设备精细化管理

广播系统设备精细化管理需要记录的主要数据是名称、型号、安装时间、包机人等。具体见表 6-143。

表 6-143　　　　　　　　　　　广播系统设备精细化管理基础数据表

广播系统设备精细化管理										
使用地点	数量	规格名称	电压等级	防爆标准	防爆合格证号	安全标志号	安装时间	生产厂家	包机人	包机干部

（29）人员定位设备精细化回收管理

人员定位设备精细化回收管理需要记录的主要数据是设备名称、型号、回收地点、回收人等。具体见表 6-144。

表 6-144　　　　　　　　　　人员定位设备精细化回收管理基础数据表

人员定位设备精细化回收管理						
设备名称	回收地点	回收时间	回收人	型号	记录	验收人

（30）监控安装管理

监控安装管理需要记录的主要数据是设备名称、安装地点、安装人、使用单位等。具体见表 6-145。

表 6-145　　　　　　　　　　　　监控安装管理基础数据表

监控安装管理					
设备名称	安装时间	地点	使用单位	安装人	备注

（31）采面综机支架运输安全措施管理

采面综机支架运输安全措施管理需要记录的主要数据是绞车型号、坡度、总破断力、支架重、绳重、需要拉力、安全系数等。具体见表 6-146。

表 6-146 　　　　采面综机支架运输安全措施管理基础数据表

采面综机支架运输安全措施管理										
序号	绞车型号	坡度	距离百米	额定拉力	总破断力	支架重	绳重	需要拉力	安全系数	合格否

6.2.5 现场管理任务基础数据表

管理干部深入现场查隐患档案管理需要记录的主要数据是查看内容、提出问题、整改措施、整改人等。通过对现场情况的记录,分析现场存在隐患及整改,避免事故的发生。具体见表 6-147。

表 6-147 　　　　管理干部深入现场查隐患档案管理基础数据表

管理干部深入现场查隐患档案管理									
时间	姓名	地点	查看班组	查看内容	提出问题	整改方法	整改人	整改时间	整改结果

6.2.6 人员管理任务基础数据表

机电战线人员管理任务记录了人员日常工作任务、人员档案、人员调岗、人员定岗等信息,以形成人员管理任务基础数据表,为人员内部调动以及人员劳动定额分配提供信息。

(1) 机电队任务分配档案管理

机电队任务分配档案管理需要记录的主要数据是姓名、班次、工作任务等。具体见表 6-148。

表 6-148 　　　　机电队任务分配档案管理基础数据表

机电队任务分配档案管理								
序号	日期	班组	姓名	工作面	工作地点	工作任务	班长	班次	备注

(2) 机电队职工个人档案管理

机电队职工个人档案管理需要记录的主要数据是姓名、性别、文化程度、工作时间、职务、岗位等。具体见表 6-149。

表 6-149 　　　　机电队职工个人档案管理基础数据表

机电队职工个人档案管理															
序号	日期	姓名	性别	出生年月	民族	家庭人数	文化程度	参加工作时间	政治面貌	职务	身份证号	联系电话	籍贯	现住址	单位	岗位

（3）机电调出、调入人员档案管理

机电调出、调入人员档案管理需要记录的主要数据是姓名、调出调入时间、调出调入单位、原因等。具体见表 6-150。

表 6-150　　　　　　　机电调出、调入人员档案管理基础数据表

机电调出、调入人员档案管理										
序号	姓名	工种	原有人数	时间		单位		原因	人数		备注
				调出时间	调入时间	调出单位	调入单位		调出人数	调入人数	

（4）人员顶岗管理

人员顶岗管理需要记录的主要数据是班组、工种、在岗人数、不在岗人数、监督人等。具体见表 6-151。

表 6-151　　　　　　　人员顶岗管理基础数据表

人员顶岗管理															
日期	班组	班次	工种	在岗人数	不在岗人数								填表人	监察人	备注
					年（工）休	工伤	探亲	学习（疗养）	事假	婚丧产	病假	外借			

（5）人员日常工作管理

人员日常工作管理需要记录的主要数据是人员姓名、岗位、工作内容等。具体见表 6-152。

表 6-152　　　　　　　人员日常工作管理基础数据表

人员日常工作管理						
人员名称	班组	岗位	日期	工作地点	工作内容	备注

6.2.7　考核管理任务基础数据表

机电战线考核管理任务通过对考核内容标准以及考核得分的记录构成考核管理每项活动的基础数据表。考核内容标准作为考核评分时的依据。考核得分的记录作为奖惩的依据。

（1）干部自查评比管理

干部自查评比管理需要记录的主要数据是干部姓名、得分等。具体见表 6-153。

表 6-153　　　　　　　干部自查评比管理基础数据表

		干部自查评比管理										
序号	包片干部	精细化考核台账 35 分			安全、"三违"台账占 30 分			人员顶岗台账占 20 分		合计扣分	工作效果15 分	得分	名次
		设备故障次数	扣分	扣分原因	安全、"三违"次数	扣分	扣分原因	扣分	干部及包片范围内工作完成情况				

（2）班组考核成员档案管理

班组考核成员档案管理需要记录的主要数据是班组、被考核人、得分等。具体见表 6-154。

表 6-154　　　　　　　班组考核成员档案管理基础数据表

	班组考核成员档案管理										
序号	班组	组长	姓名	任务完成情况30 分	安全20 分	质量情况15 分	标准15 分	工作量10 分	实效5 分	清洁5 分	得分	名次

（3）精细化考评、效益工资奖、安全奖罚惩管理

精细化考评、效益工资奖、安全奖罚惩管理需要记录的主要数据是姓名、奖惩原因、奖惩金额等。具体见表 6-155。

表 6-155　　　　精细化考评、效益工资奖、安全奖罚惩管理基础数据表

	精细化考评、效益工资奖、安全奖罚惩管理						
序号	日期	班次	姓名	奖惩原因	金额	考评人	备注

（4）职工精细化管理自查评比标准

职工精细化管理自查评比标准需要记录的主要数据是姓名、得分等。具体见表 6-156。

表 6-156　　　　　　职工精细化管理自查评比标准基础数据表

		职工精细化管理自查评比标准											
班组	姓名	精细化管理台账占 50 分				人员顶岗台账占 20 分			安全台账占 30 分				得分本周合计	名次
		上周设备故障次数	本周设备故障次数	本周扣分	扣分原因	上周工作完成情况	本周工作完成情况	扣分原因	上周"三违"	本周"三违"	扣分原因	本周扣分		

（5）管理干部检查精细化档案管理

管理干部检查精细化档案管理需要记录的主要数据是查看内容、查出问题、落实人、落实情况等。具体见表 6-157。

表 6-157　　　　　**管理干部检查精细化档案管理基础数据表**

管理干部检查精细化档案管理										
序号	姓名	时间	查看内容	查出问题	原因分析	采取措施	落实情况	落实人	整改时间	备注

（6）考核管理

考核管理需要记录的主要数据是考核人、考核内容、责任人等。具体见表 6-158。

表 6-158　　　　　**考核管理基础数据表**

考核管理			
考核人	考核内容	责任处罚人	时间

6.2.8　机电战线精细化管理数据仓库建设

由于机电战线主要是对地上地下设备的管理,根据机电战线特点及工作侧重点,利用数据仓库建设的基本步骤,根据概念模型设计阶段得到机电战线的四大数据集市,每个数据集市数据都来自多个数据源。我们把这些数据经过清洗、标准化、计算后才能成为数据集市。为了详细描述每个数据集市中各项数据的具体来源和计算过程,下面使用软件工程中常用来描述数据处理过程的数据流程图来具体描述每个数据集市。

（1）设备管理任务。机电战线主要工作就是设备的安装、检修、巡检等设备管理工作,因此,日常工作中使用的各类设备很多,尤其是一些大型设备,价格昂贵、操作负责、日常维护要求较高。所以,设备管理水平的高低直接影响产量、安全和成本等基本经营目标的实现。十二矿设备管理有三个层次:集团公司负责采购;物管中心和机电科负责设备到矿的验收、发放和回收;各战线和区队申请、领用设备并负责日常维检工作。设备管理主题涉及的数据分散存储在大量不同的数据源中:反映设备运行状态的数据来自监控系统,反映设备日常维护的数据来自区队的设备管理台账,设备基础信息来自物管中心设备管理信息系统。其数据抽取过程如图 6-8 所示。

（2）人员定岗主题。人员定岗是指某一项工作内容可以分解成哪些基础岗位,每个岗位具体由哪一个(或几个)人负责。该主题中的出勤情况来自当班出勤台账,同时可以和人员定位系统中下井人员记录进行对照。将来对人员定岗主题数据进行分析可以了解当前人员定额是否合适,同时可以将工作责任落实到人,体现精细化管理的管控力度。具体见图 6-9。

（3）物资消耗数据集市。十二矿物资管理主要由物管中心负责,目前正在运行的物资管理信息系统由蓝光公司开发,为 B/S 结构,后台数据库为 Oracle 9i。该系统目前实现了到矿物资验收、区队物资计划申报、审批等功能。物资实际消耗、修旧利废、回收等情况记录在各区队、班组的精细化管理台账上,为 Excel 格式。具体见图 6-10。

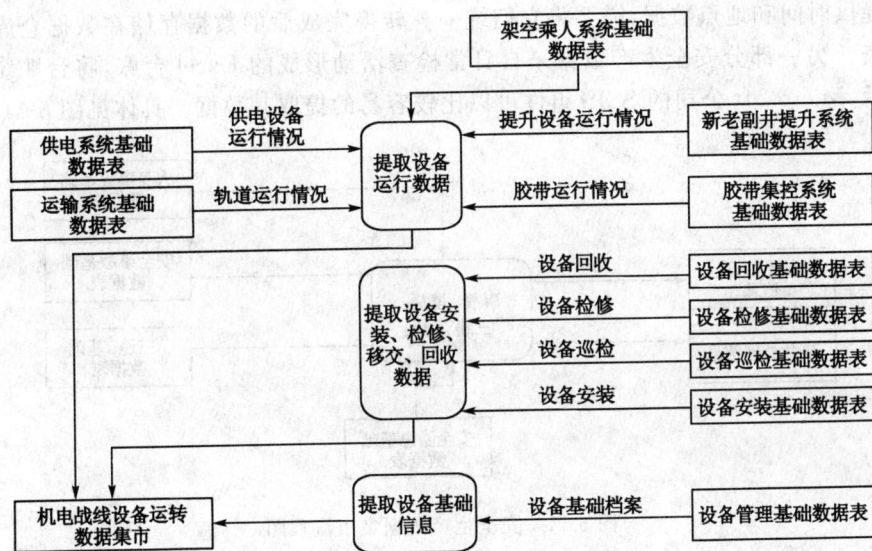

图 6-8　设备管理主题数据集市流程图

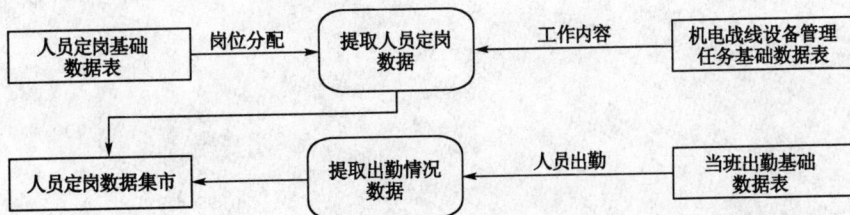

图 6-9　机电战线人员定岗数据集市流程图

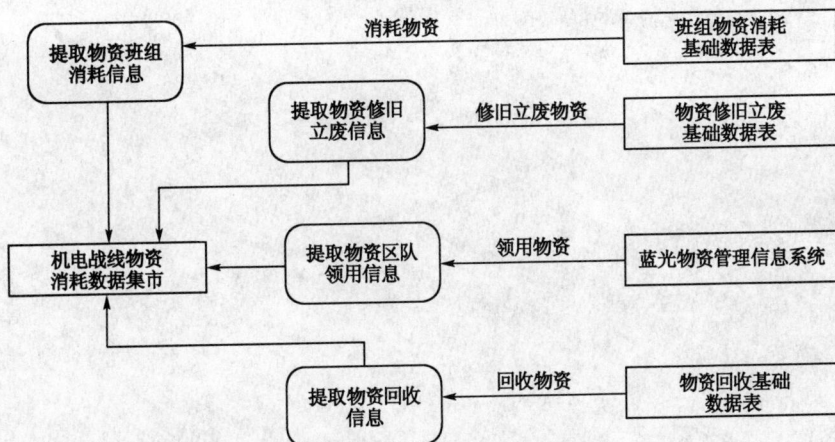

图 6-10　物资消耗主题数据流程图

（4）安全生产数据集市。该主题数据来源于各监控系统和安全管理台账。安全监控系统的数据库为 Microsoft SQL Server 2000，可以直接通过数据库工具提取其中数据。两个系统都提供时间和地点数据,需要将它们统一。转换完成后的数据存储在数据仓库中的监控信息表。另一部分安全生产数据来自日常检查活动形成的 Excel 台账,将台账统一成标准格式后,Microsoft 公司的 SSIS 组件可以比较容易的提取其数据。具体见图 6-11。

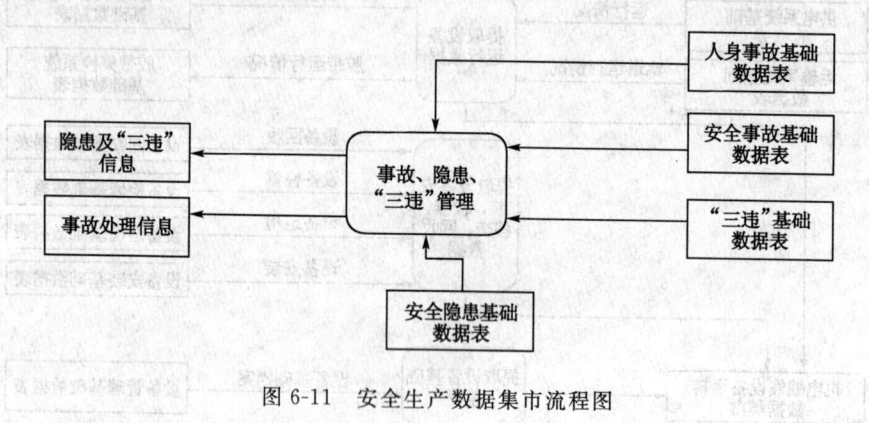

图 6-11　安全生产数据集市流程图

7　安全战线精细化管理实践

7.1　安全战线精细化工作分解

安全战线是煤矿企业保证安全生产的又一重要生产辅助业务,十二矿安全战线的主要工作任务是从检查验收以及员工意识上进行管理。具体工作主要是井下现场瓦斯检查、安全监督及质量验收评估、防突打钻监督及钻孔验收和每日采面回采高度的测量;井口信息、生产、安全信息的收集、筛选及发布;安全大检查;全矿职工的培训工作等等,因此,通过工作结构分解可以明确安全战线的工作任务划分,通过工作任务分解为具体的活动,从而把工作具体到责任单位和责任人。根据十二矿安全战场的特点,安全战线工作项目可以分解为生产任务、安全管理任务、设备管理任务、物资管理任务、人员管理任务、考核管理任务等六大任务。具体工作分解结构图如图 7-1 所示。

图 7-1　安全战线 WBS 分解

7.1.1　安全管理任务工作分解结构图

根据十二矿精细化管理工作分解结构建设的目标和原则,安全战线生产任务分解为区队检查工作、防突钻孔检查工作、矿三项评估管理工作、矿"三违"管理工作、考核验收工作、安全措施及整改工作、教务管理工作。根据精细化管理工作分解结构建设要求,还需要把工作分解为工作活动。根据煤矿企业生产工艺，区队检查工作分解为管理干部检查精细化档案记录活动、区队自救器检查活动、自救器抽查活动、双述抽查活动、区队培训检查活动；防突打钻检查工作分解为瓦斯检查牌板分布活动、瓦斯检查巡检路线活动、井下钻孔验收活动、防突打钻验收活动、防突措施排放孔验收活动；矿三项评估管理工作分解为三项周评估活动、三项月评估活动、三项年评估活动；矿"三违"管理工作分解为"三违"人员统计活动、班组"三违"人员统计活动、严重"三违"人员统计活动；考核验收工作分解为工程（临时）考核验收活动、爆破消耗炸药、雷管统计活动；安全措施及整改工作分解为安全措施接收活动、安全措施贯彻检查活动、安全隐患巡回检查活动；教务管理工作分解为外培管理活动、教务管理活动、图书档案管理活动、区队培训管理活动、培训例会记录活动、安全资格证书管理活动。安全战线生产任务工作分解结构图如图 7-2 所示。

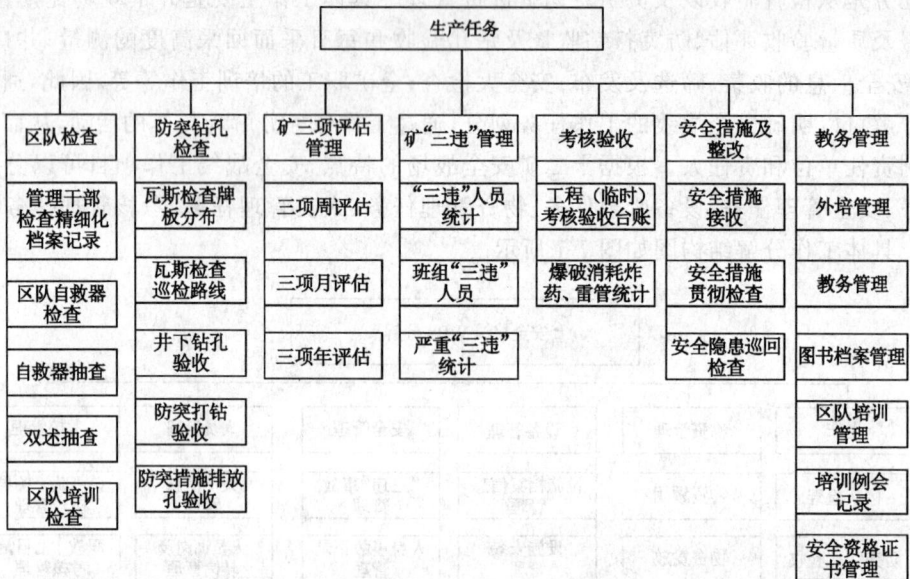

图 7-2   安全战线生产任务工作分解结构图

7.1.2   设备管理工作分解结构图

设备管理任务分解为宿舍物品管理工作、教学设备管理工作、教学设施管理工作、计算机机房设备管理工作、多媒体电教器材管理工作、实验设备管理工作。宿舍物品管理工作分解为宿舍物品台账记录活动；教学设备管理工作分解为教学设备台账记录活动；教学设施管理工作分解为教学设施台账记录活动；计算机机房设备管理工作分解为计算机机房设备台账记录活动；多媒体电教器材管理工作分解为多媒体电教器材台账记录活动；实验设备管理工作分解为实验设备台账记录活动。具体任务、工作、活动划分见图 7-3。

7.1.3   安全管理任务工作分解结构图

安全管理任务分解为职工安全档案管理工作、"三违"事故管理工作、人身事故管理工作。职工安全档案管理工作分解为职工安全档案记录活动；"三违"事故管理工作分解为"三违"事故记录活动；人身事故管理工作分解为人身事故记录活动。具体见图 7-4。

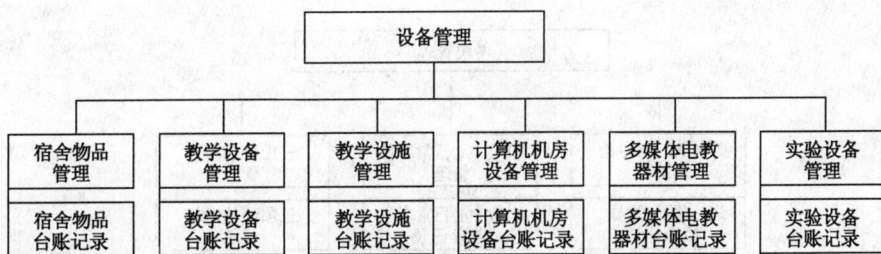

图 7-3　安全战线设备管理任务工作分解结构图

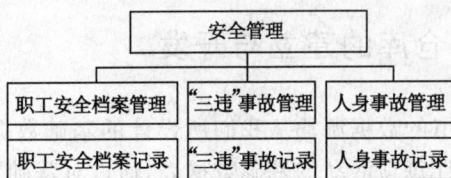

图 7-4　安全战线安全管理任务工作分解结构图

7.1.4　人员管理任务工作分解结构图

人员管理任务分解为人员信息管理工作、员工调岗及转岗管理工作、人员培训工作、人员定岗管理工作。人员信息管理工作分解为人员信息记录活动；员工调岗及转岗管理工作分解为员工调岗记录活动、员工转岗记录活动、员工退休记录活动；人员培训工作分解为人员培训记录活动；人员定岗管理工作分解为人员定岗信息记录活动。具体见图 7-5。

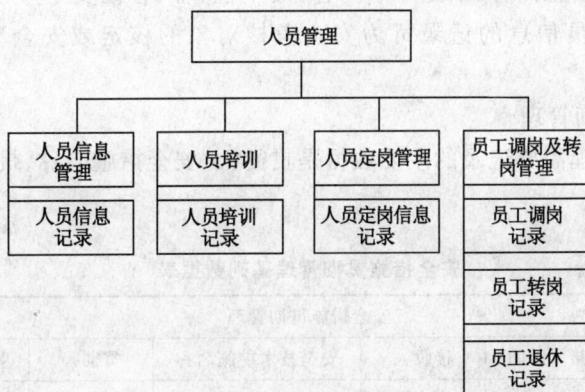

图 7-5　安全战线人员管理任务工作分解结构图

7.1.5　考核管理任务工作分解结构图

考核管理任务分解为矿（队）领导检查管理工作、职教中心日常考核管理工作、三项评估考核管理工作。矿（队）领导检查管理工作分解为矿（队）领导检查记录活动；职教中心日常考核管理工作分解为职教中心日常考核工作档案记录活动；三项评估考核管理分解为三项评估考核记录活动。具体见图 7-6。

```
              ┌─────────────────┐
              │    考核管理      │
              └────────┬────────┘
       ┌───────────────┼───────────────┐
┌──────────────┐┌──────────────┐┌──────────────┐
│ 矿（队）领导检││ 职教中心日常考核││ 三项评估考核  │
│   查管理      ││   管理       ││   管理       │
└──────────────┘└──────────────┘└──────────────┘
┌──────────────┐┌──────────────┐┌──────────────┐
│ 矿（队）领导  ││ 职教中心日常考核││ 三项评估考核  │
│ 检查记录      ││   档案记录    ││   记录       │
└──────────────┘└──────────────┘└──────────────┘
```

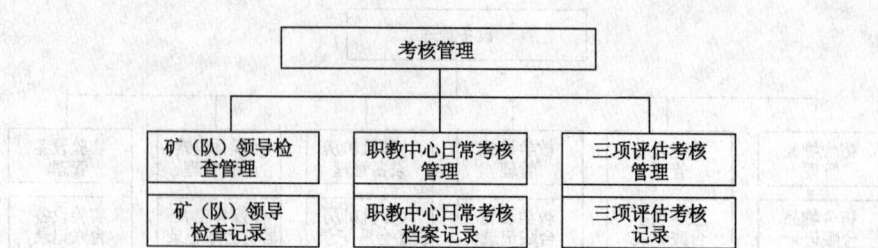

图 7-6　安全战线考核管理任务工作分解结构图

7.2　安全战线数据仓库的建立与开发

安全战线每个数据集市的数据源均从我们所设计的基础数据表格中所提炼,因此在数据仓库建立的初期必须设计每项活动的基础数据表,通过对基础数据表的分析与解析,形成每个具有针对性的数据集市,再通过数据集市的汇总形成安全战线数据仓库。

7.2.1　安全管理任务基础数据表

安全战线安全管理任务通过对安全管理制度的贯彻、安全检查执行、安全生产教育、安全技能培训、安全事故预防等方面的管理保证生产现场环境安全以及经营活动安全进行,防止安全事故发生,保护企业职工人身安全,保证生产的设施安全,减少事故隐患,使企业各项生产活动得到有效安全控制。

安全战线每项活动通过对人员信息、安全管理信息的记录形成基础数据表。安全管理信息可详细记录安全措施内容、安全事故内容、安全检查内容或安全考核内容,作为后期整改以及预防依据。人员信息的记录可为安全考核对象的核定或安全事故责任界定提供信息。

（1）安全措施贯彻管理

安全措施贯彻管理需要记录的主要数据是贯彻人、安全措施名称、贯彻时间等。具体见表 7-1。

表 7-1　　　　　　　　**安全措施贯彻管理基础数据表**

安全措施贯彻管理							
序号	施工单位	接收时间	接收人	安全技术措施名称	贯彻人	贯彻时间	备注

（2）巡检管理

巡检管理需要记录的主要数据是巡检地点、查出问题、隐患处理方式等。具体见表 7-2。

表 7-2 巡检管理基础数据表

巡检管理									
序号	姓名	班次	巡检地点或线路	查出问题	隐患处理方式				备注
					现场整改	信息日报	下发整改通知单	下发停产通知单	

（3）资格证持证管理

资格证持证管理需要记录的主要数据是姓名、持证工种、证件编号等。具体见表 7-3。

表 7-3 资格证持证管理基础数据表

资格证持证管理									
序号	单位	姓名	类别	持证工种	证件编号	初培时间	一审	二审	备注

（4）作废证登记管理

作废证登记管理需要记录的主要数据是姓名、工种、证号等。具体见表 7-4。

表 7-4 作废证登记管理基础数据表

作废证登记管理									
序号	单位	姓名	工种	证号	初培	一审	二审	备注	调整证时间

（5）"三违"管理

"三违"管理需要记录的主要数据是违章者姓名、违章行为、处理结果、累计次数等。具体见表 7-5。

表 7-5 "三违"管理基础数据表

"三违"管理													
序号	日期	违章地点	违章者姓名	工种或职务	违章行为及防范措施	处理意见	处理结果	查处者	查处部门或单位	累计次数	上次违章编号	违章类别	备注

（6）排放孔管理

排放孔管理需要记录的主要数据是孔号、当班及累计孔深等。具体见表 7-6。

表 7-6 排放孔管理基础数据表

排放孔管理							
序号	孔号	日期	班次	开孔及成孔时间	当班及累计孔深/m	是否成孔	备注

（7）精细化方案管理

精细化方案管理需要记录的主要数据是评估内容、负责人等。具体见表7-7。

表 7-7　　　　　　　　　　精细化方案管理基础数据表

精细化方案管理							
序号	台账名称	内容	考核周期	实施目的	负责人	建档日期	备注

（8）牌板分布检查管理

牌板分布检查管理需要记录的主要数据是工作面、牌板类型、牌板安装或回收情况等。具体见表7-8。

表 7-8　　　　　　　　　　牌板分布管理基础数据表

牌板分布管理							
序号	工作面	牌板数量	安装地点	牌板类型	检查次数	安装时间	采掘工作面瓦斯检查牌板安装、回收情况	备注

（9）自救器、"双述"抽查管理

自救器、"双述"抽查管理需要记录的主要数据是姓名、考核得分等。具体见表7-9。

表 7-9　　　　　　　　　自救器、"双述"抽查管理基础数据表

自救器、"双述"抽查管理												
序号	单位	姓名	职务	抽查内容	抽查日期	考核人员	考核结果			抽查合格率/%	处罚意见	整改措施	备注
							优（熟练）	良（会背但不熟练）	差（不会背）				

（10）图书借阅管理

图书借阅管理需要记录的主要数据是图书名称、借阅人、还书时间等。具体见表7-10。

表 7-10　　　　　　　　　　图书借阅管理基础数据表

图书借阅管理													
序号	位置	专业类别	图书类别	名称	存书数量	姓名	借阅时间	单位	借阅数量	押金	还书时间	剩余图书	备注

7.2.2　材料管理任务基础数据表

炸药、雷管管理需要记录的主要数据是施工地点、领取数量、消耗数量以及剩余数量，通

过对炸药、雷管使用的详细记录,确保材料精细化管理的实现,减低成本等。具体见表7-11。

表 7-11   炸药、雷管管理基础数据表

炸药、雷管管理	序号		
	单位		
	施工地点		
	班次		
	当班领取炸药、雷管数量	炸药/卷	
		炸药/kg	
		雷管/发	
		爆破次数/次	
	当班消耗量合计	炸药/卷	
		炸药/kg	
		雷管/发	
	当班剩余药量合计	炸药/卷	
		炸药/kg	
		雷管/发	
		残药/mm	
	瓦检员		

7.2.3 设备管理工作任务基础数据表

设备管理需要记录的主要数据是设备名称、编码、使用地点、检查人员、存在问题等。通过设备相关数据的记录,及时检查、及时维修,确保设备正常、安全运转。具体见表7-12。

表 7-12   设备管理基础数据表

设备管理															
序号	日期	名称	数量	类别	用途范围	使用地点	型号	定制编码	责任人	检查周期	检查人	检查时间	完好	不完好	存在问题	解决情况

7.2.4 人员管理任务基础数据表

安全战线人员管理任务通过个人安全档案的记录,包括姓名、工种、持证情况,审核工作人员安全生产的资格,保障生产人员的安全。

(1)个人安全档案管理

个人安全档案管理需要记录的主要数据是姓名、持安全资格证情况等。具体见表7-13。

表 7-13　　　　　　　　　　　　　　个人安全档案管理基础数据表

个人安全档案管理																		
序号	日期	单位	姓名	性别	出生年月	民族	家庭人数	文化程度	参加工作时间	政治面貌	职务	身份证号	联系电话	持安全资格证情况	籍贯	现住址	个人安全情况	处理情况

（2）外配学员管理

外配学员管理需要记录的主要数据是姓名、学习起止时间、用工形式等。具体见表7-14。

表 7-14　　　　　　　　　　　　　　外配学员管理基础数据表

外配学员管理											
序号	姓名	公民身份证号码	性别	出生日期	参工日期	通讯地址	联系电话	类别	学习起止时间	用工形式	备注

（3）职工培训管理

职工培训管理需要记录的主要数据是培训内容、培训起止时间、培训地点等。具体见表7-15。

表 7-15　　　　　　　　　　　　　　职工培训管理基础数据表

职工培训管理											
序号	月份	培训班名称（内容）	培训形式	培训类型	培训种类	办班形式	培训计划	实际培训	培训期数	办班起止时间	办班地点	备注

（4）矿职教中心外培管理

矿职教中心外培管理需要记录的主要数据是培训内容、培训起止时间、培训地点等。具体见表7-16。

表 7-16　　　　　　　　　　　　　　矿职教中心外培管理基础数据表

矿职教中心外培管理										
序号	月份	培训班名称（内容）	培训形式	培训种类	办班形式	培训计划	实际培训	培训期数	办班起止时间	办班地点	备注

（5）课程表管理

课程表管理需要记录的主要数据是讲师、课程内容、课程时间等。具体见表7-17。

表 7-17 课程表管理基础数据表

课程表管理					
序号	讲课教师	讲课内容	讲课时间	课时	备注

（6）点名册管理

点名册管理需要记录的主要数据是姓名、工种等。具体见表 7-18。

表 7-18 点名册管理基础数据表

点名册管理				
序号	单位	工种	姓名	备注

（7）成绩单管理

成绩单管理需要记录的主要数据是姓名、考试项目、考试成绩等。具体见表 7-19。

表 7-19 成绩单管理基础数据表

成绩单管理										
序号	单位及部门	姓名	工种	职务/操作工种（项目）	考试方案	考试日期	综合成绩		合格率	不合格率	备注
							理论	实操			

（8）培训考核发证管理

培训考核发证管理需要记录的主要数据是姓名、证书项目、证书编号等。具体见表 7-20。

表 7-20 培训考核发证管理基础数据表

培训考核发证管理														
序号	单位及部门	身份证地址	姓名	性别	职务/操作工种（项目）	文化程度	培训机构（公章）	考核单位或考核点（公章）	培训时间	考核日期	监考人	综合成绩		身份证号	证书编号	联系电话
												理论	实操			

（9）职工安全培训档案管理

职工安全培训档案管理需要记录的主要数据是姓名、培训内容等。具体见表 7-21。

表 7-21　　　　　　　　　　职工安全培训档案管理基础数据表

职工安全培训档案管理																			
序号	日期	单位	姓名	性别	出生年月	民族	家庭人数	文化程度	参加工作时间	政治面貌	职务	身份证号	联系电话	持安全资格证情况	籍贯	现住址	培训内容	培训效果

7.2.5　考核管理任务基础数据表

考核管理任务通过对考核内容、考核人员、考核结果的记录,形成考核管理任务基础数据表。考核内容的记录可作为后期矿处理意见的依据;考核人员的记录作为责任界定的依据;考核结果的记录作为奖惩的依据。

（1）领导检查记录管理

领导检查记录管理需要记录的主要数据是检查人、检查项目、出现问题、落实情况等。具体见表 7-22。

表 7-22　　　　　　　　　　领导检查记录管理基础数据表

领导检查记录管理						
序号	检查人	检查时间	检查项目	检查问题	落实情况	备注

（2）安全生产知识考核管理

安全生产知识考核管理需要记录的主要数据是考核战线、考核成绩等。具体见表 7-23。

表 7-23　　　　　　　　　　安全生产知识考核管理基础数据表

安全生产知识考核管理					
序号	考试时间	战线	考试地点	考试成绩	备注

（3）精细化管理台账扣分管理

精细化管理台账扣分管理需要记录的主要数据是台账名称、扣分原因、管理人员等。具体见表 7-24。

表 7-24　　　　　　　　　　精细化管理台账扣分管理基础数据表

精细化管理台账扣分管理					
序号	台账名称	台账管理人	扣分原因	扣分日期	所扣分数	备注

（4）日常行为考核管理

日常行为考核管理需要记录的主要数据是姓名、考核内容、考核得分等。具体见表 7-25。

表 7-25　　　　　　　　　　日常行为考核管理基础数据表

日常行为考核管理						
序号	姓名	内容	参加考核加分	处罚情况	奖励情况	实得分

（5）考核档案管理

考核档案管理需要记录的主要数据是单位、扣分原因、考核人等。具体见表 7-26。

表 7-26　　　　　　　　　　考核档案管理基础数据表

考核档案管理							
序号	单位	周五考核扣分	一般工种培训	当日考核扣分	结构工资得分	扣分原因	考核人

（6）"三项评估"管理

"三项评估"管理需要记录的主要数据是单位、地点、评估得分等。具体见表 7-27。

表 7-27　　　　　　　　　　"三项评估"管理基础数据表

"三项评估"管理								
序号	单位	施工地点	日期	班次	质量	安全	文明生产	评估得分	主要原因

7.2.6　安全战线精细化管理数据仓库建设

安全战线主要是对各个战线工作的检查，根据安全战线特点及工作侧重点，利用数据仓库建设的基本步骤，根据概念模型设计阶段得到安全战线的两大数据集市，每个数据集市数据都来自多个数据源。我们把这些数据经过清洗、标准化、计算后才能成为数据集市。为了详细描述每个数据集市中各项数据的具体来源和计算过程，下面使用软件工程中常用来描述数据处理过程的数据流程图来具体描述每个数据集市。

（1）安全生产检查

安全战线的主要工作就是对各战线进行安全生产方面的检查与考核工作，因此，安全检查数据来源于各监控系统和安全管理台账。安全监控系统的数据库为 Microsoft SQL Server 2000，可以直接通过数据库工具提取其中数据。爆破监控系统的数据是流文件格式，需要单独编写接口程序读取。两个系统都提供时间和地点数据，需要将它们统一。转换完成后的数据存储在数据仓库中的监控信息表。另一部分安全生产数据来自日常检查活动形成的 Excel 台账，将台账统一成标准格式后，Microsoft 公司的 SSIS 组件可以比较容易的提取其数据。具体见图 7-7。

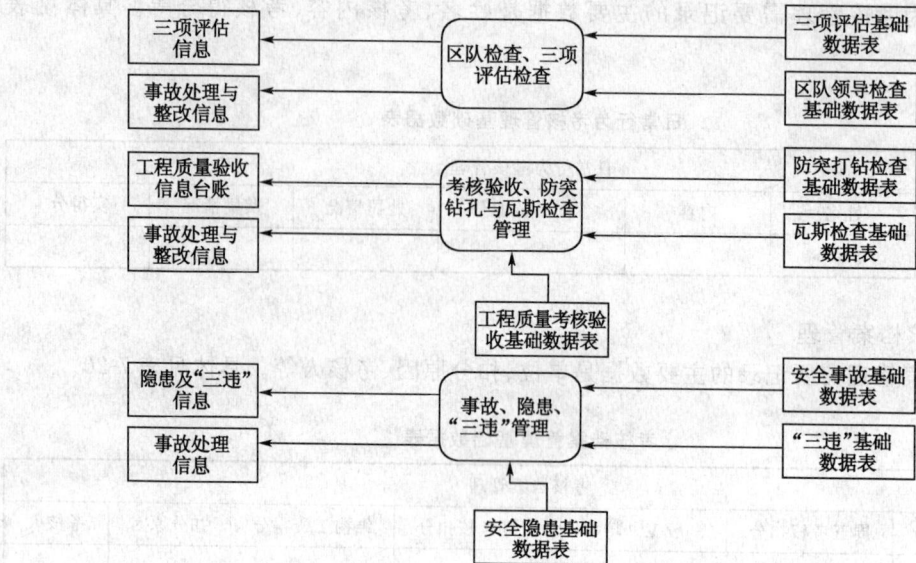

图 7-7　安全生产检查主题数据流程图

（2）人员定岗主题

人员定岗是指某一项工作内容可以分解成哪些基础岗位，每个岗位具体由哪一个（或几个）人负责。该主题中的出勤情况来自当班出勤台账，同时可以和人员定位系统中下井人员记录进行对照。将来对人员定岗主题数据进行分析可以了解当前人员定额是否合适，同时可以将工作责任落实到人，体现精细化管理的管控力度。具体见图 7-8。

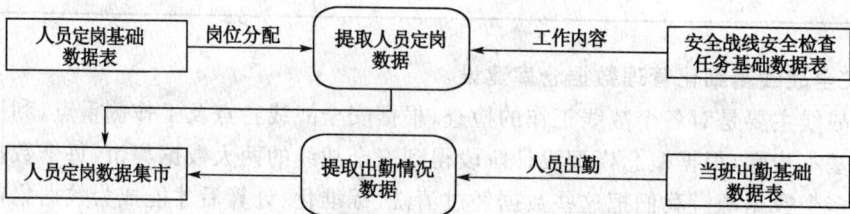

图 7-8　安全战线人员定岗数据集市流程图

8 经营战线精细化管理实践

8.1 经营战线精细化工作分解

经营战线是十二矿最为重要的生产辅助任务之一,对十二矿的发展起着重要作用,其主要管理工作是对人力资源管理、物管管理、煤质管理、原煤销售、职工保险等的管理。由于经营战线管理的工作繁、多、杂,因此通过对工作结构分解,可以明确经营战线的各项工作任务,明确责任单位和责任人,进而提高工作效率。根据经营战线的战线特点,经营战线工作项目分解为生产任务、安全管理任务、设备管理任务、材料管理任务、人员管理任务、考核管理任务等六大任务。具体工作分解结构图如图8-1所示。

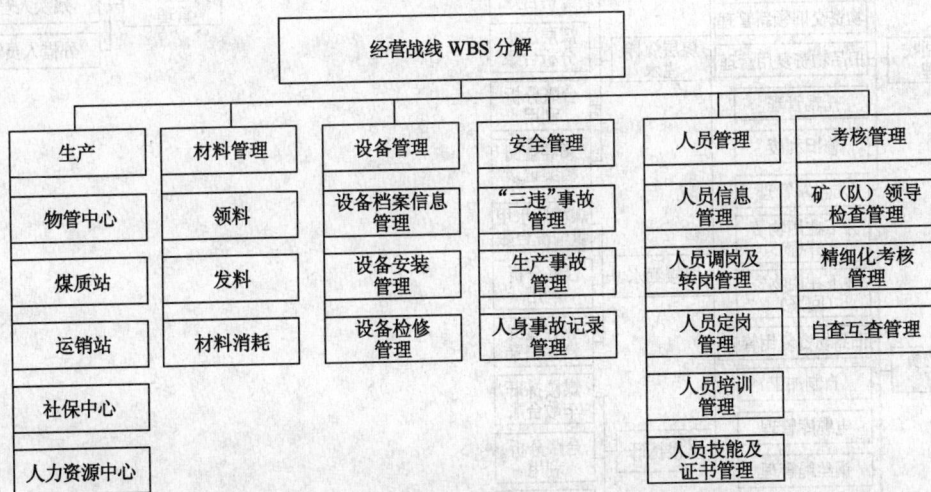

图 8-1 经营战线 WBS 分解图

8.1.1 生产任务工作分解结构图

根据十二矿精细化管理工作分解结构建设的目标和原则,经营战线生产任务分解为物管中心管理工作、煤质站管理工作、运销站管理工作、社保中心管理工作、人力资源管理中心管理工作。物管中心管理工作分解为物资验收活动、物资库存活动、物资回收修理活动、在用物资管理活动、物资发放管理活动;煤质站管理工作分解为生产检查煤样活动、商品煤采制化活动、煤层煤样注水活动、煤楼洒水活动、煤楼拣矸活动;运销站管理工作分解为原煤外运活动、车辆管理活动;社保中心管理工作分解为劳动保险管理活动,医疗保险管理活动,工伤保险管理活动,养老、失业保险管理活动;人力资源管理中心管理工作分解为日常业务人员管理活动、业务考核与分析活动、队部人员管理活动、其他人员管理活动。根据每个活动的工作要求,还可进一步划分,具体详见经营战线生产任务工作分解结构图,如图 8-2 所示。

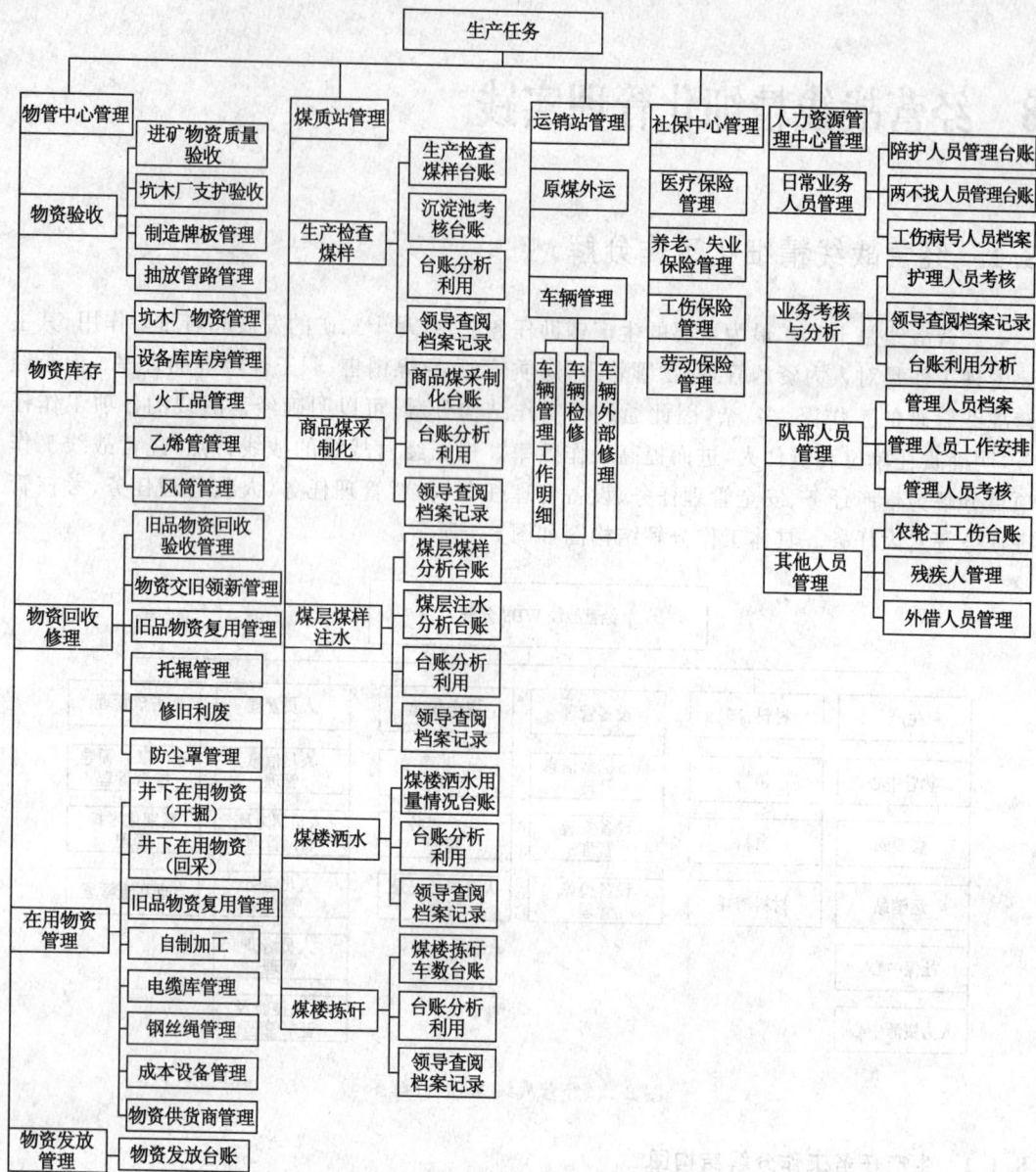

生产任务

物管中心管理
- 物资验收
  - 进矿物资质量验收
  - 坑木厂支护验收
  - 制造牌板管理
  - 抽放管路管理
- 物资库存
  - 坑木厂物资管理
  - 设备库库房管理
  - 火工品管理
  - 乙烯管管理
  - 风筒管理
- 物资回收修理
  - 旧品物资回收验收管理
  - 物资交旧领新管理
  - 旧品物资复用管理
  - 托辊管理
  - 修旧利废
  - 防尘罩管理
- 在用物资管理
  - 井下在用物资(开掘)
  - 井下在用物资(回采)
  - 旧品物资复用管理
  - 自制加工
  - 电缆库管理
  - 钢丝绳管理
  - 成本设备管理
  - 物资供货商管理
- 物资发放管理
  - 物资发放台账

煤质站管理
- 生产检查煤样
  - 生产检查煤样台账
  - 沉淀池考核台账
  - 台账分析利用
  - 领导查阅档案记录
- 商品煤采制化
  - 商品煤采制化台账
  - 台账分析利用
  - 领导查阅档案记录
- 煤层煤样注水
  - 煤层煤样分析台账
  - 煤层注水分析台账
  - 台账分析利用
  - 领导查阅档案记录
- 煤楼洒水
  - 煤楼洒水用量情况台账
  - 台账分析利用
  - 领导查阅档案记录
- 煤楼拣矸
  - 煤楼拣矸车数台账
  - 台账分析利用
  - 领导查阅档案记录

运销站管理
- 原煤外运
- 车辆管理
  - 车辆管理工作明细
  - 车辆检修
  - 车辆外部修理

社保中心管理
- 医疗保险管理
- 养老、失业保险管理
- 工伤保险管理
- 劳动保险管理

人力资源管理中心管理
- 日常业务人员管理
- 业务考核与分析
- 队部人员管理
- 其他人员管理
  - 陪护人员管理台账
  - 两不找人员管理台账
  - 工伤病号人员档案
  - 护理人员考核
  - 领导查阅档案记录
  - 台账利用分析
  - 管理人员档案
  - 管理人员工作安排
  - 管理人员考核
  - 农轮工工伤台账
  - 残疾人管理
  - 外借人员管理

图 8-2　经营战线生产任务工作分解结构图

8.1.2　材料管理任务工作分解结构图

材料管理任务主要分解为领料、发料、材料消耗记录等具体工作。根据精细化管理的要求,需把工作进一步划分为具体的活动。根据煤矿材料管理领用及发放相关程序,领料工作分解为战线材料领取总账记录活动、物管中心领料台账记录活动、运销站领料台账记录活动、煤质站领料台账记录活动;发料工作分解为发料记录活动、库存活动、汽油发放活动;材

料消耗工作分解为物管中心材料消耗活动、运销站材料消耗活动、煤质站材料消耗活动。具
体见图 8-3。

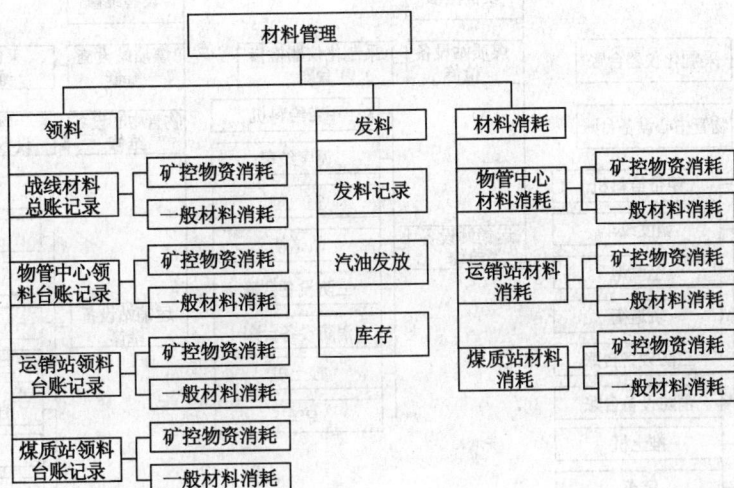

图 8-3　经营战线材料管理任务工作分解结构图

8.1.3　安全管理任务工作分解结构图

安全管理任务分解为"三违"事故管理工作、人身事故管理工作、生产事故管理工作。
"三违"事故管理工作分解为"三违"事故记录活动;人身事故管理工作分解为人身事故记录
活动;生产事故管理工作分解为生产事故记录活动。具体见图 8-4。

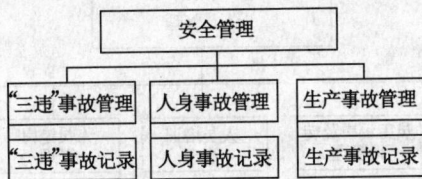

图 8-4　经营战线安全管理任务工作分解结构图

8.1.4　设备管理任务工作分解结构图

设备管理任务分解为设备档案信息管理工作、设备检修工作、设备维修工作。设备档案
信息管理工作分解为煤质站设备信息档案管理活动、物管中心设备信息档案管理活动、运销
站设备信息档案管理活动。设备检修工作分解为煤质站设备检修活动、运销站设备检修活
动。设备维修工作分解为煤质站设备维修活动、物管中心设备维修活动、运销站设备维修活
动。因此,我们在对工作分解的时候主要是针对上述这些设备进行存档、安装、检修等工作。
具体任务、工作、活动划分见图 8-5。

8.1.5　人员管理任务工作分解结构图

人员管理任务分解为人员信息管理工作、员工调岗及转岗管理工作、人员培训管理工
作、人员定岗管理工作、人员技能及证书管理工作。人员信息管理工作分解为人员信息记录
活动、队干部及职工通讯录记录活动;员工调岗及转岗管理工作分解为员工调岗记录活动、

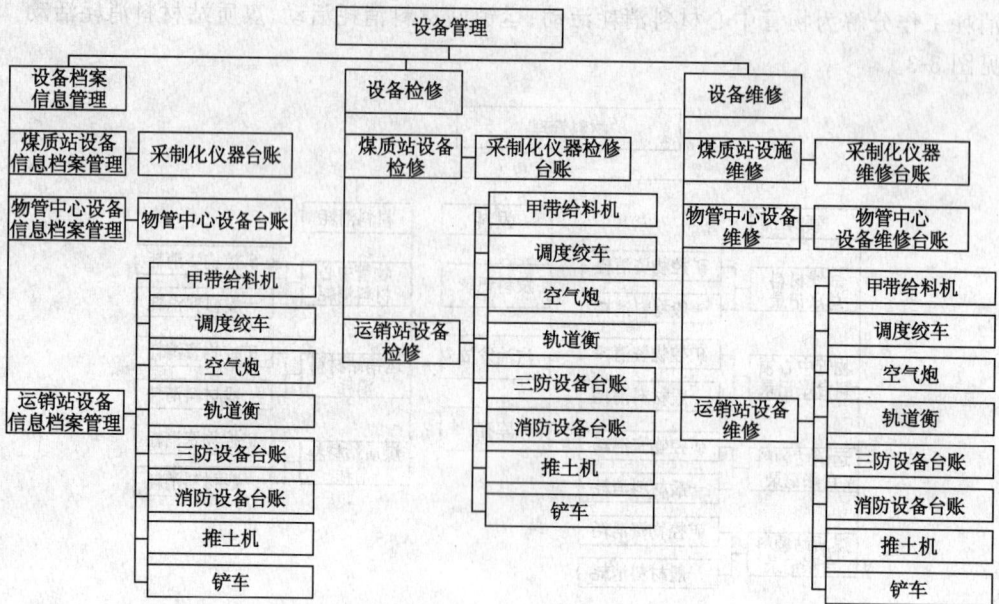

图 8-5　经营战线设施设备管理任务分解图

员工转岗记录活动、员工退休记录活动；人员培训管理工作分解为人员培训记录活动；人员定岗管理工作分解为人员定岗信息记录活动；人员技能及证书管理工作分解为人员技能及证书管理记录活动。具体见图 8-6。

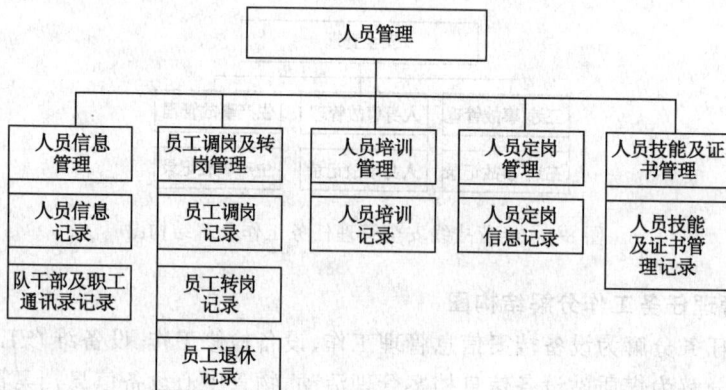

图 8-6　经营战线人员管理任务工作分解结构图

8.1.6　考核管理任务工作分解结构图

考核管理任务分解为矿（队）领导检查管理工作、精细化考核管理工作、自查互查管理工作。矿（队）领导检查管理工作分解为矿（队）领导检查记录活动；精细化考核管理工作分解为精细化考核管理记录活动；自查互查管理工作分解为自查互查档案记录活动。具体见图8-7。

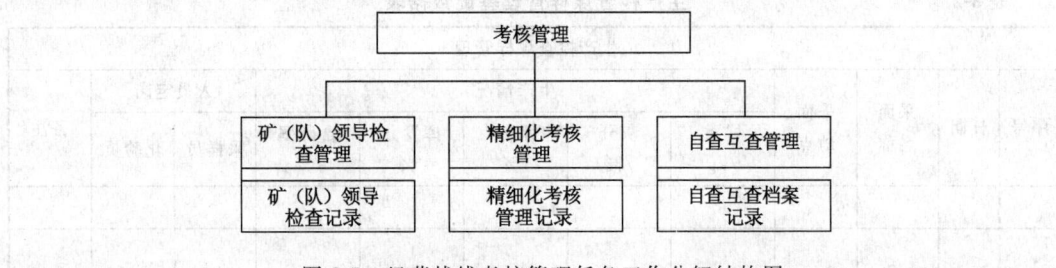

图 8-7　经营战线考核管理任务工作分解结构图

8.2　经营战线数据仓库的建立与开发

经营战线数据仓库也是由不同的数据集市所构成,数据集市是由不同的、有针对性的数据源构成,而数据源则通过对我们所设计的每项活动基础数据表分析得出,因此每项活动基础数据表的设计是经营战线数据仓库建立的奠基。

8.2.1　生产管理任务基础数据表

生产管理任务通过对生产情况的记录、人员定岗数据的记录、工程质量数据的记录形成生产任务每项活动基础数据表。生产情况的记录通过对经营战线每项活动生产进度的跟进以及生产成果的记录,统计分析生产效率。人员定岗数据通过对参与生产中人员任务详细分配,将具体工作落实到个人,可便于后期责任的界定。工程质量数据则通过对生产过程中每道工序质量的严格把控确保生产安全。

(1)煤质站生产任务

① 商品煤采制化管理

商品煤采制化管理需要记录的主要数据是生产情况,包括水分、挥发分、灰分、硫分、个人平均灰分差值等。具体见表 8-1。

表 8-1　　　　　　　　　　　商品煤采制化管理基础数据表

商品煤采制化管理												
序号	日期	地点	批号一车数	生产情况							人员定岗	备注
				吨数	水分	挥发分	灰分			硫分	个人平均灰分差值	采制化人员
							计划	实际	平均合批	工作站	差值		站—矿(均取正值)

② 生产检查煤样管理

生产检查煤样管理需要记录的主要数据是采样员、化验员、样重、灰分、水分、挥发分以及含矸率等。具体见表 8-2。

表 8-2　　　　　　　　　　　　　　生产检查煤样管理基础数据表

生产检查煤样管理										
序号	日期	采面名称	采面地点	生产情况					人员定岗		备注
				样重/kg	灰分/%	水分/%	挥发分/%	含矸率/%	采样员	化验员	

③ 煤层煤样管理

煤层煤样管理需要记录的主要数据是生产情况，包括采高、全水、灰分、挥发分、层数，以及人员信息等。具体见表 8-3。

表 8-3　　　　　　　　　　　　　　煤层煤样管理基础数据表

煤层煤样管理														
序号	日期	工作面	采样位置	生产情况							相对差值/%	工程质量	人员定岗		备注
				煤层可采煤样				层数		分层加权平均		核对结果	采样员	检查人	
				采高/m	全水/%	灰分/%	挥发分/%	厚度1/m	灰分1/%	灰分/%					

④ 洒水管理

洒水管理需要记录的主要数据是洒水量等。具体见表 8-4。

表 8-4　　　　　　　　　　　　　　洒水管理基础数据表

洒水管理								
序号	日期	底数	单位/m³	冲尘水表编号	生产情况			备注
					冲尘水表/m³	总表/m³	洒水量/m³	

（2）运销站生产管理任务

① 电机摇测数据管理

电机摇测数据管理需要记录的主要数据是新煤仓电机、返装溜子电机、添车溜子电机、调度绞车电机数据以及摇测人等。具体见表 8-5。

表 8-5 　　　　　　　　　　**电机摇测数据管理基础数据表**

序号	摇测时间	电机摇测数据							摇测人	备注
		绝缘值摇测数据								
		新煤仓电机				返装溜子电机	添车溜子电机	调度绞车电机		
		一仓	二仓	三仓	四仓					

② 精细化项目管理

精细化项目管理需要记录的主要数据是台账内容、项目目标与效果等。具体见表 8-6。

表 8-6 　　　　　　　　　　**精细化项目管理基础数据表**

序号	项目	档案名称	台账内容	其他		目的和效果	负责人	推行时间	备注
				制度和标准	考核				

③ 原煤外运管理

原煤外运管理需要记录的主要数据是车数、装车时间等。具体见表 8-7。

表 8-7 　　　　　　　　　　**原煤外运管理基础数据表**

原煤外运管理			
	序号		
	日期		
	班组		
	车数/车	四洗	
		八洗	
		合计	
	装车时间	总批次	
		入矿日期	
		单批次	
		班组	
		车数	
		吨数	
		入矿时间	
		出矿时间	
		报调度室时间	
		仓内无煤时间	
		出煤装车时间	
		倒添时间	
		装完时间	
		装车总时间	
	备注		

190

8.2.2　材料管理任务基础数据表

材料管理任务通过材料信息记录、材料存储、材料发放、材料使用、材料加工与服用等管理构成材料任务管理体系。从对材料从存储到再回收利用的过程中材料消耗的名称、材料消耗数量以及材料使用或回收技工人员的信息记录形成材料任务管理每项活动的基础数据表。通过对材料名称的记录可统计分析何种材料使用消耗较多，后期可计划性地进货；材料消耗数量的记录可对每项活动指定使用定额，通过强化标准以控制材料的消耗，减低成本；材料使用或回收人员信息的记录既作为人员定岗信息，又可以为材料在使用或回收加工的过程中不必要的损失寻找责任人。

（1）物资发放管理

物资发放管理需要记录的主要数据是物资名称、领用人、消耗数量等。具体见表8-8。

表 8-8　　　　　　　　　　　物资发放管理基础数据表

物资发放管理																	
序号	日期	月份	领用单位	物资名称	规格	单位	单价	金额	送达地点	领用人	物资发放人	收入		消耗		结存		备注
												购入	金额	领用	金额	数量	金额	

（2）物资综合管理

物资综合管理需要记录的主要数据是物资名称、物资入库、物资发放信息等。具体见表8-9。

表 8-9　　　　　　　　　　　物资综合管理基础数据表

物资综合管理													
序号	日期	月份	摘要	部门（组）	物资名称	规格	单位	矿控物资入库管理		矿控物资出库发放			结存	期末库存
								数量	单价	数量	单价	使用地点	领用人	凭证号		

（3）物资生产厂家及供货商管理

物资生产厂家及供货商管理需要记录的主要数据是品名、生产厂家、供货商、凭证号等。具体见表8-10。

表 8-10　　　　　　　　物资生产厂家及供货商管理基础数据表

物资生产厂家及供货商管理															
序号	日期	存放地点	品名	规格	单位	单价	数量	生产厂家	供货商	凭证号	类别	备注	煤安号	地点	费用来源	金额

（4）入库管理

入库管理需要记录的主要数据是名称、入库日期、数量、类型等。具体见表8-11。

表8-11 入库管理基础数据表

入库管理												
序号	日期	物资名称	规格	计量单位	入库日期	入库数量	摘要	材料类型	新品	旧品	合计	备注

（5）交旧管理

交旧管理需要记录的主要数据是物资名称、数量、接收人等。具体见表8-12。

表8-12 交旧管理基础数据表

交旧管理											
序号	物资编码	物资品名	规格型号	计量单位	单价	交送数量	交送时间	接收单位	接收人	说明	备注

（6）旧品物资修理验收管理

旧品物资修理验收管理需要记录的主要数据是物资名称、修理内容、验收单位、验收人等。具体见表8-13。

表8-13 旧品物资修理验收管理基础数据表

旧品物资修理验收管理										
序号	日期	修理单位	物资名称	单位	规格	修理数量	修理内容	验收单位	验收质量	验收人	备注

（7）修理物资复用管理

修理物资复用管理需要记录的主要数据是物资名称、数量、复用单位、复用地点等。具体见表8-14。

表8-14 修理物资复用管理基础数据表

修理物资复用管理										
序号	日期	物资名称	规格	计量单位	单价	数量	金额	复用单位	复用地点	备注

（8）加工物资验收领用管理

加工物资验收领用管理需要记录的主要数据是物资名称、加工单位、领用单位等。具体见表8-15。

表 8-15　　　　　　　　加工物资验收领用管理基础数据表

加工物资验收领用管理												
序号	日期	加工维修单位	名称	规格	编号	计量单位	加工量	说明	原材料量及属性	领用单位	使用地点	存放地点	备注

（9）物管中心参数或项目分析规划管理

物管中心参数或项目分析规划管理需要记录的主要数据是参数或分析项目、目的与意义、分析方法等。具体见表 8-16。

表 8-16　　　　　　物管中心参数或项目分析规划管理基础数据表

物管中心参数或项目分析规划管理								
序号	所属管理类别或系统	参数或分析项目	参数或分析项目依据的档案	目的意义	分析方法	计算或分析周期	具体推行时间	备注

（10）井下在用物资动态管理

井下在用物资动态管理需要记录的主要数据是名称、投入量、应回量、实回量等。具体见表 8-17。

表 8-17　　　　　　　　井下在用物资动态管理基础数据表

井下在用物资动态管理												
序号	日期	物资编码	物资名称	规格	单位	期初在用量	设计投入定额	期中变化量				期末在用量	期末库存	备注
								投入量	应回量	实回量	丢失量			

（11）井下现场物资使用情况检查问题通报管理

井下现场物资使用情况检查问题通报管理需要记录的主要数据是责任单位、存在问题及处罚情况、整改信息等。具体见表 8-18。

表 8-18　　　　　井下现场物资使用情况检查问题通报管理基础数据表

井下现场物资使用情况检查问题通报管理								
序号	日期	责任战线	责任单位	井下现场存在问题及处罚情况	整改时间	排查信息	已整改信息	整改率

（12）井下现场材料管理排查问题与整改落实情况汇总管理

井下现场材料管理排查问题与整改落实情况汇总管理需要记录的主要数据是生产单位、验收情况、处罚情况、责任人等。具体见表 8-19。

表 8-19　　　井下现场材料管理排查问题与整改落实情况汇总管理基础数据表

井下现场材料管理排查问题与整改落实情况汇总管理										
序号	日期	战线	生产单位	排查地点	物资回收	落实时间	验收情况	现场管理处罚情况	责任人	备注

（13）乙烯管使用管理

乙烯管使用管理需要记录的主要数据是名称、使用数量、回收数量等。具体见表 8-20。

表 8-20　　　　　　　乙烯管使用管理基础数据表

乙烯管使用管理												
序号	领用单位	时间	品名	规格	单位	数量		使用地点	累计数量/m		回收数量	累计回收	井下在用	备注
						新品	旧品		新品	旧品				

（14）风筒库存管理

风筒库存管理需要记录的主要数据是物资名称、消耗数量、库存量等。具体见表 8-21。

表 8-21　　　　　　　风筒库存管理基础数据表

风筒库存管理														
序号	物资编码	物资品名	规格型号	计量单位	单价	原库存	入库	消耗	现库存	井上仓库					备注
										小计	新品	旧品	待修	报废	

（15）风筒消耗管理

风筒消耗管理需要记录的主要数据是名称、消耗量、领用人等。具体见表 8-22。

表 8-22　　　　　　　风筒消耗管理基础数据表

风筒消耗管理										
序号	日期	物资名称	规格	计量单位	合计	新品	复用	使用地点	领用人	备注

（16）矿车罩修复管理

矿车罩修复管理需要记录的主要数据是名称、破损情况、修复单位等。具体见表 8-23。

表 8-23　　　　　　矿车罩修复管理基础数据表

矿车罩修复管理										
序号	日期	单位	编号	修复单位	送修数量	破损情况	修复数量	修复时间	报废情况	备注

（17）金属支架加工验收管理

金属支架加工验收管理需要记录的主要数据是加工单位、加工量、验收情况等。具体见表8-24。

表 8-24　　　　　　　　　　金属支架加工验收管理基础数据表

金属支架加工验收管理									
序号	日期	加工单位	名称	编号	规格	计量单位	加工量	验收情况	备注

（18）钢丝绳管理

钢丝绳管理需要记录的主要数据是领用情况以及移交情况等。具体见表8-25。

表 8-25　　　　　　　　　　钢丝绳管理基础数据表

钢丝绳管理																
序号	时间	规格	初次领用							移交情况							回收地点
			领用单位	生产厂家	使用地点	长度/m	责任人	编号	备注	时间	使用单位	地点	钢丝绳长度	责任人	绞车型号	规格	备注	

（19）钢丝绳刹车明细管理

钢丝绳刹车明细管理需要记录的主要数据是车号以及规格、数量等。具体见表8-26。

表 8-26　　　　　　　　　　钢丝绳刹车明细管理基础数据表

钢丝绳刹车明细管理								
序号	日期	单位	物资名称	规格	数量	套数	车号	备注

（20）电缆使用管理

电缆使用管理需要记录的主要数据是电缆规格、长度、领用人、回收人等。具体见表8-27。

表 8-27　　　　　　　　　　电缆使用管理基础数据表

电缆使用管理																	
序号	日期	说明	电压	规格	编号	长度/m	领用（接收）单位	领用（接收）地点	生产/修理厂家	领用/接收人	回收（移交）单位	回收（移交）地点	移交人	存放地点	测试电压	责任人	旧品结存	备注

（21）电缆库存管理

电缆库存管理需要记录的主要数据是电缆规格、入库量、出库量、待修量等。具体见表 8-28。

表 8-28　　　　　　　　　　　　电缆库存管理基础数据表

| | | | | 入库 | | | | | | 出库 | | | | | 结存 | 待修 | | | | |
序号	日期	编号	规格/mm²	电压	新品	回收	回收单位	修复	生产/修复厂家	责任人	新品	复用	使用单位	使用地点	领用人	回收数量	修理数量	测试电压	责任人	结存

（22）支护到货验收管理

支护到货验收管理需要记录的主要数据是名称、规格、验收人、存放地点等。具体见表 8-29。

表 8-29　　　　　　　　　　　支护到货验收管理基础数据表

序号	日期	月份	供货单位	规格	品名	车号	单位	数量	验收人	存放地点	备注

（23）抽放管路管理

抽放管路管理需要记录的主要数据是规格型号、生产厂家、使用单位等。具体见表 8-30。

表 8-30　　　　　　　　　　　　抽放管路管理基础数据表

序号	日期	月份	物资名称	规格型号	单位	数量	件数	单价	金额	生产厂家	使用地点	使用单位	备注

（24）牌板制作明细管理

牌板制作明细管理需要记录的主要数据是规格、制作情况、数量等。具体见表 8-31。

表 8-31　　　　　　　　　　　牌板制作明细管理基础数据表

序号	制作时间	单位	类别	规格/m	内容	制作工艺	单价/元	数量	合计	备注

（25）班组核算明细管理

班组核算明细管理需要记录的主要数据是班组、材料（包括名称、规格），以及本月消耗等。具体见表 8-32。

表 8-32　　　　　　　　　　运销站班组核算明细管理基础数据表

运销站班组核算明细管理													
序号	日期	材料					规格	使用班组	上月结余金额	本月入库金额	本月消耗金额	现库存金额	资金渠道	备注
		名称	规格	单位	单价/元	批料人								

（26）材料使用管理

材料使用管理需要记录的主要数据是领料人、使用数量、使用去向等。具体见表 8-33。

表 8-33　　　　　　　　　　材料使用管理基础数据表

材料使用管理										
序号	日期	名称	领料人	单位	规格	单价	数量	金额	使用去向	备注

（27）材料计划及使用明细管理

材料计划及使用明细管理需要记录的主要数据是材料计划金额、当月材料消耗以及节余等。具体见表 8-34。

表 8-34　　　　　　　　运销站材料计划及使用明细管理基础数据表

运销站材料计划及使用明细管理							
序号	日期	材料计划金额/元	当月材料消耗/元			节余/元	矿控/元	备注
			一般	油脂	合计			

（28）电缆管理

电缆管理需要记录的主要数据是电缆规格、长度、安装时间、安装地点等。具体见表 8-35。

表 8-35　　　　　　　　　　电缆管理基础数据表

电缆管理							
序号	名称	规格	长度/m	安装时间	连接使用地点	更换时间	备注

（29）空气炮明细管理

空气炮明细管理需要记录的主要数据是空气炮规格、用途、安装时间、责任人等。具体见表 8-36。

表 8-36　　　　　　　　　　　空气炮明细管理基础数据表

空气炮明细管理											
序号	名称	型号	用途	厂家	使用地点	数量	编码	包机责任人	检修周期	安装时间	备注

（30）借支使用管理

借支使用管理需要记录的主要数据是领料人、数量、使用去向等。具体见表 8-37。

表 8-37　　　　　　　　　　　借支使用管理基础数据表

借支使用管理										
序号	日期	名称	领料人	单位	规格	单价	数量	金额	使用去向	备注

（31）柴油发放明细管理

柴油发放明细管理需要记录的主要数据是各单位发放量、日合计量、库存量等。具体见表 8-38。

表 8-38　　　　　　　　　　　柴油发放明细管理基础数据表

柴油发放明细管理																		
序号	日期	铲车	推土机	本站合计	金额/元	机电四队	掘五三分队	物管中心	掘进一队	掘一五分队	供应站	运输队	坑木厂	综采队	综机工厂	各队合计	金额/元	日合计	库存/L	领取油量

8.2.3　设备管理任务基础数据表

设备管理任务通过设备信息管理，设备发放管理、设备使用管理、设备检修管理、设备回收管理以及人员信息记录形成设备管理体系。设备信息管理包括设备名称、型号、编号、身份号码、设备功能等信息，通过对设备此类信息的记录区分设备功能并便于归类存储。设备发放、使用、检修、回收管理则通过对设备运用流程的记录，后期如设备出现故障可通过记录信息分析哪个环节出现问题便于改正且落实责任。人员信息的记录则防止设备在使用过程中因人员操作不当而造成损坏。

（1）采制化仪器设备管理

采制化仪器设备管理需要记录的主要数据是设备名称、规格型号、使用情况等。具体见表 8-39。

表 8-39　　　　　　　　　　　采制化仪器设备管理基础数据表

采制化仪器设备管理										
序号	设备名称	产地	使用地点	设备身份码	设备规格	设备数	购置日期	财产号	设备编号	使用情况	备注

（2）采制化检修管理

采制化检修管理需要记录的主要数据是设备名称、检修内容、检修人等。具体见表8-40。

表 8-40　　　　　　　　　采制化检修管理基础数据表

采制化检修管理												
序号	检修时间	提取日期	使用地点	设备编码	设备名称	检修周期	检修内容	存在问题	处理情况	检查人	考核人	备注

（3）组车数管理

组车数管理需要记录的主要数据是车数日合计、人员等。具体见表8-41。

表 8-41　　　　　　　　　组车数管理基础数据表

组车数管理								
序号	日期	单位	班次			车数日合计	人员	备注
			零点班	八点班	四点班			

（4）设备检修管理

设备检修管理需要记录的主要数据是设备明细、检修内容、检修人等。具体见表8-42。

表 8-42　　　　　　　　　设备检修管理基础数据表

设备检修管理									
序号	检修周期	检修日期	设备明细				地点	检修内容	检修人	备注
			物资编号	名称	规格	数量				

（5）三防设备管理

三防设备管理需要记录的主要数据是设备名称、型号、使用时间与地点等。具体见表8-43。

表 8-43　　　　　　　　　三防设备管理基础数据表

三防设备管理							
序号	名称	型号	数量	投入使用时间	投入使用地点	生产厂家	备注

（6）车辆工作管理

车辆工作管理需要记录的主要数据是车辆名称、落地、返装时间、平场地时间、清煤池时间以及耗油量等。具体见表8-44。

表 8-44　　　　　　　　　　　车辆工作管理基础数据表

车辆工作管理								
序号	日期	车辆	落地、返装时间	平场地时间	清煤池时间	其他时间	耗油量/L	备注

（7）车辆、设备检修管理

车辆、设备检修管理需要记录的主要数据是设备名称、检修内容、检修人员等。具体见表8-45。

表 8-45　　　　　　　　　　车辆、设备检修管理基础数据表

车辆、设备检修管理										
序号	检修时间	提取月份	设备名称	检修项目	检修周期	检查维护情况	处理情况	整改时间及结果	检修人员	备注

（8）轨道衡管理

轨道衡管理需要记录的主要数据是名称、型号、分度值、最大称质量、最小称质量、准确等级等。具体见表8-46。

表 8-46　　　　　　　　　　　轨道衡管理基础数据表

轨道衡管理										
序号	名称	规格	型号	最大称重量/t	最小称重量/kg	准确等级	分度值/kg	编号	厂家	备注

（9）成本设备管理

成本设备管理需要记录的主要数据是名称、新品投入、旧品复用以及责任人等。具体见表8-47。

表 8-47　　　　　　　　　　　成本设备管理基础数据表

成本设备管理														
序号	日期	使用单位	物资名称	规格型号	新品投入	旧品复用	交旧	数量	生产厂家	煤安证号	使用地点	煤安证号	责任人	备注

（10）车辆明细管理

车辆明细管理需要记录的主要数据是设备名称、型号、用途、生产厂家、车辆情况以及责任人等。具体见表 8-48。

表 8-48　　　　　　　　车辆明细管理基础数据表

车辆明细管理									
序号	名称	型号	用途	使用地点	数量	厂家	购买周期	责任人	车辆状况	检修周期

（11）调度绞车明细管理

调度绞车明细管理需要记录的主要数据是设备名称、型号、用途、生产厂家、车辆情况以及责任人等。具体见表 8-49。

表 8-49　　　　　　　调度绞车明细管理基础数据表

调度绞车明细管理											
序号	名称	型号	用途	牵引力	使用地点	数量	运输长度	电源线	包机责任人	安装时间	备注

（12）胶带给料机明细管理

胶带给料机明细管理需要记录的主要数据是设备名称、型号、用途、生产厂家、车辆情况以及责任人等。具体见表 8-50。

表 8-50　　　　　　　胶带给料机明细管理基础数据表

胶带给料机明细管理										
序号	名称	型号	用途	给料量	使用地点及数量	厂家	编码	包机责任人	检修周期	安装时间	备注

（13）设备综合管理

设备综合管理需要记录的主要数据是设备名称、规格、入库管理、出库管理、设备管理人员等。具体见表 8-51。

表 8-51　　　　　　　　　　设备综合管理基础数据表

设备综合管理	序号		
	日期		
	详细		
	部门（单位）		
	类别		
	设备名称		
	设备规格		
	出厂编号		
	身份编码		
	煤安标志号		
	防爆合格证号		
	电压		
	生产厂家		
	设备入库管理	设备状况	
		存放地点	
		验收人	
		新品、旧品	
		单位	
	设备出库发放	使用地点	
		领用人	
		新品、旧品	
		单位	
	结存	完好	
		待修	
		单位	
	设备管理员		
	设备存放地		
	备注		

（14）设备验收管理

设备验收管理需要记录的主要数据是设备名称、设备型号、设备状况、验收单位等。具体见表 8-52。

表 8-52　　　　　　　　　　　　　设备验收管理基础数据表

设备验收管理	序号	
	设备进矿日期	
	设备名称	
	设备型号	
	生产厂家	
	资金来源	
	技术协议	
	说明书	
	出厂编号	
	生产日期	
	生产许可证	
	防爆合格证	
	煤安标志证	
	设备状况	
	接收人	
	接收单位	
	有效期	
	验收日期	
	验收单位	企管科	
		计划科	
		财务科	
		审计科	
		物管中心	
		机电科	
	备注	

（15）托辊新品加工审批领用管理

托辊新品加工审批领用管理需要记录的主要数据是名称、加工量、领用单位等。具体见表 8-53。

表 8-53　　　　　　　　　托辊新品加工审批领用管理基础数据表

托辊新品加工审批领用管理										
序号	日期	加工单位	名称	编号	规格	计量单位	加工量	领用单位	使用地点	备注

（16）托辊修理复用管理

托辊修理复用管理需要记录的主要数据是名称、规格、维修单位、领用单位等。具体见表 8-54。

表 8-54　　　　　　　　　　托辊修理复用管理基础数据表

托辊修理复用管理										
序号	日期	物资名称	维修单位	计量单位	规格	修理数量	品种	领用单位	使用地点	备注

（17）托辊回收验收管理

托辊回收验收管理需要记录的主要数据是名称、数量、回收单位等。具体见表 8-55。

表 8-55　　　　　　　　　　托辊回收验收管理基础数据表

托辊回收验收管理								
序号	日期	物资名称	单位	规格	数量	回收单位	回收地点	备注

8.2.4　人员管理任务基础数据表

经营战线人员管理任务主要通过对工伤人员、退休人员以及职工安全健康档案管理形成人员管理体系。通过对上述人员信息管理，确保工伤、退休员工能得到相应的报酬与关怀，做到"以人为本"。同时定时为职工安排体检，记录职工安全健康档案，对职工身体进行详细了解，有利于企业内部人事安排与岗位调动。

（1）工作人员管理

工作人员管理需要记录的主要数据是姓名、工种、工作内容等。具体见表 8-56。

表 8-56　　　　　　　　　　工作人员管理基础数据表

工作人员管理														
序号	姓名	性别	用工制度	身份证号码	联系电话	参加工作时间	入党时间	职务	工作内容	原工种	籍贯	家庭住址	家庭成员	备注

（2）两不找人员管理

两不找人员管理需要记录的主要数据是姓名、工种、工作内容等。具体见表 8-57。

表 8-57　　　　　　　　　　两不找人员管理基础数据表

两不找人员管理													
序号	姓名	性别	用工制度	身份证号码	联系电话	工作时间	调入时间	调入单位	原工种	籍贯	家庭住址	家庭成员	备注

204

（3）工伤人员管理

工伤人员管理需要记录的主要数据是姓名、工种、工伤等级等。具体见表8-58。

表 8-58 工伤人员管理基础数据表

工伤人员管理																
序号	姓名	性别	用工制度	是否住院	身份证号码	电话号码	工作时间	发病时间	发病部位	工伤等级	原工种	籍贯	家庭住址	家庭成员	台账负责人	备注

（4）人员工作安排管理

人员工作安排管理需要记录的主要数据是姓名、工作内容、负责人员等。具体见表8-59。

表 8-59 人员工作安排管理基础数据表

人员工作安排管理				
序号	姓名	工作内容	负责人员	备注

（5）护理人员档案检查管理

护理人员档案检查管理需要记录的主要数据是责任人、检查内容、检查问题、整改意见、复查人等。具体见表8-60。

表 8-60 护理人员档案检查管理基础数据表

护理人员档案检查管理										
序号	时间	台账责任人	检查内容	问题	整改意见	整改时间	整改人	复查人	整改情况	备注

（6）精细化排查明细管理

精细化排查明细管理需要记录的主要数据是排查出问题、整改措施、整改结果等。具体见表8-61。

表 8-61 精细化排查明细管理基础数据表

精细化排查明细管理					
序号	排查出问题	整改措施	更改时间	结果	备注

（7）残疾人档案管理

残疾人档案管理需要记录的主要数据是姓名、监护人、级别、残疾证号、有效期等。具体见表8-62。

表 8-62　　　　　　　　　　　残疾人档案管理基础数据表

残疾人档案管理												
序号	姓名	性别	民族	类别	级别	监护人	联系电话	住址	残疾证号	换证时间	有效期	备注

（8）工伤人员认定管理

工伤人员认定管理需要记录的主要数据是姓名、工伤部位、认定部门、工伤等级、社会保障号等。具体见表 8-63。

表 8-63　　　　　　　　　　　工伤人员认定管理基础数据表

工伤人员认定管理														
序号	单位	姓名	性别	身份证号码	工伤时间	工伤部位	认定部门	认定时间	工伤编号	工伤级别	社会保障号	工种	鉴定时间	备注

（9）工伤登记管理

工伤登记管理需要记录的主要数据是姓名、工种、收治医疗机构、工伤鉴定等级、一次性伤残补助金等。具体见表 8-64。

表 8-64　　　　　　　　　　　工伤登记管理基础数据表

工伤登记管理										一次性伤残补助金		
序号	单位	姓名	性别	职务或工种	受伤时间	病情摘要及初步诊断	收治医疗机构名称	工伤认定书编号	工伤鉴定等级	缴费基数	月数	补助金额/元	备注

（10）职工健康体检管理

职工健康体检管理需要记录的主要数据是姓名、各器官健康状况等。具体见表 8-65。

表 8-65　　　　　　　　　　　职工健康体检管理基础数据表

职工健康体检管理																	
序号	档案号	姓名	年龄	工龄	单位	血压	脉率	内科	心电图	肺功能	血象检查	尿检	结论	建议	体检时间	体检结果	备注

（11）年终扣款管理

年终扣款管理需要记录的主要数据是应缴、实缴、未缴、补缴情况等。具体见表 8-66。

表 8-66　年终扣款管理基础数据表

		年终扣款管理								
序号	单位	应缴		实缴		未缴		补缴		差额
		人数	金额	人数	金额	人数	金额	人数	金额	

（12）工作自查记录管理

工作自查记录管理需要记录的主要数据是参检人员、检查内容、处理意见等。具体见表8-67。

表 8-67　工作自查记录管理基础数据表

	工作自查记录管理					
序号	检查日期	参检领导	检查内容	处理意见	完善时间	备注

（13）社保中心人员信息管理

社保中心人员信息管理需要记录的主要数据是姓名、职务、政治面貌等。具体见表8-68。

表 8-68　社保中心人员信息管理基础数据表

	社保中心人员信息管理							
序号	姓名	性别	出生年月	身份证	学历	职务	政治面貌	户籍所在地

（14）职工企业年金矿内外调动管理

职工企业年金矿内外调动管理需要记录的主要数据是姓名、原单位、新单位、时间等。具体见表8-69。

表 8-69　职工企业年金矿内外调动管理基础数据表

	职工企业年金矿内外调动管理						
序号	原单位	新单位	姓名	身份证号	参保时间	调入（出）时间	备注

（15）职工工伤医疗辅助器具登记管理

职工工伤医疗辅助器具登记管理需要记录的主要数据是名称、安装日期、使用年限等。具体见表8-70。

表 8-70　　　　　　　　　职工工伤医疗辅助器具登记管理基础数据表

职工工伤医疗辅助器具登记管理						
序　号	姓　名	安装日期	辅助器具名称	金　额	审批使用年限	备　注

（16）长期从事煤炭事业满 30 年以上职工荣誉金管理

长期从事煤炭事业满 30 年以上职工荣誉金管理需要记录的主要数据是姓名、从事煤炭工作起止年月、发放金额等。具体见表 8-71。

表 8-71　　　　　长期从事煤炭事业满 30 年以上职工荣誉金管理基础数据表

长期从事煤炭事业满 30 年以上职工荣誉金管理						
序　号	单　位	姓　名	性　别	出生年月	从事煤炭工作起止年月	发放金额	备　注

（17）死亡待遇省返金额与矿结算金额比对管理

死亡待遇省返金额与矿结算金额比对管理需要记录的主要数据是姓名省结算金额、矿结金额、省与矿结算差额等。具体见表 8-72。

表 8-72　　　　　死亡待遇省返金额与矿结算金额比对管理基础数据表

死亡待遇省返金额与矿结算金额比对管理												
序号	姓名	离退休类别	死亡时间	返回时间	省返丧葬费	一次性抚恤金	扣减金额	省结算金额	协议金额	扣减金额	矿结算金额	省与矿结算差额	备注

（18）退休人员管理

退休人员管理需要记录的主要数据是姓名、退休日期、退休项目等。具体见表 8-73。

表 8-73　　　　　　　　　退休人员管理基础数据表

退休人员管理								
序　号	档案姓名	性　别	个人编号	出生日期	参加工作日期	离退休日期	退休项目	备　注

8.2.5　考核管理任务基础数据表

考核管理任务通过对考核人员、考核内容、考核结果数据的记录形成考核任务管理各项活动的基础数据表格。考核人员数据记录为落实责任。考核内容数据记录为考核结果得分的依据。考核结果则作为奖惩的依据。

（1）沉淀池精细考核管理

沉淀池精细考核管理需要记录的主要数据是清挖情况、铲运情况、返装情况、溢煤情况以及相关人员信息等。具体见表 8-74。

表 8-74　　　　　　　　　　　　**沉淀池精细考核管理基础数据表**

沉淀池精细考核管理											
序号	日期	清挖情况		铲运情况		返装情况				溢煤情况		奖罚 /元	备注
		清挖次数	清挖人	铲运次数	铲运人	司磅员	采样工	装车数量	吨数	溢煤次数	冲煤次数		

（2）煤层煤样档案检查管理

煤层煤样档案检查管理需要记录的主要数据是检查内容、检查人、检查问题、整改情况、复查人等。具体见表 8-75。

表 8-75　　　　　　　　　**煤层煤样档案检查管理基础数据表**

煤层煤样档案检查管理							
序号	检查时间	检查人	检查内容	问 题	整改情况	整改人	复查人

（3）干部查阅管理

干部查阅管理需要记录的主要数据是姓名、查看内容、整改意见、复查人等。具体见表 8-76。

表 8-76　　　　　　　　　　**干部查阅管理基础数据表**

干部查阅管理									
序号	姓名	时间	查看内容	提出问题	整改意见	整改时限	整改人	复查人	备注

（4）日常考核管理

日常考核管理需要记录的主要数据是姓名、考核内容、扣奖金原因等。具体见表 8-77。

表 8-77　　　　　　　　**精细化管理日常工作考核管理基础数据表**

精细化管理日常工作考核管理								
序号	日期	班组	姓名	工作内容	精细化考核	扣奖金原因	效益加发考核	备注

（5）计划完成考核管理

计划完成考核管理需要记录的主要数据是工作内容以及完成情况等。具体见表 8-78。

表 8-78   计划完成考核管理基础数据表

序号	班组	单位	工作内容					完成情况		备注
			工程号	采长	采高	进尺	容重	计划	实际完成	

（6）工程质量考核管理

工程质量考核管理需要记录的主要数据是项目名称以及完成情况等。具体见表 8-79。

表 8-79   工程质量考核管理基础数据表

序号	施工单位	施工项目				完成情况	备注
		项目名称	施工地点	规格标准	工程量		

（7）档案更新管理

档案更新管理需要记录的主要数据是台账名称、更新时间、负责人等。具体见表 8-80。

表 8-80   档案更新管理基础数据表

			档案更新管理			
序号	分档归类	台账名称	更新周期	更新时间	更新负责人	备注

（8）运销站考核管理

运销站考核管理需要记录的主要数据是被考核人、奖惩原因、加分或扣分等。具体见表 8-81。

表 8-81   运销站考核管理基础数据表

			运销站考核管理				
序号	时间	值班领导	被考核人	奖罚原因	加分	扣分	备注

8.2.6 经营战线精细化管理数据仓库建设

经营战线数据集市包括生产任务管理数据集市、人员定岗数据集市、设备管理数据集市、物资管理数据集市、安全生产管理数据集市。为了详细描述每个主题中各项数据的具体来源和计算过程，下面使用软件工程中常用来描述数据处理过程的数据流程图来具体描述每个主题。

（1）经营战线生产任务数据集市

经营战线生产任务管理核心数据是煤质站和运销站经营数据管理。从相关台账中提取班次、人员、工作面、生产信息，即可得到经营战线生产任务数据集市。具体见图 8-8。

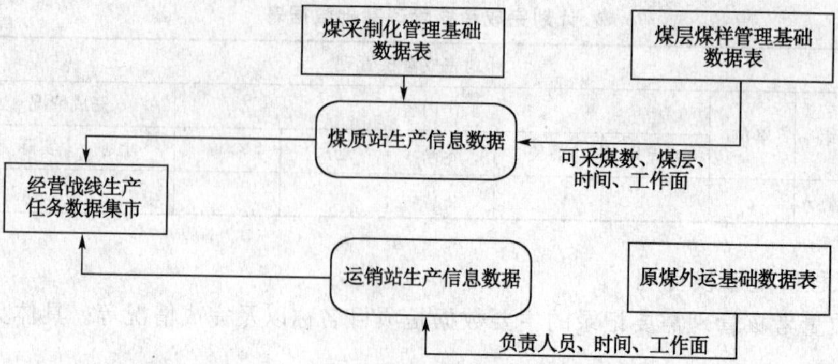

图 8-8　经营战线生产任务数据流程图

（2）经营战线人员定岗数据集市

人员定岗是指某一项工作内容可以分解成哪些基础岗位，每个岗位具体由哪一个（或几个）人负责。该主题中的出勤情况来自当班出勤台账，同时可以和人员定位系统中下井人员记录进行对照。将来对人员定岗主题数据进行分析可以了解当前人员定额是否合适，同时可以将工作责任落实到人，体现精细化管理的管控力度。具体见图 8-9。

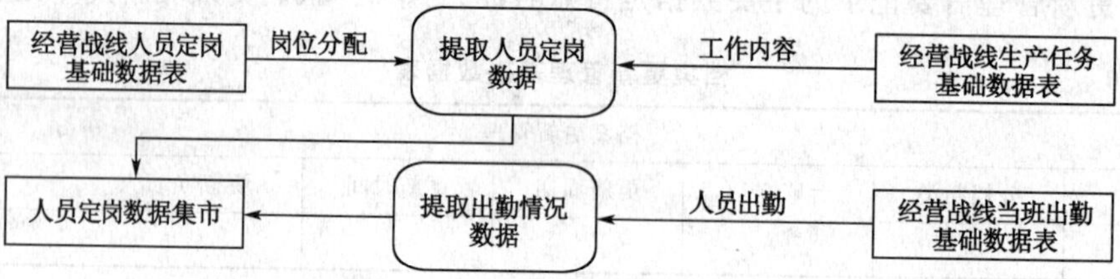

图 8-9　经营战线人员定岗数据流程图

（3）经营战线设备管理数据集市

经营战线日常工作中使用的各类设备较多，因此设备管理水平的高低直接影响产量、安全和成本等基本经营目标的实现。其数据抽取过程见图 8-10。

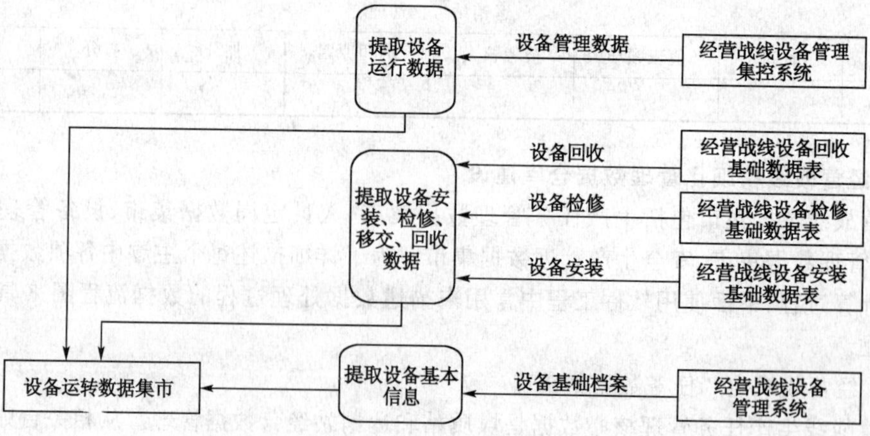

图 8-10　经营战线设备管理数据流程图

（4）经营战线物资消耗数据集市

十二矿物资管理主要由物管中心负责，目前正在运行的物资管理信息系统由蓝光公司开发，为 B/S 结构，后台数据库为 Oracle 9i。该系统目前实现了到矿物资验收、区队物资计划申报、审批等功能。物资实际消耗、修旧利废、回收等情况记录在各区队、班组的精细化管理台账上，为 Excel 格式。具体见图 8-11。

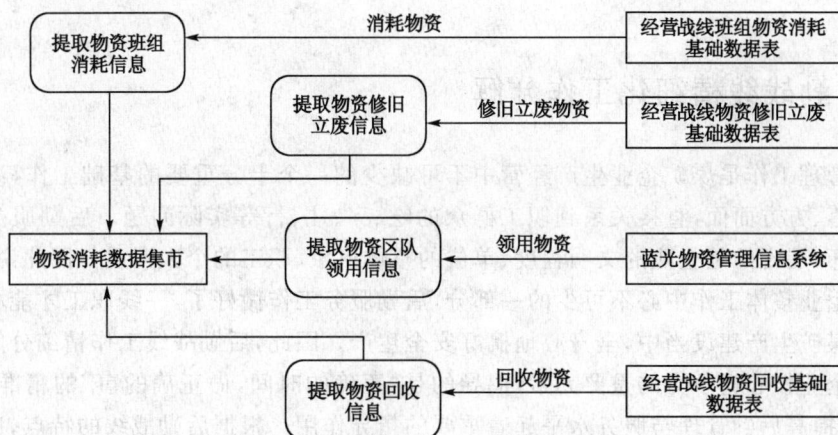

图 8-11　经营战线物资消耗数据流程图

（5）经营战线安全生产数据集市

该数据集市安全生产数据来自日常检查活动形成的 Excel 台账，将台账统一成标准格式后，Microsoft 公司的 SSIS 组件可以比较容易的提取其数据。具体见图 8-12。

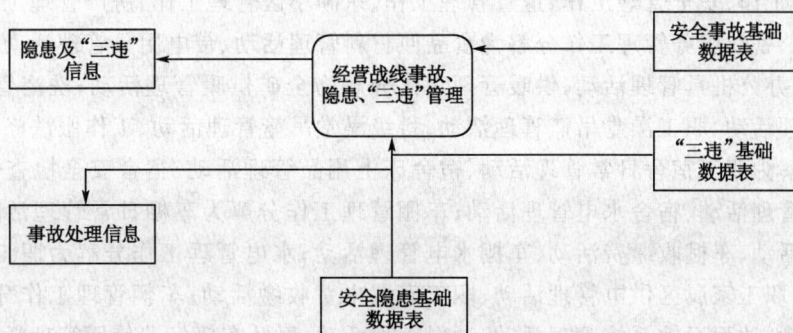

图 8-12　经营战线安全生产数据流程图

9 后勤战线精细化管理实践

9.1 后勤战线精细化工作分解

后勤管理工作是煤矿企业生产经营中不可缺少的一个十分重要的基础工作,涉及企业的各个角落、方方面面,直接关系到职工群众的吃、穿、住、行等实际问题。后勤服务工作质量的好与坏,展现的是企业的文明程度、单位的整体形象、职工的个人素质。因此说,后勤服务工作是企业整体工作中必不可少的一部分,后勤服务工作做好了,一线职工才能心情愉快地投身于煤矿生产建设当中,全身心地搞好安全生产。因此,后勤战线工作精细分解是一种有效提高企业核心竞争力的重要元素,倡导的是"正确的时间,做正确的事"的精准、精细管理,对全面提高后勤管理与服务水平起着重要的指导作用。根据后勤战线的特点,后勤战线工作项目分解为后勤保障任务、安全管理任务、设备管理任务、材料管理任务、人员管理任务、考核管理任务等六大任务。具体工作分解结构如图 9-1 所示。

9.1.1 后勤保障任务工作分解结构图

根据十二矿精细化管理工作分解结构建设的目标和原则,后勤战线后勤保障任务分解为餐饮服务工作、供暖管理工作、洗浴管理工作、宿舍管理工作、车棚管理工作、水电管理工作、车辆管理工作、安全管理工作、退管管理工作、东湖小区管理工作、房产管理工作、办公用品管理工作。餐饮服务管理工作分解为食品原材料管理活动、带电厨具管理活动、非带电厨具管理活动、办公机具管理活动;供暖管理工作分解为全矿供暖管理活动;洗浴管理分解为男女澡堂管理活动、职工澡堂吊篮管理活动、科级澡堂吊篮管理活动、工作服洗涤活动;宿舍管理工作分解为职工宿舍日常管理活动、宿舍床上用品管理活动、宿舍安全检查管理活动、宿舍收缴费管理活动、宿舍水电管理活动;车棚管理工作分解为车棚日常管理活动、车棚安全检查管理活动、车棚收缴费活动、车棚水电管理活动;水电管理工作分解为职工家属区供水管理活动、职工家属区供电管理活动、职工家属电费收缴活动;车辆管理工作分解为现有车辆管理活动、地面运输系统管理活动、油料管理活动、区队车辆经费使用管理活动、汽车驾驶员管理活动;安全管理工作分解为餐饮安全管理活动、洗浴安全管理活动、宿舍安全管理活动、车棚安全管理活动、车辆安全管理活动、消防安全管理活动、社区安全管理活动;退管管理工作分解为离退休人员管理活动、死亡后事处理活动、离退人员工伤管理活动、工伤及抚恤费管理活动、护理费管理活动;东湖小区管理工作分解为东湖小区卫生管理活动、东湖小区绿化管理活动、东湖小区消毒管理活动、小区公共设施管理活动、照明设施管理活动、便民利民服务活动;房产管理工作分解为房屋资产管理活动、房屋产权管理活动、房屋公积金管理活动、房屋基建管理活动、房屋塌陷及补偿管理活动、房屋漏雨维修管理活动、房屋工程建设管理活动;办公用品管理活动分解为办公用品综合管理活动、办公用品领用管理活动、

后勤战线 WBS 分解

后勤保障任务	材料管理	设备管理	安全管理	人员管理	考核管理
餐饮服务	领料	设施档案信息管理	"三违"事故管理	人员信息管理	矿（队）领导检查管理
供暖管理	发料	设备设施巡检	消防安全管理	人员调岗及转岗管理	精细化考核管理
洗浴管理	材料消耗	设备设施检修管理	人身事故记录管理	人员定岗管理	自查互查管理
宿舍管理			安全自主管理	人员技能及证书管理	
车棚管理			安全技术措施管理		
水电管理					
车辆管理					
安全管理					
退管管理					
东湖小区管理					
房产管理					
办公用品管理					

图 9-1　后勤战线 WBS 分解图

办公用品发放管理活动。后勤战线后勤保障任务工作分解结构如图 9-2 所示。

9.1.2　材料管理任务工作分解结构图

　　材料管理任务主要分解为领料、发料、材料回收等具体工作。根据精细化管理的要求，须把工作进一步划分为具体的活动。根据煤矿材料管理领用及发放相关程序，领料工作分解为后勤战线材料领取总账记录活动、各服务队及各管理中心领取材料记录活动；发料工作分解为发料记录活动、库存活动；材料回收工作分解为材料回收记录活动、废旧物品回收记录活动。具体见图 9-3。

9.1.3　安全管理任务工作分解结构图

　　如图 9-4 所示，安全管理任务分解为安全自主管理工作、"三违"事故管理工作、人身事故管理工作、安全技术措施管理、生产事故管理工作、消防安全管理工作。安全自主管理工作分解为安全自主管理记录活动、安全培训记录活动、安全事故报告档案记录活动、安全信息整改记录活动、安全隐患排查记录活动；"三违"事故管理工作分解为"三违"事故记录活动；人身事故管理工作分解为人身事故记录活动；生产事故管理工作分解为生产事故记录活动；安全技术措施管理工作分解为消防安全检查活动、安全技术措施台账记录活动；消防安

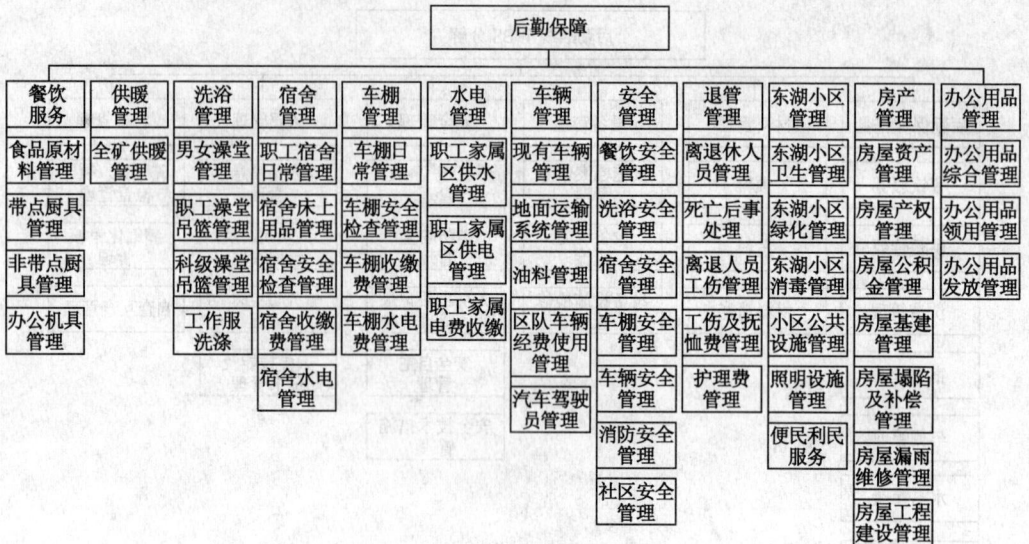

图 9-2　后勤战线后勤保障任务分解图

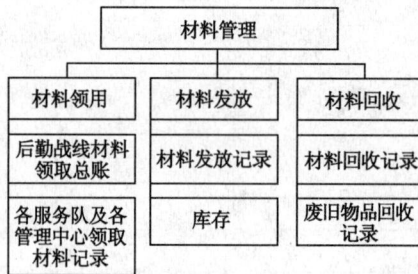

后勤保障

- **餐饮服务**
  - 食品原材料管理
  - 带点厨具管理
  - 非带点厨具管理
  - 办公机具管理
- **供暖管理**
  - 全矿供暖管理
- **洗浴管理**
  - 男女澡堂管理
  - 职工澡堂吊篮管理
  - 科级澡堂吊篮管理
  - 工作服洗涤
- **宿舍管理**
  - 职工宿舍日常管理
  - 宿舍床上用品管理
  - 宿舍安全检查管理
  - 宿舍收缴费管理
  - 宿舍水电管理
- **车棚管理**
  - 车棚日常管理
  - 车棚安全检查管理
  - 车棚收费管理
  - 车棚水电费管理
- **水电管理**
  - 职工家属区供水管理
  - 职工家属区供电管理
  - 职工家属电费收缴
- **车辆管理**
  - 现有车辆管理
  - 地面运输系统管理
  - 油料管理
  - 区队车辆经费使用管理
  - 汽车驾驶员管理
- **安全管理**
  - 餐饮安全管理
  - 洗浴安全管理
  - 宿舍安全管理
  - 车棚安全管理
  - 车辆安全管理
  - 消防安全管理
  - 社区安全管理
- **退管管理**
  - 离退休人员管理
  - 死亡后事处理
  - 离退人员工伤管理
  - 工伤及抚恤费管理
  - 护理费管理
- **东湖小区管理**
  - 东湖小区卫生管理
  - 东湖小区绿化管理
  - 东湖小区消毒管理
  - 小区公共设施管理
  - 照明设施管理
  - 便民利民服务
- **房产管理**
  - 房屋资产管理
  - 房屋产权管理
  - 房屋公积金管理
  - 房屋基建
  - 房屋塌陷及补偿管理
  - 房屋漏雨维修管理
  - 房屋工程建设管理
- **办公用品管理**
  - 办公用品综合管理
  - 办公用品领用管理
  - 办公用品发放管理

图 9-3　后勤战线材料管理任务分解图

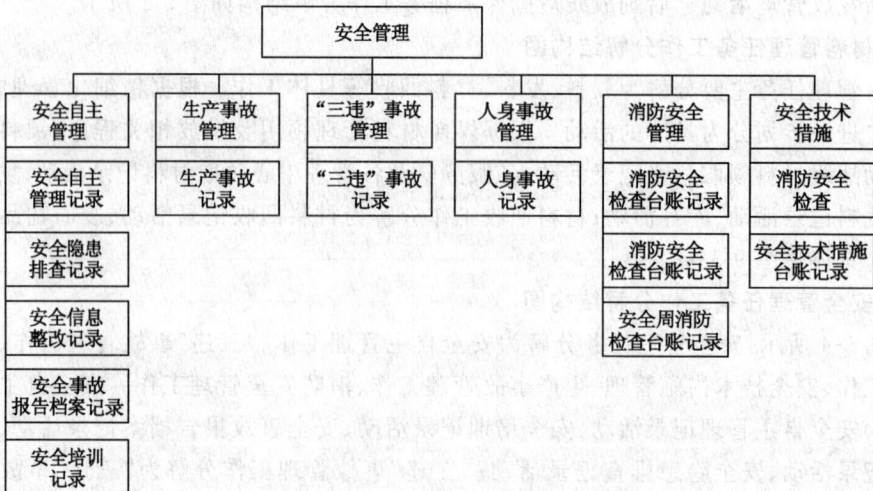

材料管理

- **材料领用**
  - 后勤战线材料领取总账
  - 各服务队及各管理中心领取材料记录
- **材料发放**
  - 材料发放记录
  - 库存
- **材料回收**
  - 材料回收记录
  - 废旧物品回收记录

图 9-4　后勤战线安全管理任务分解图

安全管理

- **安全自主管理**
  - 安全自主管理记录
  - 安全隐患排查记录
  - 安全信息整改记录
  - 安全事故报告档案记录
  - 安全培训记录
- **生产事故管理**
  - 生产事故记录
- **"三违"事故管理**
  - "三违"事故记录
- **人身事故管理**
  - 人身事故记录
- **消防安全管理**
  - 消防安全检查台账记录
  - 消防安全检查台账记录
  - 安全周消防检查台账记录
- **安全技术措施**
  - 消防安全检查
  - 安全技术措施台账记录

全管理工作分解为消防安全检查台账记录、安全防火检查台账记录、安全周消防检查台账记录。

9.1.4 设备管理任务工作分解结构图

设备管理任务分解为设备设施档案信息管理工作、设备设施检修工作、设备设施巡检工作。设备设施档案信息管理工作分解为男女澡堂机电设备档案管理活动、澡堂吊篮档案管理活动、供暖设备档案管理活动、供水设施设备档案管理活动、照明设施档案管理活动、环卫设施档案管理活动、中央空调设备档案管理活动、餐饮系统设备档案管理活动、汽车消防设备档案管理活动、东湖小区设备设施档案管理活动;设备设施巡检管理工作分解为男女澡堂机电设备巡检活动、澡堂吊篮巡检活动、供暖设备巡检活动、供水设施设备巡检活动、照明设施巡检活动、环卫设施巡检活动、中央空调设备巡检活动、餐饮系统设备巡检活动、汽车消防设备巡检活动、东湖小区设备设施巡检活动;设备设施检修管理工作分解为男女澡堂机电设备检修活动、澡堂吊篮检修活动、供暖设备检修活动、供水设施设备检修活动、照明设施检修活动、环卫设施检修活动、中央空调设备检修活动、餐饮系统设备检修活动、东湖小区设备设施检修活动。因此,我们在对工作分解的时候主要是针对上述这些设备进行存档、安装、检修等工作。具体任务、工作、活动划分见图9-5。

图 9-5 后勤战线设备管理任务分解图

9.1.5 人员管理任务工作分解结构图

如图 9-6 所示,人员管理任务分解为人员信息管理工作、员工调岗及转岗管理工作、人员定岗管理工作、人员技能及证书管理工作。人员信息管理工作分解为人员信息记录活动、职工通讯录记录活动;员工调岗及转岗管理工作分解为员工调岗记录活动、员工转岗记录活动、员工退休记录活动;人员定岗管理工作分解为人员定岗信息记录活动;人员技能及证书管理工作分解为人员技能及证书管理记录活动。

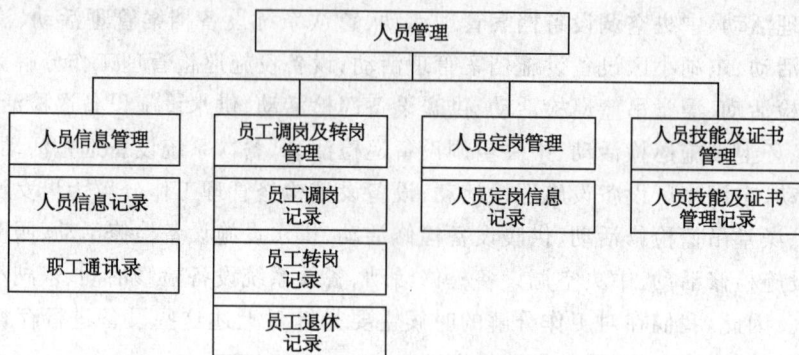

图 9-6 后勤战线人员管理任务分解图

9.1.6 考核管理任务工作分解结构图

如图 9-7 所示,考核管理任务分解为矿(队)领导检查管理工作、精细化考核工作、自查互查工作。矿(队)领导检查管理工作分解为矿(队)领导检查记录活动、干部巡查活动;精细化考核工作分解为精细化台账检查记录活动、自查互查管理工作分解为自查互查活动、OPM 考核活动、班组考核日清活动。

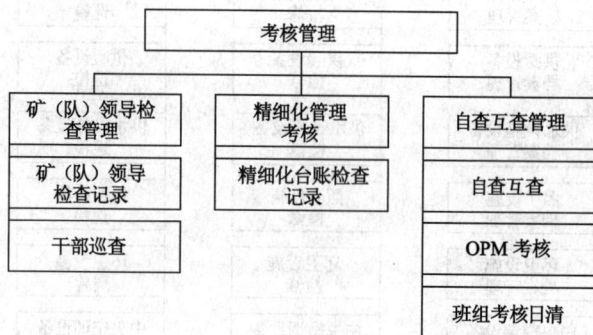

图 9-7 后勤战线考核管理任务分解图

9.2 后勤战线数据仓库的建立与开发

后勤战线数据仓库包含的主题较多,但是每个数据集市的数据也是通过对活动基础数据表里的数据分析以及归类得来的,因此基础数据表对于后勤战线数据仓库的建立具有至关重要的作用。

9.2.1　后勤保障任务基础数据表

后勤保障管理通过对员工生活细节进行管理,包括卫生管理、设施管理、房屋管理、食材管理、费用管理以及其他非生产性管理,为一线工作的员工提供有力的物质与精神保障,完善后勤保障工作。

卫生管理通过对卫生的巡查与清洁,为员工提供干净舒适的工作生活环境。

设施管理以及房屋管理则通过对硬件物品的管理,解决工作人员的后顾之忧,使员工可全心投入到工作中。

食材管理通过对食品的来源以及卫生情况严密监控,以确保员工的身体健康。

费用管理通过记录费用金额以及费用去向,控制各项费用额度。

其他非生产性管理包括用水管理、车辆管理、树木管理、澡堂管理等,均为一线员工提供便利,为快速生产、优质生产提供后勤保障。

（1）卫生巡查管理

卫生巡查管理需要记录的主要数据是巡查人、存在问题、整改措施及责任人等。具体见表 9-1。

表 9-1　　　　　　　　　　卫生巡查管理基础数据表

小区卫生巡查管理									
序号	巡查人	巡查时间	存在问题	原因	整改时间	整改措施	整改结果	责任人	备注

（2）助力车信息管理

助力车信息管理需要记录的主要数据是车牌号、存放地点、车主姓名、车牌照号等。具体见表 9-2。

表 9-2　　　　　　　　　　助力车信息管理基础数据表

车子棚摩托车、电动车信息管理												
序号	存放地点	车牌号	车主姓名	单位	车子品名	车牌照号	发动机号	车架号	购买日期	购买价格	住址	押金	备注

（3）自行车信息管理

自行车信息管理需要记录的主要数据是车牌号、存放地点、车主姓名、车子型号等。具体见表 9-3。

表 9-3　　　　　　　　　　自行车信息管理基础数据表

车子棚自行车信息管理									
序号	存放地点	车牌号	车主姓名	单位	车子型号	购买日期	价格	押金	住址	备注

（4）读书记录管理

读书记录管理需要记录的主要数据是班组、姓名、书名、读书笔记篇数等。具体见表9-4。

表 9-4　　　　　　　　　　　读书记录管理基础数据表

班组读书学习记录管理					
班组	姓名	时间	书名	读书笔记篇数	备注

（5）和谐班组工作管理

和谐班组工作管理需要记录的主要数据是班组、各项和谐班组建设内容的进展情况等。具体见表9-5。

表 9-5　　　　　　　　　　和谐班组工作管理基础数据表

班组创和谐班组工作记录管理							
班组	时间	好人好事	看望病号	处理矛盾纠纷	谈心家访	安全帮教	协管服务

（6）太阳能安装管理

太阳能安装管理需要记录的主要数据是姓名、安装位置等。具体见表9-6。

表 9-6　　　　　　　　　　　太阳能安装管理基础数据表

小区居民安装太阳能管理			
序号	姓名	安装位置	备注

（7）树木巡查管理

树木巡查管理需要记录的主要数据是巡查人、存在问题、整改措施、责任人等。具体见表9-7。

表 9-7　　　　　　　　　　　树木巡查管理基础数据表

东湖小区绿化班树木巡查管理									
序号	巡查人	巡查时间	数量	质量	存在问题	原因	整改时间	整改措施	责任人	备注

（8）房屋出售管理

房屋出售管理需要记录的主要数据是房屋产权证号、成本售价等。具体见表9-8。

表 9-8　　　　　　　　　　　　　　房屋出售管理基础数据表

房屋出售情况一览表											
序号	房屋坐落	楼层房号	姓名	房屋产权证号	建成年代	建筑面积	发证时间	成本售价	原交房款	补缴房款	维修基金	合计

（9）棚户区改造、沉陷区治理房管理

棚户区改造、沉陷区治理房管理需要记录的主要数据是小区名称、栋号、户数、层数、结构、建成年代、建筑面积等。具体见表 9-9。

表 9-9　　　　　　　棚户区改造、沉陷区治理房管理基础数据表

棚户区改造、沉陷区治理房管理								
序号	小区名称	坐落位置	棚户区改造、沉陷区治理房					备注
			栋号	户数	层数	结构	建成年代	建筑面积	

（10）产权过渡房管理

产权过渡房管理需要记录的主要数据是小区名称、栋号、户数、层数、结构、建成年代、建筑面积等。具体见表 9-10。

表 9-10　　　　　　　　　　产权过渡房管理基础数据表

产权过渡房管理								
序号	小区名称	坐落位置	产权过渡房					
			栋号	户数	层数	结构	建成年代	建筑面积

（11）成本价房管理

成本价房管理需要记录的主要数据是小区名称、栋号、户数、层数、结构、建成年代、建筑面积等。具体见表 9-11。

表 9-11　　　　　　　　　　成本价房管理基础数据表

成本价房管理								
序号	小区名称	坐落位置	成本价房					
			栋号	户数	层数	结构	建成年代	建筑面积

（12）平煤生产用房屋管理

平煤生产用房屋管理需要记录的主要数据是资产名称、使用日期、数量、净值、使用情况等。具体见表 9-12。

表 9-12　　　　　　　　　　平煤生产用房屋管理基础数据表

平煤生产用房屋管理										
序号	卡片编号	资产名称	规格型号	开始使用日期	数量	已计提月份	原币原值	累计折旧	净值	使用情况

（13）平煤土地管理

平煤土地管理需要记录的主要数据是资产名称、使用日期、净值、使用情况等。具体见表 9-13。

表 9-13　　　　　　　　　　平煤土地管理基础数据表

平煤土地管理						
序号	卡片编号	资产名称	使用日期	原币原值	净值	使用情况

（14）天安房屋建筑物管理

天安房屋建筑物管理需要记录的主要数据是资产名称、使用日期、数量、净值、使用情况等。具体见表 9-14。

表 9-14　　　　　　　　　　天安房屋建筑物管理基础数据表

天安房屋建筑物管理										
序号	卡片编号	资产名称	规格型号	使用日期	数量	已计提月份	原币原值	累计折旧	净值	使用情况

（15）天安非生产用房管理

天安非生产用房管理需要记录的主要数据是资产名称、使用日期、数量、净值、使用情况等。具体见表 9-15。

表 9-15　　　　　　　　　　天安非生产用房管理基础数据表

天安非生产用房管理										
序号	卡片编号	资产名称	规格型号	使用日期	数量	已计提月份	原币原值	累计折旧	净值	使用情况

（16）基建工程管理

基建工程管理需要记录的主要数据是工程名称、工程概况、设计单位、监理单位、施工单位、开工时间、竣工验收参加单位及人员、使用单位等。具体见表 9-16。

表 9-16 基建工程管理基础数据表

基建工程管理																
工程名称	工程地点	建筑面积	工程概况	立项			设计单位	监理单位	施工单位	甲方现场管理单位	图纸会审		开工时间	竣工验收参加单位及人员	使用单位
				原因	时间	参加立项单位及人员					时间	参加单位及人员			

（17）住房公积金管理

住房公积金管理需要记录的主要数据是项目名称、公积金扣缴情况、公积金支取、公积金消退、公积金转移、公积金贷款及还款等情况等。具体见表 9-17。

表 9-17 住房公积金管理基础数据表

住房公积金管理	日期	
	项目名称	
	单位	
	利息	
	公积金扣缴情况	人数	
		金额	
		平煤人数	
		金额	
	公积金支取	人数	
		金额	
		办理人员	
	公积金消退	人数	
		金额	
		办理人员	
	公积金转移	转入人数	
		金额	
		转出人数	
		金额	
	公积金贷款及还款	贷款人数	
		金额	
		办理人员	

（18）地产塌陷补偿管理

地产塌陷补偿管理需要记录的主要数据是名称、经办人、协议补偿金额等。具体见表 9-18。

表 9-18 地产塌陷补偿管理基础数据表

地产塌陷补偿管理				
序号	名称	时间	经办人	协议补偿金额/元

（19）食品安全索证管理

食品安全索证管理需要记录的主要数据是供应货物名称、工商证登记号、监测情况、有效期、销售人等。具体见表 9-19。

表 9-19　　　　　　　　　　食品安全索证管理基础数据表

食品安全索证管理									
序号	年度	供货商名称	法人代表	工商证登记号	供应货物名称	检测情况	登记时间	有效期	销售人

（20）档案利用分析管理

档案利用分析管理需要记录的主要数据是档案名称、发现问题、整改措施、整改利用情况等。具体见表 9-20。

表 9-20　　　　　　　　　　档案利用分析管理基础数据表

档案利用分析整改措施进度管理					
档案名称	时间	发现问题	整改措施	分析原因	整改利用情况

（21）台账管理

台账管理需要记录的主要数据是台账名称、台账内容、实施目的及达到的效果等。具体见表 9-21。

表 9-21　　　　　　　　　　精细化台账管理基础数据表

精细化台账管理明细表							
序号	责任单位	台账名称	台账内容	制度	实施目的及达到的效果	存在问题	备注

（22）支部区队经费使用管理

支部区队经费使用管理需要记录的主要数据是项目名称、金额、经办人等。具体见表 9-22。

表 9-22　　　　　　　　　　支部区队经费使用管理基础数据表

支部区队经费使用情况表					
序号	项目名称	日期	金额	经办人	备注

（23）禁烟检查汇总管理

禁烟检查汇总管理需要记录的主要数据是责任单位、存在问题、罚款等。具体见表 9-23。

表 9-23　　　　　　　　　　禁烟检查汇总管理基础数据表

禁烟检查汇总表				
序号	责任单位	存在问题	罚款/元	备注

（24）用水管理

用水管理需要记录的主要数据是日用水总量、日取水总量、工业用自来水各方向用水量、中水各用水点水量等。具体见表 9-24。

表 9-24　　　　　　　　　　用水管理基础数据表

各用水汇总及分支用水量管理	日期		
	日用水总量	生活用水（水电所）	
		棚户区用水	
		原小区用水	
		合　计	
		生活用水	
		工业用水	
		出中水罐水量	
	日取水总量	合　计	
		井下返地面原水	
		二期污水处理量	
		二期原水	
	工业用自来水各方向用水量	职工食堂	
		服六方向	
		物管中心	
		综机工厂机四方向	
		男澡堂	
		办公楼及以西以北	
		自来水注中水罐水量	
		表数小计	
	中水各用水点水量	后泵房	下井水量	
			煤楼用量	
			煤场洒水	
			水仓存量	
			进仓水量	
		抽放站	
		压风机房	
		设备库	
		汽车队	
		办公楼	
		男澡堂北	
		东花园灌溉	
		西花园灌溉	
		小计	

（25）小修管理

小修管理需要记录的主要数据是项目名称，施工单位，材料费用，实际消耗与物管、审计是否一致等信息等。具体见表9-25。

表 9-25　　　　　　　　　　小修管理基础数据表

小修管理							
序号	月份	工程项目名称	地点	施工单位	材料费用	实际消耗与物管、审计是否一致	备注

（26）工资各项补贴管理

工资各项补贴管理需要记录的主要数据是姓名、岗位、工资等各项补贴情况等。具体见表9-26。

表 9-26　　　　　　　　　　工资各项补贴管理基础数据表

工资各项补贴明细表																
姓名	技能	岗位	浮动技能	浮动岗位	职务	兼干	辅助工资（含煤气补贴）	15%补贴	残补	书报费	洗理费	水电费	工龄	卫生费	独生子女	个人合计

（27）支部经费使用管理

支部经费使用管理需要记录的主要数据是借方、贷方、金额、内容摘要等。具体见表9-27。

表 9-27　　　　　　　　　　支部经费使用管理基础数据表

支部经费使用上报表				
日期	内容摘要	借方	贷方	金额

（28）绿化费管理

绿化费管理需要记录的主要数据是名称、申请单位、金额等。具体见表9-28。

表 9-28　　　　　　　　　　绿化费管理基础数据表

绿化费管理							
序号	名称及型号	单位	申请单位	数量	单价	金额	备注

（29）加药记录管理

加药记录管理需要记录的主要数据是加药者、余氯含量、药物投加量、加药后余氯含量等。具体见表9-29。

表 9-29 加药记录管理基础数据表

加药记录管理						
日期	时间	余氯含量 /mg·L⁻¹	药物投加量 /g	余氯含量 (30 min 后)	加药者签名	备注

（30）用气量管理

用气量管理需要记录的主要数据是计划用气量、实际用气量等。具体见表9-30。

表 9-30 用气量管理基础数据表

用气量管理										
日期	计划用气			上月表数	实际用气					超、降	备注
	用气量	单价	金额		用气量	流量	温度	单价	金额		

（31）全矿树木编码管理

全矿树木编码管理需要记录的主要数据是树种、数量、责任人、栽种时间、巡查记录、考核记录等。具体见表9-31。

表 9-31 全矿树木编码管理基础数据表

全矿树木编码管理										
位置	楼号	编号	树种	数量	单位	责任人	栽种时间	巡查记录	考核记录	备注

（32）公管工作服管理

公管工作服管理需要记录的主要数据是姓名、尺寸、单位等。具体见表9-32。

表 9-32 公管工作服管理基础数据表

公管工作服管理			
编号	姓名	尺寸	单位

（33）澡堂消毒记录管理

澡堂消毒记录管理需要记录的主要数据是药品名称、领药量、消毒情况等。具体见表9-33。

表 9-33　　　　　　　　　　　　　澡堂消毒记录管理基础数据表

澡堂消毒记录管理							
药品名称	领药时间	药品与水比例	领药量	消毒情况			
				消毒日期	用药量	消毒人	监督人

9.2.2　材料管理任务基础数据表

材料信息管理、材料库存管理、材料计划管理、材料发放管理、材料回收管理、材料自制加工复用管理形成材料管理体系。材料信息及库存管理可有助于区分材料的用途以及材料运用时快速地找到准确的位置。材料的计划记录通过对预计材料采购与实际应用进行对比,可不断调整材料采购计划,避免因材料集囤导致成本的浪费。材料发放、回收以及自制加工的管理通过对材料运用过程的记录避免不必要的损失。

（1）班组材料使用管理

班组材料使用管理需要记录的主要数据是班组、材料名称、数量等。具体见表 9-34。

表 9-34　　　　　　　　　　　　班组材料使用管理基础数据表

班组材料使用记录管理					
班组	时间	品名	位置	数量	签名

（2）班组低值易耗品领用管理

班组低值易耗品领用管理需要记录的主要数据是班组、低值消耗品名称、数量等。具体见表 9-35。

表 9-35　　　　　　　　　　　班组低值易耗品领用管理基础数据表

班组低值易耗品领用记录管理					
班组	时间	铁丝	小笤帚	大扫帚	合计数量	签名

（3）物品验收管理

物品验收管理需要记录的主要数据是物品名称、规格型号、验收日期、验收单位等。具体见表 9-36。

表 9-36　　　　　　　　　　　　　物品验收管理基础数据表

物品验收管理											
序号	物品名称	规格型号	单位	数量	单价	金额	资金来源	合格证	验收日期	验收单位	备注

（4）办公用品库存及领取管理

办公用品库存及领取管理需要记录的主要数据是物品名称、库存数、领取数量、领取人等。具体见表9-37。

表 9-37　　　　　　　办公用品库存及领取管理基础数据表

办公用品库存及领取管理									
日期	品名	单位	入库数	单价	金额	库存数	领取数量	领取人签名	备注

（5）办公用品盘点管理

办公用品盘点管理需要记录的主要数据是物品名称、盘点单位、库存等。具体见表9-38。

表 9-38　　　　　　　办公用品盘点管理基础数据表

办公用品盘点管理					
序号	盘点日期	品名	规格	盘点单位	库存	备注

（6）材料发放管理

材料发放管理需要记录的主要数据是物品名称、数量、领取人、用途等。具体见表9-39。

表 9-39　　　　　　　材料发放管理基础数据表

东湖小区材料发放管理								
时间	品名	单位	数量	库存	地点	用途	领取班组	领取人

（7）灭火器材管理

灭火器材管理需要记录的主要数据是灭火器名称、型号、领取人、存在问题、整改时间、责任人等。具体见表9-40。

表 9-40　　　　　　　灭火器材管理基础数据表

东湖小区灭火器材管理												
序号	灭火器名称	型号	生产日期	生产厂家	数量	使用地点	检查时间	领取人	存在问题	整改时间	责任人	身份编码	出厂编号

（8）办公室家具管理

办公室家具管理需要记录的主要数据是物品名称、数量、安装地点、责任人等。具体见表9-41。

表 9-41　　　　　　　　　　　办公室家具管理基础数据表

办公室家具管理					
品名	数量	安装时间	安装地点	责任人	备注

（9）办公用品管理

办公室用品管理需要记录的主要数据是责任人、办公用品种类和数量等。具体见表9-42。

表 9-42　　　　　　　　　　　办公用品管理基础数据表

房地产管理中心办公用品管理									
序号	责任人	所处位置	计算机型号	打印机型号	空调型号	办公桌/张	椅子/张	档案柜/个	床/张

（10）原材料入库管理

原材料入库管理需要记录的主要数据是物品名称、入库数量、验收保管等。具体见表9-43。

表 9-43　　　　　　　　　　　原材料入库管理基础数据表

原材料入库明细账												
日期	物品名称	摘要	单位	入库数量	金额	供货商	生产日期	保质期	合格证	生产厂家	送货人	验收保管

（11）原材料结存管理

原材料结存管理需要记录的主要数据是物品名称、结存数量等。具体见表9-44。

表 9-44　　　　　　　　　　　原材料结存管理基础数据表

原材料结存管理						
日期	物品名称	单位	摘要	当月结存	结存数量	金额

（12）原材料出库明细管理

原材料出库明细管理需要记录的主要数据是材料名称、发出数量、发放人等。具体见表9-45。

表 9-45　　　　　　　　　　　　　　原材料出库明细管理基础数据表

原材料出库明细账							
日期	材料名称	摘要	发出		使用班组	出库人	发放人
			数量	金额			

(13) 收支管理

收支管理需要记录的主要数据是班组、收入、出库、节余等。具体见表 9-46。

表 9-46　　　　　　　　　　　　　　收支管理基础数据表

服务一队小组收支明细表				
日期	班组	收入	出库	节余

(14) 材料消耗管理

材料消耗管理需要记录的主要数据是材料名称、数量、金额等。具体见表 9-47。

表 9-47　　　　　　　　　　　　　　材料消耗管理基础数据表

汽车队材料消耗表				
日期	名称	数量	单价/元	金额

(15) 材料费用计划管理

材料费用计划管理需要记录的主要数据是材料名称、数量、金额、使用地点等。具体见表 9-48。

表 9-48　　　　　　　　　　　　　　材料费用计划管理基础数据表

材料费用计划表							
序号	材料名称	规格或型号	单位	单价	数量	金额	使用地点

(16) 战线材料库消耗管理

战线材料库消耗管理需要记录的主要数据是物品名称、使用单位、数量等。具体见表 9-49。

表 9-49　　　　　　　　　　　　　　战线材料库消耗管理基础数据表

战线材料库消耗管理						
序号	发放日期	物品名称	规格	单位	数量	使用单位

（17）材料费使用管理

材料费使用管理需要记录的主要数据是材料费名称、指标、实际消耗等。具体见表9-50。

表 9-50　　　　　　　　　　材料费使用管理基础数据表

后勤战线各单位材料费使用管理				
序号	单位	材料费名称	月指标	实际消耗

（18）材料审批、发放管理

材料审批、发放管理需要记录的主要数据是物品名称、数量、金额等。具体见表9-51。

表 9-51　　　　　　　　　　材料审批、发放管理基础数据表

后勤战线材料审批、发放计划表							
月份	物资编码	品名	规格或型号	单位	单价	数量	金额	备注

（19）材料费审核管理

材料费审核管理需要记录的主要数据是材料费用名称、金额、消耗情况等。具体见表9-52。

表 9-52　　　　　　　　　　材料费审核管理基础数据表

后勤战线各单位材料费审核检查台账						
单位	材料费名称	发生金额	入库建账情况	消耗情况	库存情况	备注

（20）办公类、易耗类、劳动保护物品出库管理

办公类、易耗类、劳动保护物品出库管理需要记录的主要数据是物品名称、数量、发放单位、出库时间等。具体见表9-53。

表 9-53　　　　　办公类、易耗类、劳动保护物品出库管理基础数据表

办公类、易耗类、劳动保护物品出库明细台账								
序号	名称	单位	数量	单价	金额	发放单位	出库时间	备注

（21）公用品库存管理

公用品库存管理需要记录的主要数据是名称、库存、购入、消耗情况等。具体见表9-54。

表 9-54 公用品库存管理基础数据表

行政科公用品库存台账											
名称	单位	规格	单价	上月库存		当月购入		当月消耗		库存		备注
				数量	金额	数量	金额	数量	金额	数量	金额	

（22）办公用品购入管理

办公用品购入管理需要记录的主要数据是货物名称、数量、金额、供货单位等。具体见表 9-55。

表 9-55 办公用品购入管理基础数据表

办公用品购入台账									
序号	时间	货物名称	单位	数量	单价/元	金额/元	报账	供货单位	备注

（23）商品报价管理

商品报价管理需要记录的主要数据是物品名称、单价、供货厂家等。具体见表 9-56。

表 9-56 商品报价管理基础数据表

年度商品报价台账								
序号	类别	物品名称	规格型号	单位	单价	生产厂家	供货厂家	备注

（24）供货商管理

供货商管理需要记录的主要数据是供货商名称、营业执照注册号、税务登记证号、供应物品名称等。具体见表 9-57。

表 9-57 供货商管理基础数据表

行政科供货商管理台账								
序号	年度	供货商名称	法人代表	营业执照注册号	税务登记证号	主要供应货物名称	登记时间	备注

（25）澡堂吊篮管理

澡堂吊篮管理需要记录的主要数据是盘号、箱号、使用人、检修人、处理情况等。具体见表 9-58。

表 9-58 澡堂吊篮管理基础数据表

职工澡堂吊篮管理台账								
序号	地点	盘号	箱号	使用人	单位	检修人	处理情况	备注

（26）办公用品入库、出库、库存管理

办公用品入库、出库、库存管理需要记录的主要数据是物品名称、入库数量、出库数量、库存数量、领取人等。具体见表9-59。

表9-59　　　　　　　　办公用品入库、出库、库存管理基础数据表

退管中心办公用品入库、出库、库存台账									
品名	规格	单位	入库日期	入库数量	出库日期	出库数量	库存数量	出库情况	领取人

（27）办公物品管理

办公物品管理需要记录的主要数据是物品名称、型号、数量、责任人等。具体见表9-60。

表9-60　　　　　　　　办公物品管理基础数据表

退管中心办公物品管理台账							
品名	型号	单位	数量	地点	规范要求	责任人	考核人

（28）矿级浴池矿灯管理

矿级浴池矿灯管理需要记录的主要数据是领取人、领取数量、剩余数量等。具体见表9-61。

表9-61　　　　　　　　矿级浴池矿灯管理基础数据表

矿级浴池矿灯台账					
领取时间	领取人	领取数量	合计领取	剩余数量	缺少矿灯数

9.2.3　安全管理任务基础数据表

安全管理任务通过事故责任人、事故原因、事故结果的记录形成安全任务管理每项活动的基础数据表。事故责任人记录可为界定责任、处罚考核提供依据。事故原因的记录通过引起事故原因的分析查找解决方法。事故结果的记录则可督促事故责任人及时更改确保安全生产。

（1）班组安全隐患排查管理

班组安全隐患排查管理需要记录的主要数据是班组、存在问题、整改情况、整改人等。具体见表9-62。

表9-62　　　　　　　　班组安全隐患排查管理基础数据表

班组安全隐患排查记录						
班组	排查时间	存在问题	整改情况	整改时间	整改人	备注

（2）房屋安全管理

房屋安全管理需要记录的主要数据是房屋产权单位（个人）、房屋用途、建筑面积、房屋安全鉴定等级、检查人员等。具体见表9-63。

表9-63　　　　　　　　　　　房屋安全管理基础数据表

房屋安全管理台账汇总表													
序号	日期	房屋产权单位（个人）	物业管理单位	房屋坐落地址	房屋用途	结构类型	建筑面积/m²		建成年代	开始使用日期	安全鉴定等级	检查人员	巡检情况	备注
							住宅	非住宅						

（3）安全登记管理

安全登记管理需要记录的主要数据是违章者姓名、违章行为、处理意见、累计"三违"次数等。具体见表9-64。

表9-64　　　　　　　　　　　安全登记管理基础数据表

安全登记管理台账									
违章者姓名	工种或职务	违章时间	违章地点	违章行为简述	处理意见		查处违章人员	矿或单位查处	累计"三违"次数
					矿处理意见	单位处理意见			

（4）安全防火检查管理

安全防火检查管理需要记录的主要数据是检查车辆、消防器材、整改措施、复查人等。具体见表9-65。

表9-65　　　　　　　　　　　安全防火检查管理基础数据表

安全防火检查台账								
序号	时间	检查车辆	车库	消防器材	整改措施	整改时间	整改结果	复查人

（5）车辆安全检查管理

车辆安全检查管理需要记录的主要数据是被检车辆、车辆状况、整改措施、考核人、复查人等。具体见表9-66。

表9-66　　　　　　　　　　　车辆安全检查管理基础数据表

车辆安全检查台账									
序号	时间	地点	被检车辆	车辆状况	整改措施	考核人	整改人	落实情况	复查人	安全协管员

（6）汽车队安全培训《职业资格证书》管理

汽车队安全培训《职业资格证书》管理需要记录的主要数据是姓名、证书名称、证书级别、证书编号等。具体见表9-67。

表 9-67　　　　　　汽车队安全培训《职业资格证书》管理基础数据表

汽车队安全培训《职业资格证书》表					
序号	姓名	证书名称	证书级别	证书编号	发证日期

（7）行车安全管理

行车安全管理需要记录的主要数据是责任人、"三违"情况、整改措施、复查人等。具体见表9-68。

表 9-68　　　　　　行车安全管理基础数据表

行车安全管理登记表									
序号	行车时间	责任人	"三违"情况（内容）	事故具体情况说明	处理情况	考核人	整改措施	整改结果	复查人

（8）食品安全检查管理

食品安全检查管理需要记录的主要数据是责任人、查处问题、整改措施、复查人等。具体见表9-69。

表 9-69　　　　　　食品安全检查管理基础数据表

食品安全检查台账							
责任人	检查时间	查看内容	查处问题	整改措施	整改时间	整改人	复查人	整改结果

（9）卫生防疫管理

卫生防疫管理需要记录的主要数据是交接班时间、交接班情况及存在问题等。具体见表9-70。

表 9-70　　　　　　卫生防疫管理基础数据表

卫生防疫记录				
时间	班点/交班	班点/接班	交接班情况及存在问题	备注

（10）游离性余氯自检管理

游离性余氯自检管理需要记录的主要数据是时间、余氯含量、药物投加量等。具体见表9-71。

表 9-71 　　　　　　　　游离性余氯自检管理基础数据表

游离性余氯自检记录			
时间	余氯含量	药物投加量	备注

（11）地面环境卫生及质量达标检查管理

地面环境卫生及质量达标检查管理需要记录的主要数据是责任人、存在问题、相关考核等。具体见表 9-72。

表 9-72 　　　　　　地面环境卫生及质量达标检查管理基础数据表

地面环境卫生及质量达标检查日报							
序号	日期	检查时间	地点	存在问题	责任人	处理意见	考核/备注

（12）安全防火周检查管理

安全防火周检查管理需要记录的主要数据是检查人、检查问题、整改措施、复查人等。具体见表 9-73。

表 9-73 　　　　　　　　安全防火周检查管理基础数据表

退管安全防火周检查台账									
序号	检查人	检查时间	查出问题	整改措施	整改时间	整改人	复查人	整改结果	备注

（13）安全防火日记录管理

安全防火日记录管理需要记录的主要数据是隐患排查情况、整改情况、防火负责人、火灾地点、火灾时间、汇报时间、灭火时间等。具体见表 9-74。

表 9-74 　　　　　　　　安全防火日记录管理基础数据表

安全防火日记录												
序号	日期	当日值班人员	当日隐患排查情况	整改情况	火灾地点	发生火灾时间	接到报告时间	汇报时间	汇报人	灭火时间	当日值班领导	防火负责人

（14）安全消防周检查管理

安全消防周检查管理需要记录的主要数据是存在问题、检查人、整改结果、复查人等。具体见表 9-75。

表 9-75 安全消防周检查管理基础数据表

安全消防周检查记录									
序号	日期	时间	地点	存在问题	检查人	整改措施	整改结果	整改时间	复查人

（15）班组安全档案管理

班组安全档案管理需要记录的主要数据是姓名、车牌号、证书等级、行车安全状况等。具体见表 9-76。

表 9-76 班组安全档案管理基础数据表

车队班组安全档案								
序号	姓名	性别	生日	参加工作时间	驾车	车牌号	证书等级	行车安全状况

9.2.4 设备管理任务基础数据表

设备管理任务通过设备信息管理、设备发放管理、设备使用管理、设备检修管理、设备回收管理以及人员信息记录形成设备管理体系。后勤战线设备任务管理主要针对家电设备，通过家电设备的使用、维护、管理，确保工作人员拥有良好的办公环境。

（1）设施维修管理

设施维修管理需要记录的主要数据是设施名称、维修原因、维修人员等。具体见表 9-77。

表 9-77 设施维修管理基础数据表

各种设施维修记录						
班组	时间	设施名称	位置	维修原因	数量	维修人

（2）电器检修管理

电器检修管理需要记录的主要数据是电器名称、检修内容、整改结果、修理人等。具体见表 9-78。

表 9-78 电器检修管理基础数据表

电器检修记录													
序号	电器名称	型号	安装地点	数量	安装日期	检修人员	检修时间	检修内容	故障现象	整改时间	运行状况	修理时间	整改结果	修理人

（3）公共、环卫设施巡查管理

公共、环卫设施巡查管理需要记录的主要数据是存在问题、整改结果、巡查人、复查人等。具体见表9-79。

表 9-79　　　　　　公共、环卫设施巡查管理基础数据表

公共、环卫设施巡查记录									
序号	巡查时间	存在问题	巡查地点	存在问题	整改时间	整改结果	巡查人签字	复查人	备注

（4）电器管理

电器管理需要记录的主要数据是电器名称、运行状况、责任人等。具体见表9-80。

表 9-80　　　　　　　　　电器管理基础数据表

电器台账									
序号	电器名称	型号	安装地点	安装日期	生产日期	检修人员	运行状况	包机责任人	备注

（5）设备维修管理

设备维修管理需要记录的主要数据是设备名称、故障原因、检修人、负责人等。具体见表9-81。

表 9-81　　　　　　　　　设备维修管理基础数据表

设备维修记录台账													
序号	检修日期	使用地点	检修设备名称	型号	数量	检修内容	故障原因或故障说明	生产厂家	出厂日期	处理情况	检修周期	检修人	责任人	备注

（6）健身器材管理

健身器材管理需要记录的主要数据是设备名称、安装时间、安装地点、责任人等。具体见表9-82。

表 9-82　　　　　　　　　健身器材管理基础数据表

东湖小区健身器材台账				
序号	名称	安装时间	安装地点	责任人

（7）现有设备管理

现有设备管理需要记录的主要数据是设备名称、型号、数量、用途、负责人等。具体见表9-83。

表 9-83　　　　　　　　　　　　现有设备管理基础数据表

现有设备台账									
序号	日期	设备名称	品牌	型号	单位	数量	用途	使用地点	负责人

（8）照明设施检修管理

照明设施检修管理需要记录的主要数据是设备名称、存在问题、整改措施、责任人等。具体见表 9-84。

表 9-84　　　　　　　　　　　照明设施检修管理基础数据表

照明设施检修记录											
序号	照明设施名称	规格型号	数量	使用地点	检修时间	检修人员	运行状态	存在问题	整改时间	整改措施	责任人	备注

（9）带电厨具管理

带电厨具管理需要记录的主要数据是设备名称、规格、责任人等。具体见表 9-85。

表 9-85　　　　　　　　　　　　带电厨具管理基础数据表

带电厨具台账										
序号	设备名称	规格	单位	单价	数量	金额	生产厂家	存放地点	检修周期	责任人	备注

（10）非带电厨具管理

非带电厨具管理需要记录的主要数据是设备名称、规格、责任人等。具体见表 9-86。

表 9-86　　　　　　　　　　　非带电厨具管理基础数据表

非带电厨具台账										
序号	设备名称	规格	单位	单价	数量	金额	生产厂家	使用时间	使用、存放地点	检修、检查周期	责任人	备注

（11）办公机具管理

办公机具管理需要记录的主要数据是设备名称、规格、责任人等。具体见表 9-87。

表 9-87　　　　　　　　　　　办公机具管理基础数据表

办公机具台账										
序号	设备名称	规格	单位	单价	数量	金额	编号	生产厂家	使用时间	存放地点	检修、检查周期	责任人	备注

（12）设备巡查、维修管理

设备巡查、维修管理需要记录的主要数据是设备名称、存在问题、整改措施、责任人、复查人等。具体见表9-88。

表 9-88　　　　　　　　设备巡查、维修管理基础数据表

设备巡查、维修台账							
设备名称	检修时间	存在问题	整改措施	整改时间	整改人	复查人	整改结果

（13）消防安全检查管理

消防安全检查管理需要记录的主要数据是存在问题、整改措施、复查人等。具体见表9-89。

表 9-89　　　　　　　　消防安全检查管理基础数据表

消防安全检查记录							
日期	时间	地点	存在问题	整改措施	巡查人	完成时间	复查人

（14）井上运输系统维修费管理

井上运输系统维修费管理需要记录的主要数据是设备名称、驾驶员、计划情况、验收情况以及修理厂家等。具体见表9-90。

表 9-90　　　　　　　　井上运输系统维修费管理基础数据表

井上运输系统维修费使用台账														
序号	设备名称	型号	修理项目	驾驶员	计划情况				验收情况				修理厂家	备注
					单子号	日期	数量	计划单价	金额	单子号	日期	数量	实际价格	金额		

（15）地面运输修理管理

地面运输修理管理需要记录的主要数据是设备名称、责任人、计划情况、验收情况以及修理厂家等。具体见表9-91。

表 9-91　　　　　　　　地面运输修理管理基础数据表

地面运输修理台账												
设备名称	序号	型号	修理项目	责任人	计划情况		验收情况				修理厂家	备注
					单子号	日期	单子号	日期	数量	实际价格	金额		

（16）机动车辆登记管理

机动车辆登记管理需要记录的主要数据是车辆种类、车牌号、厂牌等。具体见表9-92。

表 **9-92**　　　　　　　　**机动车辆登记管理基础数据表**

机动车辆登记表										
序号	在册单位	企业性质	厂牌	车辆种类	颜色	车牌号	吨（座）位	购车日期	购车价格	备注

（17）公务用车申请管理

公务用车申请管理需要记录的主要数据是用车单位、用车原因、使用车辆、审批意见等。具体见表9-93。

表 **9-93**　　　　　　　　**公务用车申请管理基础数据表**

公务用车申请表							
用车时间	用车单位	用车地点	用车原因	主管领导审批意见	出车领导审批意见	驾驶员	使用车辆

（18）车辆档案管理

车辆档案管理需要记录的主要数据是汽车购置情况、统筹与保险、维修情况、变更情况等。具体见表9-94。

表 **9-94**　　　　　　　　**车辆档案管理基础数据表**

车辆档案管理																			
序号	产权单位	使用单位	汽车购置											统筹与保险		维修情况		变更情况	备注
			车牌号码	厂牌型号	发动机号	车架号（VIN）	车辆类型	初登日期	车辆来源	车身颜色	核定座位	核定吨位	排气量	购置价	是否统筹	是否保险	维修厂家	维修日期	维修金额	变更原因	变更日期

（19）车载消防器材管理

车载消防器材管理需要记录的主要数据是车牌号、车载灭火器种类、编号等。具体见表9-95。

表 **9-95**　　　　　　　　**车载消防器材管理基础数据表**

车载消防器材管理台账							
序号	姓名	车型	车牌号	车载灭火器种类	日期	编号	备注

（20）家电设施维修管理

家电设施维修管理需要记录的主要数据是项目名称、报修单位、送修单位、消耗金额等。具体见表 9-96。

表 9-96　　　　　　　　　　家电设施维修管理基础数据表

家电设施维修台账												
序号	报修时间	报修单位	设施地点	项目名称	规格	单位	数量	计划金额	修理时间	完成时间	消耗金额	送修单位	备注

（21）全矿家用电器管理

全矿家用电器管理需要记录的主要数据是家电名称、型号、数量等。具体见表 9-97。

表 9-97　　　　　　　　　　全矿家用电器管理基础数据表

全矿家用电器台账					
序号	楼号	名称	型号	出厂时间	数量	备注

（22）中央空调管理

中央空调管理需要记录的主要数据是品名、型号、出厂编号、管路情况、压缩机情况、风盘情况等。具体见表 9-98。

表 9-98　　　　　　　　　　中央空调管理基础数据表

中央空调台账									
序号	地点	品名	型号	生产日期	出厂编号	管路	压缩机	风盘	备注

（23）机电设备管理

机电设备管理需要记录的主要数据是设备名称、型号、生产厂家、身份编码、责任人等。具体见表 9-99。

表 9-99　　　　　　　　　　机电设备管理基础数据表

服务三队机电设备台账									
地点	名称	型号	数量	生产厂家	身份编码	出厂编号	出厂日期	责任人	备注	检修内容及处理意见

（24）设施设备检修管理

设施设备检修管理需要记录的主要数据是设备名称、出现的问题、处理结果、检修人等。具体见表 9-100。

表 9-100   设施设备检修管理基础数据表

设施设备检修记录								
序号	时间	地点	设备名称	型号	出现的问题	处理情况	检修人	备注

（25）办公楼内设备设施日检管理

设备设施日检管理需要记录的主要数据是设备名称、责任人、日检记录等。具体见表9-101。

表 9-101   办公楼内设备设施日检管理基础数据表

办公楼内设备设施日检台账							
日期	地点	名称	规格型号	数量	责任人	备注	日检记录

（26）环境卫生设施巡查管理

环境卫生设施巡查管理需要记录的主要数据是巡查内容、存在问题、责任人等。具体见表9-102。

表 9-102   环境卫生设施巡查管理基础数据表

环境卫生设施巡查记录							
巡查时间	地点	巡查内容	存在问题	整改时间	责任人	巡查人签字	复查结果

（27）环卫设施管理

环卫设施管理需要记录的主要数据是名称、数量、责任人等。具体见表9-103。

表 9-103   环卫设施管理基础数据表

环卫设施台账				
地点	名称	数量	责任人	备注

（28）澡堂办公设施管理

澡堂办公设施管理需要记录的主要数据是物品名称、领取数量等。具体见表9-104。

表 9-104   澡堂办公设施管理基础数据表

澡堂办公设施统计表					
物品名称	规格	领取数量	领取时间	剩余数量	备注

（29）出车登记管理

出车登记管理需要记录的主要数据是用车人、驾驶员、车号、事由等。具体见表9-105。

表9-105　　　　　　　　　　　出车登记管理基础数据表

出车登记台账								
日期	用车人	驾驶员	车号	时间	地点	事由	任务	考核人

9.2.5　人员管理任务基础数据表

后勤战线人员管理任务主要包括工作人员管理、退休人员管理、工伤人员管理、死亡人员管理，通过对伤、残、死亡人员姓名、原因、等级等的记录，后期发放相应的赡养费，确保伤、残职工及死亡职工的家属得到应有的补偿。

（1）设施保养责任人管理

设施保养责任人管理需要记录的主要数据是设施名称、责任人等。具体见表9-106。

表9-106　　　　　　　　　　　设施保养责任人管理基础数据表

小区设施保养管理表				
序号	责任人	设施名称	区域划分	备注

（2）基层区队班组长信息管理

基层区队班组长信息管理需要记录的主要数据是班组名称、姓名、用工制度、任职时间等。具体见表9-107。

表9-107　　　　　　　　　　基层区队班组长信息管理基础数据表

基层区队班组长登记表										
单位	填报日期	班组名称	班组长姓名	年龄	性别	学历	政治面貌	用工制度	任职时间	备注

（3）人员顶岗管理

人员顶岗管理需要记录的主要数据是姓名、工作任务安排、任务落实情况、考核情况等。具体见表9-108。

表9-108　　　　　　　　　　　人员顶岗管理基础数据表

每日人员顶岗情况表								
姓名	日期	出勤情况	工作任务安排	完成时间	任务落实情况	落实人签字	考核情况	考核人签字

（4）工农关系协调管理

工农关系协调管理需要记录的主要数据是协调单位、经办人、处理情况等。具体见表9-109。

表 9-109　　　　　　　　　工农关系协调管理基础数据表

工农关系协调记录					
序　号	名　称	协调单位	时　间	经办人	处理情况

（5）健康证管理

健康证管理需要记录的主要数据是姓名、工种、发证时间、发证机关等。具体见表9-110。

表 9-110　　　　　　　　　健康证管理基础数据表

健康证台账						
序号	姓名	性别	工种	发证时间	发证机关	备注

（6）交接班管理

交接班管理需要记录的主要数据是交接班点、交接班情况以及存在的问题等。具体见表9-111。

表 9-111　　　　　　　　　交接班管理基础数据表

交接班记录				
时间	班点/交班	班点/接班	交接班情况及存在问题	备注

（7）个人档案管理

个人档案管理需要记录的主要数据是姓名、职工ID号、现工种职务、技能档次等。具体见表9-112。

表 9-112　　　　　　　　　个人档案管理基础数据表

职工个人档案								
序号	姓名	性别	职工ID号	用工形式	身份证号	文化程度	现工种职务	技能档次

（8）人员持证管理

人员持证管理需要记录的主要数据是姓名、证书级别、证书编号等。具体见表9-113。

表 9-113　　　　　　　　　　　**人员持证管理基础数据表**

人员持证统计表						
姓名	职业证书（工种）	单位	特种作业证	证书级别	证书编号	备注

（9）个人安全档案管理

个人安全档案管理需要记录的主要数据是姓名、职务、证书等级、安全状况等。具体见表 9-114。

表 9-114　　　　　　　　　**个人安全档案管理基础数据表**

车队个人安全档案							
序号	姓名	性别	生日	参加工作时间	职务	证书等级	安全状况

（10）计划生育协会会员管理

计划生育协会会员管理需要记录的主要数据是姓名、文化程度、技术专长等。具体见表 9-115。

表 9-115　　　　　　　　　**计划生育协会会员管理基础数据表**

计划生育协会会员台账							
编号	姓名	性别	出生年月	文化程度	详细地址	联系方式	技术专长

（11）独生子女父母光荣证管理

独生子女父母光荣证管理需要记录的主要数据是姓名、领证时间、子女姓名等。具体见表 9-116。

表 9-116　　　　　　　　**独生子女父母光荣证管理基础数据表**

领取独生子女父母光荣证登记台账									
单位	编号	姓名	性别	配偶姓名	领证时间	子女姓名	子女性别	子女出生年月	户籍所在地	年审情况

（12）生育证发放管理

生育证发放管理需要记录的主要数据是女方姓名、户口所在地，男方姓名，生育证号等。具体见表 9-117。

表 9-117　　　　　　　　　　生育证发放管理基础数据表

生育证发放情况登记台账											
女方					男方		孩次	生育证号	领证	备注
姓名	出生时间	工作单位	现居住地	户口所在地	姓名	工作单位				

（13）建国前参加工作离退休人员管理

建国前参加工作离退休人员管理需要记录的主要数据是姓名、单位、参加工作时间地点、离退休时间地点等。具体见表 9-118。

表 9-118　　　　　建国前参加工作离退休人员管理基础数据表

建国前参加工作离退休人员统计表						
姓名	性别	单位	参加工作时间地点	离退休时间地点	老干部或老工人	是否老党员

（14）抚恤人员管理

抚恤人员管理需要记录的主要数据是姓名、抚恤终止时间、月标准、供养起始时间等。具体见表 9-119。

表 9-119　　　　　　　　抚恤人员管理基础数据表

抚恤人员台账										
供养人姓名	供养关系	城/农	出生年月	抚恤终止时间	身份证号码	月标准	供养起始时间	现住地址	电话号码	备注

（15）退休工伤人员住院管理

退休工伤人员住院管理需要记录的主要数据是姓名、工伤部位、住院补助、护理费等。具体见表 9-120。

表 9-120　　　　　　　退休工伤人员住院管理基础数据表

退休工伤人员住院补助										
序号	姓名	单位	住院时间	住院科别	工伤部位	住院补助	护理费	合计	工资卡号	备注

（16）退休人员管理

退休人员管理需要记录的主要数据是姓名、退休时间、退休前单位等。具体见表 9-121。

表 9-121　　　　　　　　　　　　退休人员管理基础数据表

退休人员明细										
姓名	性别	出生年月	籍贯	政治面貌	参加工作时间	退休时间	退休前单位	现住址	联系电话	其子女工作单位联系电话

(17) 退休人员月汇总管理

退休人员月汇总管理需要记录的主要数据是当月人数、增加人数与减少人数等。具体见表 9-122。

表 9-122　　　　　　　　　　　退休人员月汇总管理基础数据表

退休人员月汇总管理						
日期	当月人数	当月增加人数		当月减少人数		实际人数	备注
		增加	原因	减少	原因		

(18) 特困党员管理

特困党员管理需要记录的主要数据是姓名、家庭月收入、困难情况、平时表现等。具体见表 9-123。

表 9-123　　　　　　　　　　　　特困党员管理基础数据表

特困党员情况统计表								
姓名	性别	出生年月	参加工作时间	入党时间	家庭人均收入	家庭详细住址	困难情况	平时表现

(19) 在职工伤、退休工伤住院补助及护理费管理

在职工伤、退休工伤住院补助及护理费管理需要记录的主要数据是人数、住院补助费、护理费等。具体见表 9-124。

表 9-124　　　　　　在职工伤、退休工伤住院补助及护理费管理基础数据表

在职工伤、退休工伤住院补助及护理费汇总表					
项目	人数	住院补助/元	护理费/元	合计/元	备注

(20) 抚恤金审核管理

抚恤金审核管理需要记录的主要数据是姓名、城/农户口、供养关系等。具体见表 9-125。

表 9-125　　　　　　　　　　　　抚恤金审核管理基础数据表

抚恤金审核表													
序号	抚恤金账号	死亡人姓名	性别	在职退休	供养关系	城/农	出生年月	终止时间	身份证号	现住址	联系电话	备注

（21）工伤抚恤费管理

工伤抚恤费管理需要记录的主要数据是姓名、供养起始时间、月标准等。具体见表9-126。

表 9-126　　　　　　　　　　　　工伤抚恤费管理基础数据表

工伤抚恤费台账								
序号	抚恤金编号	死亡人姓名	供养人姓名	银行卡号	月标准	供养起始时间	电话号码	备注

（22）死亡后事处理管理

死亡后事处理管理需要记录的主要数据是姓名、死亡原因、责任人、协议签订情况等。具体见表9-127。

表 9-127　　　　　　　　　　　　死亡后事处理管理基础数据表

退管中心死亡后事处理台账											
序号	时间	姓名	单位	死亡地点	死亡原因	协议签订情况	一次性结算款	责任人	处理后事费用（800元/人）	使用去向	备注

（23）退管经费使用管理

退管经费使用管理需要记录的主要数据是当月可用指标、当月实际发生费用、节超、责任人等。具体见表9-128。

表 9-128　　　　　　　　　　　　退管经费使用管理基础数据表

退管中心退管经费使用管理台账									
序号	日期	使用去向	当月可用指标	当月实际发生费用	节超	累计节超	经手人	责任人	备注

（24）在职工伤住院补助管理

在职工伤住院补助管理需要记录的主要数据是姓名、工伤部位、住院补助、护理费用等。具体见表9-129。

表 9-129　　　　　　　　　　在职工伤住院补助管理基础数据表

在职工伤住院补助登记表										
序号	姓名	单位	住院时间	住院科别	工伤部位	住院补助	护理费	合计	工资卡号	备注

（25）正常死亡人员抚恤管理

正常死亡人员抚恤管理需要记录的主要数据是姓名、补资时间、补资金额等。具体见表 9-130。

表 9-130　　　　　　　　　　正常死亡人员抚恤管理基础数据表

正常死亡人员抚恤台账								
序号	抚恤金编号	死亡职工姓名	供养人姓名	银行账号	补资时间	补资金额	当月抚恤金	备注

（26）农村户口人员抚恤金管理

农村户口人员抚恤金管理需要记录的主要数据是姓名、死亡原因、供养标准、供养时间、终止时间等。具体见表 9-131。

表 9-131　　　　　　　　　　农村户口人员抚恤金管理基础数据表

农村户口人员抚恤金明细台账																
抚恤金编号	死亡人姓名	性别	在职/退休	死亡时间	死亡原因	供养人姓名	供养关系	城/农	出生年月	抚恤金终止时间	身份证号码	供养起始时间	月标准	供养终止时间	现住地址	电话号码	备注

（27）福利中心人员资料管理

福利中心人员资料管理需要记录的主要数据是姓名、工种、用工形式等。具体见表 9-132。

表 9-132　　　　　　　　　　福利中心人员资料管理基础数据表

福利中心人员资料档案																
职工ID号	科队	姓名	性别	出生时间	参加工作时间	参加煤矿工作时间	参军时间	退伍时间	用工形式	工种职务	技能档次	技能工资	岗位岗次	岗位工资	身份证号	家庭住址	联系电话

9.2.6　考核管理任务基础数据表

考核管理任务通过对考核人员、考核内容、考核结果数据的记录形成考核管理任务各项活动的基础数据表格。考核人员数据记录可有效落实责任。考核内容数据记录可作为考核结果得分的依据。考核结果则作为奖惩的依据。

（1）职工精细化工作考核管理

职工精细化工作考核管理需要记录的主要数据是姓名、工作任务安排、工作任务落实情况、存在问题、考核情况等。具体见表9-133。

表9-133　　　　　　职工精细化工作考核管理基础数据表

每日当班人员精细化工作情况考核说明												
序号	日期	班组	姓名	出勤情况	工作任务安排	任务要求完成时间	任务落实情况	当日存在问题	考核情况	当日下班前落实人签字	工作安排人签字	备注

（2）班组绩效分配管理

班组绩效分配管理需要记录的主要数据是班组、奖励情况、绩效等。具体见表9-134。

表9-134　　　　　　班组绩效分配管理基础数据表

班组绩效分配情况记录							
班组	时间	班组	优胜班组奖励情况	A级职工奖励	优秀党员奖励	读书笔记奖励	绩效

（3）管理干部检查精细化台账记录管理

管理干部检查精细化台账记录管理需要记录的主要数据是责任人、查看内容、整改措施、复查人等。具体见表9-135。

表9-135　　　　管理干部检查精细化台账记录管理基础数据表

管理干部检查精细化台账记录									
序号	姓名	检查时间	查看内容	查出问题	整改措施	整改时间	整改结果	整改人	复查人

（4）精细化台账明细管理

精细化台账明细管理需要记录的主要数据是台账名称、台账内容、存在问题、实施目的及需达到的效果等。具体见表9-136。

表9-136　　　　　精细化台账明细管理基础数据表

精细化管理台账明细							
序号	责任单位	台账名称	台账内容	制度	实施目的及需达到的效果	存在问题	备注

（5）干部深入现场巡查记录管理

干部深入现场巡查记录管理需要记录的主要数据是巡查人、存在问题、整改结果、责任人、复查人等。具体见表 9-137。

表 9-137　　　　　　　　　　干部深入现场巡查记录管理基础数据表

管理干部深入现场巡查记录									
序号	巡查人	班组	巡查时间	存在问题	原因	整改时间	整改结果	责任人	复查人

（6）行车安全检查考核管理

行车安全检查考核管理需要记录的主要数据是违章者姓名、违章行为、处理意见、整改结果等。具体见表 9-138。

表 9-138　　　　　　　　　　行车安全检查考核管理基础数据表

行车安全检查考核档案											
序号	违章者姓名	工种或职务	违章时间	违章地点	违章行为简述	矿处理意见	单位处理意见	查处违法人	矿或单位查处	考核人	整改结果	备注

（7）工资核算精细化考核管理

工资核算精细化考核管理需要记录的主要数据是目的要求、考核负责人、考核时间等。具体见表 9-139。

表 9-139　　　　　　　　　　工资核算精细化考核管理基础数据表

工资核算精细化考核台账内容				
序号	目录	目的要求	考核负责人	考核时间

（8）精细化台账考核管理

精细化台账考核管理需要记录的主要数据是检查内容、存在问题、处理情况、责任人等。具体见表 9-140。

表 9-140　　　　　　　　　　精细化台账考核管理基础数据表

精细化管理台账考核					
时间	检查内容	存在问题	处理情况	责任人	队领导签字

（9）指导、检查各单位精细化记录管理

指导、检查各单位精细化记录管理需要记录的主要数据是检查人、提出问题、整改措施、复查人等。具体见表 9-141。

表 9-141　　　　　　　　　　指导、检查各单位精细化记录管理基础数据表

后勤战线指导、检查各单位精细化管理记录												
序号	检查时间	被检查单位	检查人	指导、查看内容	提出问题	整改措施	整改时间	责任人	复查人	复查时间	整改结果	备注

（10）内部检查及考核记录管理

内部检查及考核记录管理需要记录的主要数据是检查人、被检查单位、被考核单位、扣分原因、扣分数等。具体见表 9-142。

表 9-142　　　　　　　　　　内部检查及考核记录管理基础数据表

后勤战线内部检查及考核记录							
序号	检查时间	检查人	被检查单位	被考核单位人	扣分原因	扣分分数	备注

（11）设施管理考核合同记录管理

设施管理考核合同记录管理需要记录的主要数据是设施名称、领用单位、启用时间、使用年限等。具体见表 9-143。

表 9-143　　　　　　　　　　设施管理考核合同记录管理基础数据表

设施管理考核合同记录台账											
序号	合同编号	设施名称	规格型号	用途	单位	领用单位	购入时间	领用数量	启用时间	使用年限	备注

（12）家电考核管理

家电考核管理需要记录的主要数据是发现的问题、处理意见、责任人、考核人等。具体见表 9-144。

表 9-144　　　　　　　　　　家电考核管理基础数据表

家电考核台账							
序号	检查日期	检查周期	发现问题	处理意见	整改意见	考核人	责任人	备注

（13）日常行为考核管理

日常行为考核管理需要记录的主要数据是姓名、扣分项、得分值等。具体见表 9-145。

表 9-145　　　　　　　　　　日常行为考核管理基础数据表

退管中心日常行为考核月汇总表							
姓名/项目	加（奖）分项	加分小计	扣罚分项	扣罚小计	当月合计得分	得分值	应付合计工资

（14）人员日考核管理

人员日考核管理需要记录的主要数据是姓名、处罚扣分、奖励得分、合计得分等。具体见表 9-146。

表 9-146　　　　　　　　　　　人员日考核管理基础数据表

行政科人员日考核表									
序号	日期	星期	姓名	当天得分	奖励得分	处罚扣分	合　计	值班人员	备　注

9.2.7　后勤战线精细化管理数据仓库建设

后勤战线主要数据集市包括后勤保障生产数据集市、人员定岗数据集市、设备管理数据集市、物资管理数据集市、安全生产数据集市，这些数据集市构成了后勤战线数据仓库。为了详细描述每个数据集市中各项数据的具体来源和计算过程，下面使用软件工程中常用来描述数据处理过程的数据流程图来具体描述每个主题。

（1）后勤保障生产数据集市

该数据集市所涉及的数据较多，如卫生管理数据、食堂管理数据、房屋管理数据等，如图 9-8 所示。因此需根据不同数据侧重点的不同，分别记录不同的参数，得到后勤保障数据集市。

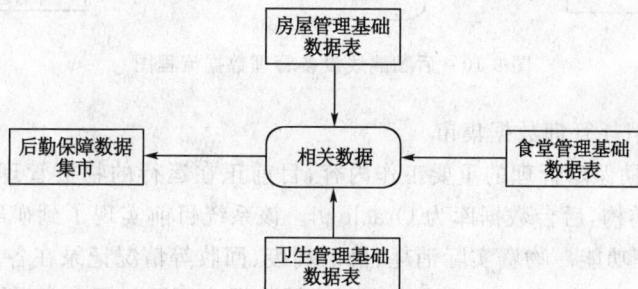

图 9-8　后勤战线生产数据流程图

（2）后勤战线人员定岗数据集市

人员定岗是指某一项工作内容可以分解成哪些基础岗位，每个岗位具体由哪一个（或几个）人负责。该主题中的出勤情况来自当班出勤台账，同时可以和人员定位系统中人员记录进行对照。将来对人员定岗主题数据进行分析可以了解当前人员定额是否合适，同时可以将工作责任落实到人，体现精细化管理的管控力度。后勤战线人员数据流程图如图 9-9 所示。

（3）后勤战线设备管理数据集市

后勤战线日常工作中涉及的设备较少，主要通过设备的信息记录、设备巡查与检修、设备安装、设备回收等管理构成数据集市。设备管理主题涉及的数据分散存储在大量不同的数据源中，如反映设备运行状态的数据来自监控系统，反映设备日常维护的数据来自区队的设备管理台账，设备基础信息来自物管中心设备管理信息系统。其数据抽取过程见图 9-10。

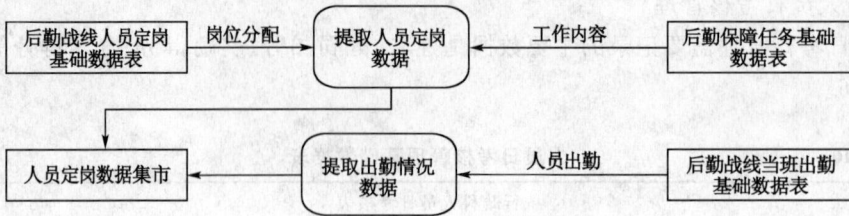

图 9-9 后勤战线人员数据流程图

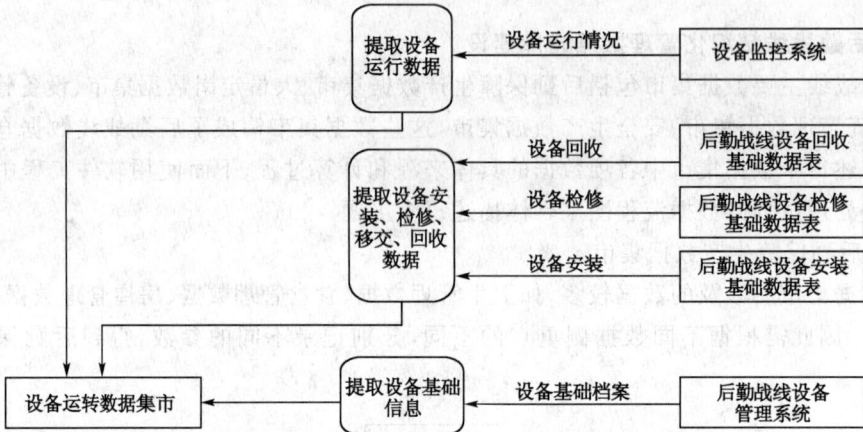

图 9-10 后勤战线设备管理数据流程图

（4）后勤物资消耗管理数据集市

物资管理是后勤保障管理的重要工作内容，目前正在运行的物资管理信息系统由蓝光公司开发，为 B/S 结构，后台数据库为 Oracle 9i。该系统目前实现了到矿物资验收、区队物资计划申报、审批等功能。物资实际消耗、修旧利废、回收等情况记录在各区队、班组的精细化管理台账上，为 Excel 格式。后勤战线物资消耗数据流程图如图 9-11 所示。

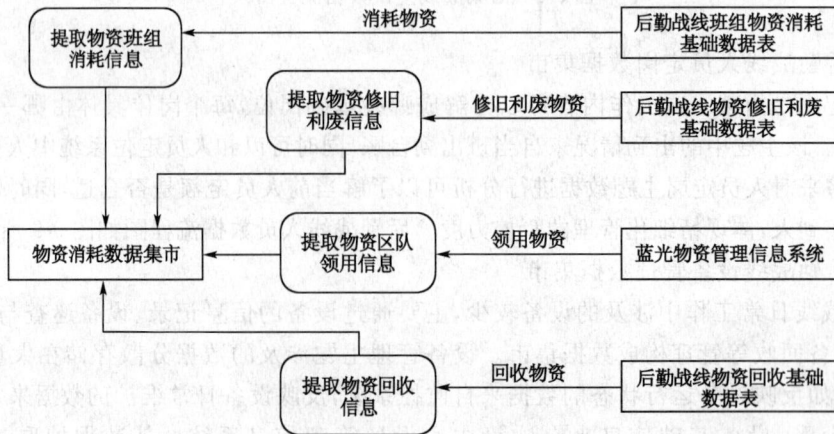

图 9-11 后勤战线物资消耗数据流程图

（5）后勤战线安全生产数据集市

该主题数据来源于各监控系统和安全管理台账。后勤战线安全生产数据来自日常检查活动形成的 Excel 台账，将台账统一成标准格式后，Microsoft 公司的 SSIS 组件可以比较容易地提取其数据。具体见图 9-12。

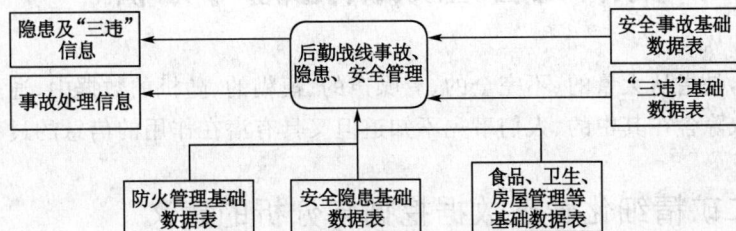

图 9-12 后勤战线安全生产数据流程图

10　十二矿精细化管理数据挖掘与分析

数据挖掘,是指从大量的、不完全的、有噪声的、模糊的、随机的数据中,通过设置一定的计算方法,提取隐含在其中的、人们事先不知道但又具有潜在作用的信息的过程。

10.1　十二矿精细化管理数据挖掘与分析的意义

数据挖掘又称数据库中的知识发现,是利用各种分析工具,从大量的、不完全的、有噪声的、模糊的、随机的数据中,提取隐含在其中的、人们事先不知道但又有潜在作用的信息的过程。数据挖掘通过对大量历史数据的分析,挖出潜在的规则与知识,因此数据挖掘具有描述和预测的功能。在信息化社会,数据挖掘技术对企业的发展有至关重要的意义。

(1)提供有力的决策支持

随着竞争的日益激烈,煤炭企业管理者对决策信息的需求也越来越高。从海量数据中挖掘和寻求知识和信息,为决策提供有力支持成为管理者进行数据挖掘的强大动力。数据挖掘运用回归分析、分类分析等方法,通过对数据仓库中已有的信息进行抽取与分析,有效地帮助煤炭企业加强成本管理、安全管理、产量管理等。

(2)提高企业市场竞争力

数据挖掘技术通过内部管理与外部分析来提高竞争力。企业内部管理包括产品与服务的管理,外部分析则为客户市场分析,通过对数据仓库的分类,能够从战略的高度对企业的竞争环境、市场、客户和供应商进行分析,以获得有价值的商业情报,保持和提高企业持续竞争优势 。

(3)预防和控制安全事故

利用数据挖掘技术可以建立煤炭企业安全管理预警模型。安全事故的发生并非一蹴而就,而是一个积累的、渐进的过程,通过建立安全管理预警模型,可以随时监控煤炭企业安全生产情况,同时数据挖掘技术可帮助煤炭企业进行安全事故预测。安全管理预警机制以及安全事故预测可帮助管理者及时了解企业的安全管理风险,分析可能导致事故的原因,提前采取风险防范措施,避免安全事故的发生。

10.2　十二矿精细化管理数据挖掘与分析的主题

根据前文对各战线业务需求的分析,综合考虑业务目标和现有生产管理对信息的需求,各战线数据仓库的主题可以定义为工作任务与成果主题、人员定岗主题、质量标准管理主题、设备运转主题、物资消耗主题、安全生产主题。如图 10-1 所示:

任务与成果主题	人员定岗主题	质量标准主题
· 开掘战线任务与成果信息 · 采煤战线任务与成果信息 · 机电战线任务与成果信息 · 通防战线任务与成果信息 · 安全战线任务与成果信息 · 经营战线任务与成果信息 · 后勤战线任务与成果信息	· 人员出勤情况 · 人员基本信息 · 人员工时消耗定额	· 支护方式 · 支护编号 · 质量参数 · 施工人员
设备运转主题	物资消耗主题	安全生产主题
· 设备资产信息 · 设备完好状况 · 设备运营信息 · 设备维修信息 · 设备定额信息	· 物资库存信息 · 物资实际消耗信息 · 物资运营信息 · 物资定额信息	· "三违"信息 · 事故信息 · 隐患信息

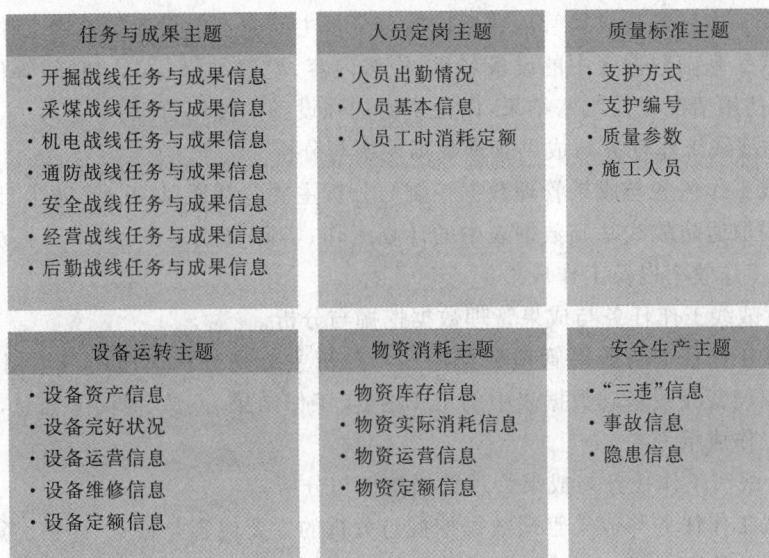

图 10-1　各战线数据仓库主题

10.3　十二矿精细化管理数据挖掘与分析

10.3.1　面向工作任务与成果管理的数据挖掘与分析

工作任务与成果分析是任何一个企业管理的重点,工作任务数据挖掘与分析可有助于管理者掌控员工工作效率以及为后期工作检查奠定基础;成果管理数据挖掘与分析则作为评估的重要指标,同时也是整个部门工作效率的体现。

根据十二矿目前的现状,我们可以从组织结构和时间维度对其工作任务与成果管理数据进行挖掘与分析。十二矿组织结构分为七大战线包括开掘战线、采煤战线、通防战线、机电战线、安全战线、经营战线和后勤战线。五个时间节点分别为年度、季度、月度、周、日。通过这两个维度,具体分析工作任务与成果管理数据挖掘与分析的内容。

工作任务与成果管理数据挖掘与分析将从以下几个方面进行:

(1)开掘战线工作任务与成果管理数据挖掘与分析

开掘战线工作任务与成果管理数据挖掘与分析的内容主要包括巷道掘进、巷道开拓的工作任务与成果。通过提取开掘战线基础数据表中的打眼爆破、支护、出渣、防突打钻等工作的每日成果,汇总成开掘战线每日工作成果总计。同时根据每日工作任务的安排,提取当日所安排工作的内容、结果、流程、手段、工作面人员、时间等信息,得出员工工作效率,便于对整个战线工作进行统一调控。

(2)采煤战线工作任务与成果管理数据挖掘与分析

采煤战线工作任务与成果管理数据挖掘与分析主要为采煤量的分析。通过提取采煤战线基础数据表中的每日采煤定额、班组进尺量、采煤量、人员、采煤流程、工作面、时间等信息,得出员工每日工作效率以及班组工作成果。

(3)机电战线工作任务与成果管理数据挖掘与分析

机电战线工作任务与成果管理数据挖掘与分析主要包括对设备的检修工作的分析。通过提取机电战线基础数据表中的设备名称、检修内容、检修结果、人员、时间等信息,得出设备的完好率、使用情况以及维修结果,以便全面加强设备的使用管理。

(4)通防战线工作任务与成果管理数据挖掘与分析

通防战线工作任务与成果管理数据挖掘与分析主要包括通风、瓦斯、防尘、地测、爆破管理等。通过提取通防战线基础数据表中的计划工作、实际完成工作、工作面人员、时间等信息,得出员工工作效率以及工作成果。

(5)经营战线工作任务与成果管理数据挖掘与分析

经营战线工作任务与成果管理数据挖掘与分析主要是分析煤质站与运销站工作的管理。通过提取经营战线基础数据表中的工作内容、工作结果、人员、时间等信息,得出员工工作效率以及工作成果。

(6)安全战线工作任务与成果管理数据挖掘与分析

安全战线工作任务与成果管理数据挖掘与分析的主要内容是检查、评估、考核安全措施及安全措施整改管理。通过提取安全战线基础数据表中的工作内容、工作结果、人员、时间等信息,得出员工每日工作内容以及工作成果,作为后期此项工作执行考核的依据。

(7)后勤战线工作任务与成果管理数据挖掘与分析

后勤战线工作任务较为复杂,但其主要的内容则是为生产工作人员提供后勤保障服务,因此后勤战线工作任务与成果管理数据挖掘与分析的主要内容是对餐饮、水电、车辆、洗浴等的管理。通过提取后勤战线基础数据表中工作内容、工作结果、人员、时间等信息,得出员工工作效率以及后勤保障工作成果,便于对整个战线工作的统一调控。

上述内容是从战线角度去进行工作任务与成果数据挖掘与分析,十二矿工作任务与成果数据挖掘与分析还可以从时间维度去开展,如年度工作任务与成果数据挖掘与分析,可通过对每个战线每个工作任务与工作成果的汇总得出。

10.3.2　面向人员定岗的数据挖掘与分析

企业的根本管理是人员管理。在现代,企业强大的内部凝聚力是企业发展重要前提之一,而有效的人员管理则是保证企业内部凝聚力的重要手段。管理是一门科学,领导是一门艺术,用人是一种谋略。人员管理主要的职责是协调人员之间的关系,引导建立积极向上的工作环境,促进员工工作积极性。

十二矿人员定岗管理将按照组织结构、十二大系统和时间三个维度去进行人员定岗数据挖掘与分析。十二矿共有七大战线,分别为开掘战线、采煤战线、通防战线、机电战线、安全战线、经营战线和后勤战线;十二个系统,分别为运输系统、通风系统、供电系统、供水系统、防排水系统、压风系统、防尘系统、防灭火系统、避灾路线系统、监控监测系统、瓦斯抽放系统、通讯系统;五个时间节点,分别为年度、季度、月度、周、日。通过这三个维度具体分析人员定岗数据挖掘与分析的内容。

人员定岗数据挖掘与分析将从以下几个方面进行:

(1)人员基本信息数据挖掘与分析

人员基本信息数据挖掘与分析主要是人员信息的记录,通过提取人员基础数据表中人员的姓名、年龄、学历、职称、性别、技术技能以及工作内容等信息,得出人员基础信息情况,有助于企业对人员的统一管理。

（2）人员出勤信息数据挖掘与分析

人员出勤信息数据挖掘与分析主要是考勤统计，如每日打卡、缺勤、请假、加班等，通过提取人员基础数据表中的人员姓名、人员出勤信息（如缺勤、正常上班或请假）、班次、日期等信息，计算人员年度或月度出勤率。出勤信息的管理可作为后勤人员考核与升职的依据。

（3）人员工时消耗定额数据挖掘与分析

人员工时消耗定额数据挖掘与分析主要是劳动生产率的计算，通过提取人员基础数据表中人员姓名、工作量、时长等信息，得出人员劳动生产率，后期可根据劳动生产率的平均结果，制定人员工时消耗定额。

通过上述人员定岗数据挖掘与分析的内容，我们可以从三个维度包括组织结构、系统以及时间维度进行分析，如开掘战线人员定岗、运输系统人员定岗、每日人员定岗等的数据，均可通过对上述数据挖掘与分析的方式获得，以保证十二矿对人员的管理与调控。

10.3.3 面向设备管理的数据挖掘与分析

设备管理是根据企业生产经营的宏观目标，通过采取一系列技术、经济、组织措施，对企业主要生产设备的规划、设计、制造、购置、安装、调试、使用、维修、改造、更新，直至报废的全过程进行管理，以保证设备状态良好，并不断提高设备的技术素质，保证设备的有效使用，最终使企业获得最大的经济效益。因此，设备管理对于煤炭企业成本控制与安全生产有重要作用，在进行数据分析时需要从多维度去分析。

设备管理数据挖掘与分析将从以下几个方面进行：

（1）设备资产数据挖掘与分析

在设备基础管理中，设备资产情况分析主要包括全部设备和主要生产设备的拥有量，设备资产原值、净值及新度系数，固定资产生产设备折旧率及年折旧金额。通过上述各战线设备任务基础数据表中的数据记录，筛选提取出设备名称、设备性能、设备编号、设备年限、出厂时间、设备价值等信息进行分析，得出设备资产情况，确保设备的安全正常使用。

（2）设备完好状况数据挖掘与分析

设备完好状况的主要内容是设备完好率。根据设备任务基础数据表中的数据，筛选出设备检修、设备维护与保养、设备总台数（企业在用的、备用的、封存的以及正在检修的设备）等信息，通过对设备检修情况、设备维护与保养情况的分析得出完好设备总台数，计算设备完好率，计算公式为设备完好率＝完好设备总台数/生产设备总台数×100％。

（3）设备运营数据挖掘与分析

设备运营情况主要包括生产设备利用率以及现有设备利用率。通过数据挖掘技术，将设备任务基础数据表中关于各战线所需设备、现有设备、设备使用情况提炼出来，得出设备运营情况，及时监督跟踪设备的使用。

（4）设备维修数据挖掘与分析

设备维修情况分析的主要内容包括设备事故（故障）停机率、设备修理复杂系数统计、设备大（项）修计划完成率、年度维修费用总额。从上述基础数据表中需提取的数据包括设备发生的故障、设备发生故障的原因、设备维修结果以及设备维修金额等信息。这些信息可为设备维修管理提供依据。

（5）设备定额数据挖掘与分析

煤炭企业设备管理中,主要定额内容包括设备日常维护时间定额、设备安装时间定额、设备维修时间定额、设备修理停歇时间定额、设备维修材料消耗定额、设备维修费用定额以及设备配件储备定额。因此需对设备基础数据表中提炼出的设备名称、人员、设备维护班次、设备安装时间、设备维修时间、设备停息时间、设备维修材料消耗、设备维修费用、设备配件储备等信息进行分析,对比是否超过已有设备定额,对超过定额的项目进行修正。

通过上述设备管理数据挖掘与分析的内容,我们可贯通十二矿整个生产活动中涉及的设备管理,如开掘战线设备管理、瓦斯抽放系统设备管理、每日运用设备管理,从设备资产、设备完好程度、设备运营、设备维修、设备定额等情况全面地挖掘分析,确保三个维度设备的正常运转。

10.3.4　面向质量管理的数据挖掘与分析

质量管理,是指各个基层作业单位按照上级领导指示,在高效率完成各项任务指标的同时,实现作业工程中的高质量、高效率、零事故。根据煤矿企业质量管理的内涵,煤矿质量管理主要包括管理质量、工程质量、过程质量三个方面。我们从组织结构、十二大系统及时间这三个维度上对管理质量、工程质量、安全质量这三个方面进行数据挖掘,找出我们重点关注的点,以达到煤矿生产的高质量、高效率及零事故的目的。具体分析如下:

（1）管理质量数据挖掘与分析

管理质量数据挖掘与分析主要从质量教育、标准化工作、质量计划、质量信息反馈、质量责任制等几个方面的数据挖掘与分析展开。质量教育主要是培养和增强质量意识,使战线员工牢固树立"质量第一"的观点,为开展全面质量管理打下坚实的思想基础;标准化工作是要求每项工作标准力求统一规范,主要包含管理内容、管理范围、管理目标、检查方法、检查手段、改进措施、考核办法、奖罚条例等内容;质量计划主要包括质量指标计划、质量措施改进计划等内容;质量信息反馈主要包括基本数据、原始记录中反映出来的各种质量情况信息等内容;质量责任制就是对每个人都应明确规定其在质量工作上的具体任务、责任和权限,做到质量工作"事事有人管,人人有专责,办事有标准,工作有检查",从而使责任明确、功过分明。通过数据挖掘提炼出质量出现问题的责任单位、质量问题、时间等信息,对质量单位进行考核、奖罚、整改等,进一步提高管理质量。

（2）工程质量数据挖掘与分析

工程质量数据挖掘与分析主要是对生产班组完成各项生产任务结果的考核及工程质量验收两个方面进行分析。例如,掘进质量质量标准化验收主要是从掘进工程的净宽、净高、中心、扭斜、排距、各自掘进的深度以及材料的消耗等几个方面进行分析。利用日常数据记录建立数据仓库,通过数据的清洗及挖掘,再利用数据仓库数据挖掘理论的相关知识,挖掘出工程质量重点关注的指标,通过分析后对相关单位进行考核,利用 PDCA 循环优化,以达到工程质量标准化的目的。

（3）安全质量数据挖掘与分析

安全质量分析主要是从安全质量标准化检查与考核两个方面进行分析,主要包括安全生产知识考核、矿领导检查、员工日常行为考核、三项评估检查等几个方面。安全生产知识考核主要包括考核时间、考核内容、考核成绩等几个方面;矿领导检查主要包括检查内容、检查时间、检查问题、落实情况等内容;三项评估检查主要包括质量得分、文明得分、安全得分、等分原因等内容。考核时间段以月度、季度、年度阶段考核。考核结果通过数据仓库分析,挖掘出影响安全质量的关键因素,以达到煤矿安全质量标准化管理的目的。

通过上述质量管理数据挖掘与分析的内容,我们可贯通十二矿整个生产活动中涉及的质量管理,如开掘战线质量管理、瓦斯抽放系统质量管理、每日质量管理,对管理质量、安全质量、工程质量全面挖掘分析,确保整个生产活动中质量过关。

10.3.5   面向物资管理的数据挖掘与分析

物资管理,是指企业在生产过程中,对本企业所需物资的采购、使用、储备等行为进行计划、组织和控制。物资管理是否科学、合理,直接影响到企业的成本控制,关系着企业的生存与发展,煤炭企业通过物资的有效管理,以降低企业生产成本,加速资金周转,进而促进企业盈利,提升企业的市场竞争能力。

物资管理数据挖掘与分析将从以下几个方面进行:

(1)物资材料库存情况数据挖掘与分析

物资管理库存分析的主要内容包括全部材料以及主要材料的拥有量。提取物资管理基础数据表内的材料名称、材料库存地点、材料使用期限、材料用途等信息,并进行归类与分析,以便于材料管理。

(2)物资材料消耗情况数据挖掘与分析

物资消耗管理分析的主要内容为材料消耗率、班组材料消耗率。通过提取物资管理基础数据表中材料的名称、材料消耗数量、材料总量、人员等信息,得出某种材料消耗率与班组材料消耗率。计算公式为:材料消耗数量/材料总量×100%=材料消耗率,班组材料消耗量/材料总量×100%=班组材料消耗率。

(3)物资材料消耗运营数据挖掘与分析

物资消耗运营分析的主要内容包括安全库存情况、材料损失率、材料质量的分析。通过提取各班组材料消耗数量与现有材料库存等信息,预测材料安全库存是否能够保证生产的正常进行;通过提取班组材料领取数量、材料消耗数量、材料剩余数量等信息,计算材料使用的损失率,计算公式为:损失率=损耗量/总消耗量×100%;通过提取材料消耗数量、材料使用年限、材料名称或品牌等信息,得出某种品牌材料的质量,为后期选取好的材料提供数据基础。

(4)物资材料消耗定额数据挖掘与分析

物资消耗定额分析的主要内容包括材料消耗定额、材料短缺额度的分析。通过提取材料消耗种类、材料消耗净用量、时间等信息计算材料消耗定额,通过对材料定额的管理,对物资消耗进行控制和监督,达到降低物耗和工程成本的目的。

十二矿物资管理可以从三个维度包括组织结构、十二大系统以及时间维度进行数据挖掘与分析。如开掘战线物资管理、运输系统物资管理、年度物资管理,均可以根据从上述几点内容进行挖掘与分析,从而得到想要的数据,为十二矿物资管理提供决策支持系统。

10.3.6   面向安全管理的数据挖掘与分析

煤矿生产主要以井下开采为主。煤矿生产的作业环境的特殊性、分散性和多变性,导致了灾害的多样性、复杂性和危害性,决定了煤矿安全管理的重要性、紧迫性、长期性和科学性。煤矿安全管理是一个由若干要素组成的相互作用、相互依赖并具有特定功能的系统工程。煤矿事故的发生存在主、客观两个方面的原因。客观方面的原因主要是生产力发展不均衡,生产技术和安全保障水平参差不齐,设施设备简陋,自然条件异常复杂,受瓦斯、水害、顶板事故等影响;主观方面的原因主要是煤矿安全管理工作不到位,各项安全管理制度不落实,对职工安全培训和教育走过场,煤矿从业人员素质较低,安全意识薄弱等。因此,煤矿安全管理工作重点从事故管理、"三违"管理、安全隐患管理三个方面展开,从而保障保证煤矿生产顺利进行。

根据煤矿企业质量管理的内涵,煤矿安全管理主要包括管事故管理、"三违"管理、安全隐患管理三个方面。我们从组织结构、十二大系统及时间这三个维度对事故管理、"三违"管理、安全隐患管理等三个方面进行数据挖掘,找出我们重点关注的点,以达到煤矿生产的高质量、高效率及零事故的目的。具体安全管理主题数据挖掘分析如下:

(1)事故管理数据挖掘与分析

煤矿事故主要分为顶板事故、瓦斯事故、水害事故、运输事故、机电事故、爆破事故、火灾事故、人身事故等八种。事故分析主要是从事故发生地点、责任单位、查处问题、处理结果、事故发生率等几个方面进行。利用数据挖掘技术建立事故数据库,通过事故数据库提炼出事故发生的相关信息,根据事故情况总结、提炼出事故发生最多的原因、地点、处理结果、后期采取预防措施等数据,根据数据计算出不同类别事故的发生率,为以后重点防御工作的开展打下基础。

(2)"三违"管理数据挖掘与分析

"三违"管理主要分为轻微"三违"、一般"三违"、严重"三违"三种。"三违"管理主要是从违章地点、违章人员、违章类别及性质、违章行为及防范措施等几个方面进行分析。日常工作记录每一项"三违"记录,重点关注"三违"类别及性质、违章人员、违章行为及防范措施,建立相应的数据库。根据数据挖掘理论,从数据中挖掘重点关注信息,归纳总结出"三违"的关键信息,分类汇总,为下一步工作的开展提供参考信息。

(3)安全隐患管理数据挖掘与分析

煤矿安全隐患管理主要对人、机、环、管四个环节方面的隐患管理。人的因素是指人的安全行为,受人的安全意识、安全知识和安全操作等因素制约;物的因素是指物的不安全状态,受安全装备、设施、机电设备、地质条件和开采技术等因素制约;环境因素是指物的不安全状态环境的恶劣状况,它受矿井通风和空气调节等因素制约;管理因素是指管理不善,受管理人员思想技术素质、管理劳动组织技能、管理规章制度和安全教育培训等因素制约。因此,安全隐患管理分析主要是从隐患发生时间、地点,人员,隐患类别与性质,隐患整改情况及整改意见等几个方面分析。

上述讲述了安全管理数据挖掘与分析的内容,我们可以同时从三个维度对十二矿安全管理进行分析。通过数据的挖掘与分析可以找到排除安全隐患需要关注的重要节点,从各个层面消除安全隐患,确保十二矿的生产安全。

11　十二矿精细化管理信息系统设计

随着精细化管理体系的全面实施,大量数据需要记录,采用手工台账的方式处理效率低下,不能进行统计分析和数据挖掘。因此,为保证精细化管理体系能够良好运行,需要开发一套具备精细化台账管理功能、数据挖掘功能和决策支持功能的精细化管理信息系统,实现对信息的准确、快速、灵活录入和统计分析。数据挖掘为管理者提供了决策支持,实现了管理手段升级,解决了精细化管理过程中精细与效率的矛盾。

十二矿精细化管理信息系统主要是借鉴传统 ERP 和 EAM 系统中对人、财、机、物的管理思路,结合煤矿企业自身对施工、生产、环境处置以及安全等专业技术领域的管理需求,围绕班组任务管理、设备管理、材料管理、人员管理、安全管理以及专业技术管理等多个方面进行设计与开发的。在该系统的建设实施过程中,我们结合了十二矿实际,继承和发展了原有的成熟管理经验,以档案管理为基点和载体,以班组任务管理为切入点,建立起了标准的任务工作记录台账,从而形成以制度、标准、档案和考核为对象的精细化管理模式。

精细化管理信息系统将统一定义和维护精细化管理中所涉及的各类档案数据(静态数据),如组织架构、人员列表、工作面、设备功能位置(设施或系统)、设备、材料以及班制等,因此需对这些管理对象进行统一的代码、名称、从属或逻辑关系以及主要业务参数信息的管理和维护。这些信息将为每天产生的各类任务工作记录台账的数据录入提供引用标准,为我们十二矿的业务动态数据管理的结构化和标准化提供基础。

精细化管理信息系统在任务工作记录台账管理方面,将把任务管理作为主要内容和基线,把班组作为终端管理节点,以任务工单的方式记录每天各个区队班组的主要生产任务活动及各类相关信息。任务工单是每个班组在每个班次中生产活动信息的主要载体。任务工单根据不同的管理需求和管理对象,包含任务的工作细项内容及工作量、人员定岗情况、材料消耗以及作业对象的工程、技术、质量等信息,并以班组任务为主线关联每个班次的生产安全记录、环境监测和处置记录、考核评分记录等信息。

精细化管理信息系统提供对各类信息的查询、统计功能,各管理层次、管理角色都能根据各自的管理需求对这些信息进行分类查询、统计汇总。并且,借助联机分析数据库(OLAP)的多维数据分析能力,矿管理层或管理单位还能够以各种主数据(静态数据)为视角,对业务动态数据进行合并分析、时间对比分析及信息挖掘。

11.1　十二矿精细化管理信息系统设计的基本目标

根据十二矿精细化管理的具体实际,通过精细化管理信息系统平台的搭建,按照管理数据统一化、标准化的理念,建立完整矿区运营管理数据模型,借助该管理系统平台的数据采集、管理能力,建立十二矿的数据仓库,利用该管理信息系统的数据分发、共享及报表、图示展现能力,做到企业运营管理数据的实时统计分析,彻底解决信息孤岛的问题,使企业管理层、各业务管理单位能及时把握企业运营的脉搏,不断提升十二矿综合管理水平和核心能力,促进十二矿又好又快地发展。

十二矿精细化管理信息系统设计的基本目标如下:

(1) 构建适合十二矿精细化管理需求的业务信息管理开发框架。

(2) 在业务信息管理开发框架的基础上,实现各业务战线的精细化管理数据录入、查询、追踪。

(3) 在业务信息管理开发框架的基础上,建立企业精细化管理的业务数据仓库及分析模型,构建各管理层次的业务数据统计、分析报表和图表。

(4) 在业务信息管理开发框架的基础上,建立企业信息管理综合展现平台,以企业门户(综合展现)和角色中心(个性化展现)的形式,将各类精细化管理数据、信息,实时、有效、准确地展现出来,形成全矿的精细化管理应用系统平台。

11.2　十二矿精细化管理信息系统设计的基本原则

十二矿精细化管理信息系统的设计遵循以下原则:

(1) 实用性原则

适应行业特性,以满足各种实际业务需求为目标,建设应用系统。

(2) 开放性原则

系统涉及各个方面的管理,因此无论从设计上还是从运行上,都要求具有开放性,以保证各子系统能够正常运行。

(3) 前瞻性原则

在保证系统稳定,贯彻国家和行业标准的前提下,设计思想和技术适度超前。

(4) 安全性原则

网络安全,信息保密,应用授权,高效运行。

(5) 可靠性原则

系统保证高可靠性。实现 $7×24$ 小时不间断工作,即使在系统过载的情况下依然能够保持对用户的响应。

(6) 扩展性原则

整个系统由多个独立的业务组件构成,将来业务发展需要扩充或部分软件需做修改时,通过修改或增加单独的组件来完成,不会影响到整个系统和总体流程。

(7) 可维护性原则

便于系统管理员的管理维护,故障可跟踪,便于进行诊断,并且需采取有效及时的措施,使系统时刻处在良好运行的状态。

11.3 十二矿精细化管理信息系统的设计

11.3.1 精细化管理信息系统技术指标

（1）管理信息系统技术指标主要包括以下几点：

① 系统平台应具有一套标准化的煤矿基础信息数据库和编码体系，具有编码规则定义和编码管理功能。可以对基础数据实现方便的管理，对应用层数据库实现模块化的定义和管理。

② 系统平台应具有一套统一的、友好的和便捷的数据采集录入界面，方便各战线的数据采集。

③ 系统平台应具有便捷的用户界面和报表、数据模型定制功能。

④ 系统平台应具有丰富的数据分析挖掘工具，多接口的数据展现或发布工具。

（2）信息系统逻辑示意图

系统逻辑架构设计以信息流为导向，分别从台账管理、业务流程管理、决策分析、综合展现四个方面实现对信息的采集、控制、处理和展现。与煤矿生产管理密切相关的基础数据主要包括基本的业务主数据和基础管理台账记录，系统为相应的业务管理员提供简洁、友好的管理界面，让其方便地实现对各种基础数据的管理和维护。针对实际生产实践过程中产生的动态业务数据，我们通过对业务的梳理建立标准化的业务单据，用工作流引擎控制业务流程走向，利用表单服务引擎将处理过的信息以台账或报表形式存入事务数据库。报表服务引擎同时可以从事务数据库中根据管理需要定制和自动生成相应的报表。这些报表可以直接送往报表中心进行结果展现，也可以送往决策中心利用分析数据库进行深入分析，提取动态绩效指标，或形成动态分析报表，再送往报表中心进行展现，最终为决策中心提供判断和决策依据。信息系统逻辑结构图如图 11-1 所示：

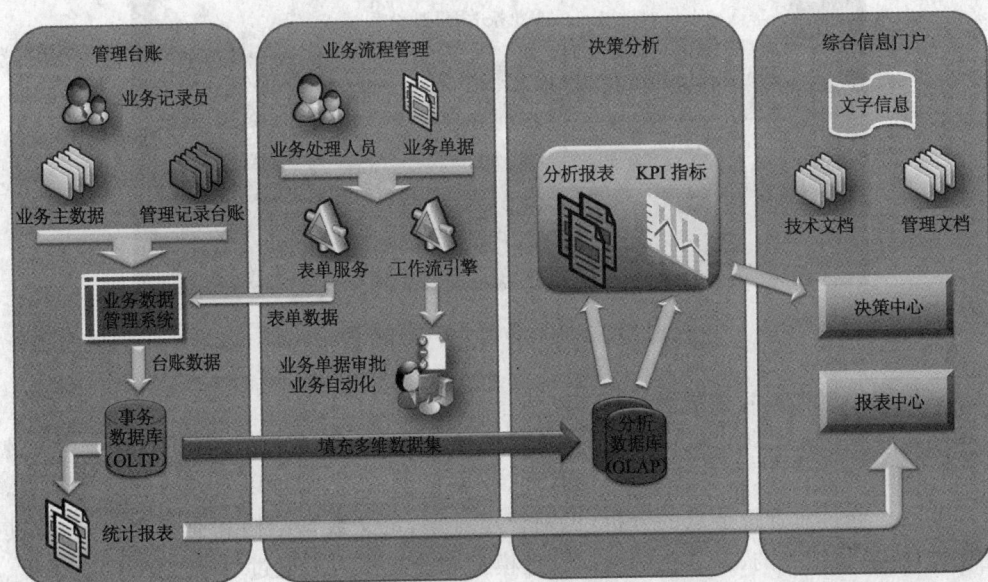

图 11-1　信息系统逻辑结构图

（3）信息系统平台示意图

平台设计以建立适合煤矿企业管理的数据仓库为目的，以事务数据库（OLTP）和分析数据库（OLAP）为基础支撑，以煤矿生产管理过程中所涉及的各种业务为中心。业务管理涵盖任务管理、设备管理、材料管理、人员管理、安全管理、工程技术及环境监测管理等。在业务管理的前端（即业务管理客户端），系统为一线管理者提供了基础数据的采集、维护、查询等基本管理接口，方便基础数据的采集整理。在业务管理的末端（即综合信息门户），系统提供了多样化的信息展现渠道，如角色中心综合信息展现、报表中心的业务数据查询、WEB信息平台展现等。为方便企业管理制的决策指挥，系统平台搭建了管理决策中心，将各式各样的不同业务数据或报表进行综合分析和系统展示，从而实现了方便直观地管理决策支持。考虑到各种业务处理流程的复杂性，系统研究设计了业务开发框架，在此框架中，系统提供两大引擎即工作流引擎和用户交互引擎，并且提供了开放的业务逻辑处理代码库，方便各层管理者根据自己的实际需要灵活定制管理和业务流程。业务管理框架处理好的各种与煤矿生产管理相关的静态数据和因业务处理所产生的各种动态数据，系统将自动将其进行有机的分类和整合形成煤矿数据仓库的基本业务元数据。信息系统平台设计框架示意图如图11-2 所示：

图 11-2　信息系统平台设计框架

11.3.2　精细化管理信息系统业务需求分析

精细化管理信息系统设计以各战线、各单位任务管理分析为主线，将任务管理与人员管理、材料管理、设备管理、技术管理、岗位管理、环境管理、安全管理以及经营管理相结合，形成管理节点。通过对管理节点的分析，识别管理对象、定义数据结构和业务流程，并对其进行优化设计，形成统一的、标准化的数据管理模型和分析报表。通过对十二矿开掘、采煤、机电、通防、安全、经营、后勤等业务战线的精细化管理需求的分析，最终形成满足十二矿生产全过程的精细化管理信息系统管理平台。

（1）静态数据定义

精细化管理系统需规范基础数据，用以定义和维护精细化管理中所涉及的各类静态数据，主要包括任务类别、任务、组织架构、人员、岗位、职位、证书、班次、班制、地理位置、物料类别、物资、设备及系统功能位置等。其中，系统功能位置涉及各种管理对象，如井巷工程中的巷道、巷道段、硐室、巷道排架，地面建筑中的办公楼、房间、房间设施，生产系统中的各种管路、设备、设施、监测点等。

（2）工作任务定义

在任务管理方面，首先以各个战线为单位，往下分区队、班组和岗位，逐级将各类工作任务进行分解和定义。如开掘任务分解为观测孔施工任务、打孔放炮任务、出渣拉底任务、锚帮任务等，而锚帮任务又往下分解为锚顶帮任务、锚左帮任务、锚右帮任务、上网任务等，如此将任务逐级分解，直至达到最小分解单元的底层任务。同时在任务定义过程中，我们还需要定义每类任务的任务内容描述、具体的工序和岗位、材料消耗定额、验收项目等。最后将这些整理出来的任务定义录入到精细化管理系统的任务管理模块主数据中，以此作为日常任务工单录入时每项工作任务的信息模板，为任务数据的标准化提供依据，并能够有效地降低基层单位在录入数据时的工作量。

对于日常的班组任务信息，则通过以各战线区队每个出工班次为单位，以任务工单的形式，记录有关该班次在生产活动中所需完成的任务内容及目标、班组出勤人员、各工作岗位的人员定岗情况以及各项具体工作的材料消耗情况等。任务工单的逻辑结构如图11-3所示：

如图11-3所示，一张任务工单包含了其所对应的工作日期、班次、班组等信息，任务列表则表示在本班中需要完成的主要任务，并且通过更加具体的工作项逐一将某一项任务分解，落实到每一个工作岗位（或工序）、每一个工作人员。通过工作项信息的记录，我们可以将下列信息记录在生产任务中：

· 每一个工作岗位所需要完成的具体工作内容，如完成锚帮工作、完成上网工作、安装设备、检修设备等。

· 每项任务针对的工作对象是什么，如某一个巷道排架、某一台设备、某一个防突钻孔等。

· 每项任务由哪些人员完成，他们分别担任什么职位。

· 每项任务完成多少工作量，如打锚杆多少根，喷浆多少平方米，在岗工作多少小时等。

· 每项任务消耗了多少材料、多少工时以及设备台班数等。

（3）任务单位定义

任务工单作为每个班组在每个班次中生产活动信息的主要载体，涵盖了当班所有工作或任务单元，针对每个任务单元，系统都以任务模板的形式将要完成此项任务的工作量需求、人员定岗需求、特定的工种需求以及主要材料消耗需求（其中包括材料定额和容差范围）等信息进行提前定义和配置，按照不同的业务管理对象进行分类，例如掘进任务，采煤任务，安全管理任务，通防管理任务，设备或设施安装、巡检、维修任务等。

每种任务根据其不同的管理需求和管理对象，都将与相应的工作记录相关联，在完成该项任务的同时，除了要记录相应的工作量、人工、材料、定岗、定额、消耗信息外，系统还要求记录

```
┌─────────────┐        ┌─────────────┐   ┌─────────────┐  工作对象  ┌─────────────┐
│   任务工单   │        │   任务-1    │   │  任务明细-1 │ （排架）  │  工作记录   │
│ （掘进任务工单）│      │（进尺任务1号排架）│ │   （锚帮）   │         │（排架施工记录）│
├─────────────┤        ├─────────────┤   ├─────────────┤         ├─────────────┤
│日期、班次、  │        │  任务内容    │   │  工作项-1   │         │  排架号     │
│班组         │        │             │   │工作对象(如排 │         │工程质量参数 │
│带班人、带班  │        │             │   │架号100911001)│        │施工人员     │
│领导         │        │             │   │完成工作量   │ 工作对象 │……         │
│工作面：     │        │             │   │岗位人员     │（排架）  │             │
│任务安排     │        │             │   │材料消耗     │         │             │
│任务完成情况  │        │             │   └─────────────┘         └─────────────┘
│描述         │        │             │   ┌─────────────┐         ┌─────────────┐
│任务目标     │        │             │   │  任务明细-2 │         │  材料消耗记录 │
│目标量化单位  │        │             │   │   （上网）   │         │   （锚杆）   │
│（进尺米数）  │        │             │   ├─────────────┤         ├─────────────┤
└─────────────┘        │             │   │  工作项-2   │         │  物料号     │
                       │             │   │工作对象(如   │         │实际消耗量   │
       ┌─────────────┐ │             │   │排架号)      │         │额定消耗量   │
       │ 当班出勤情况 │ ┌─────────────┐ │完成工作量   │         │差额         │
       ├─────────────┤ │   任务-2    │ │岗位人员     │         │材料成本价   │
       │  人员       │ │   （杂活）   │ │材料消耗     │ 工作对象 │……         │
       │是否出勤     │ ├─────────────┤ └─────────────┘（设备）  └─────────────┘
       │是否特殊出勤  │ │  任务内容    │ ┌─────────────┐         ┌─────────────┐
       │是否下井     │ │             │ │  任务明细-3 │         │  工作对象   │
       └─────────────┘ │             │ │   （看风机）  │         │（设备故障记录）│
                       │             │ ├─────────────┤         ├─────────────┤
       ┌─────────────┐ │             │ │  工作项-3   │         │  设备识别号 │
       │  三项评估表  │ │             │ │工作对象(如   │         │设备名称     │
       └─────────────┘ │             │ │001号局部风机)│         │安装人       │
                       │             │ │完成工作量   │         │安装日期     │
       ┌─────────────┐ └─────────────┘ │岗位人员     │         │……         │
       │   事故记录  │ ┌─────────────┐ │材料消耗     │ 工作对象 └─────────────┘
       └─────────────┘ │   任务-3    │ └─────────────┘（锚索）  ┌─────────────┐
                       │ （锚索安装）  │ ┌─────────────┐         │  工作记录   │
                       ├─────────────┤ │  任务明细-4 │         │（锚索安装记录）│
                       │  任务内容    │ │ （锚索安装）  │         ├─────────────┤
                       │             │ ├─────────────┤         │  锚索编号   │
                       │             │ │  工作项-4   │         │施工人员     │
                       │             │ │工作对象(如   │         │角度         │
                       │             │ │第100812001  │         │排距         │
                       │             │ │号锚索)      │         │外露长度     │
                       │             │ │完成工作量   │         │……         │
                       │             │ │岗位人员     │         └─────────────┘
                       │             │ │材料消耗     │
                       └─────────────┘ └─────────────┘
```

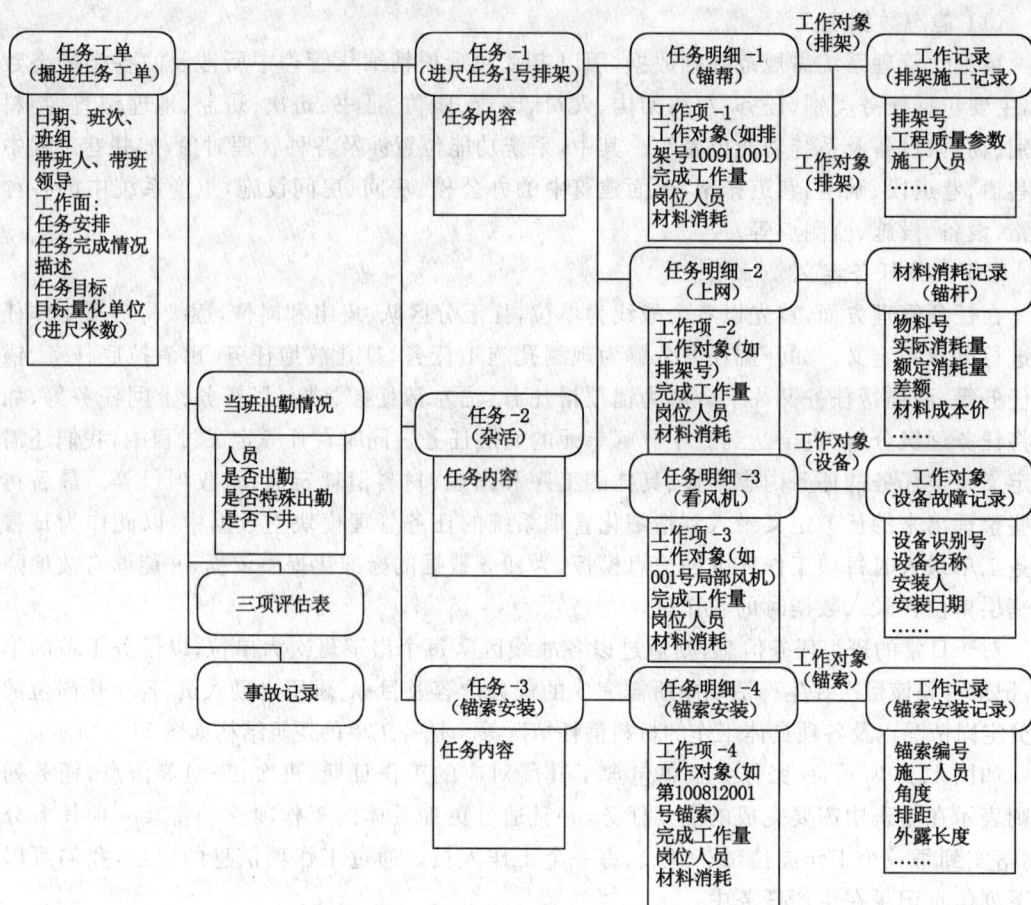

图 11-3　任务工单逻辑结构图

与之相应的精细化管理台账。例如，完成巷道进尺施工任务后，除了要记录当班进尺任务信息以外，还要记录排架施工质量信息。从而以任务管理为线索将各种精细化管理台账相关联。

（4）管理对象定义

首先是对管理对象的识别。管理对象其实就是我们企业日常管理中所涉及的各种业务实体，是企业管理的具体对象。它们往往也是一个个独立的、真实存在的事物或逻辑概念。在这个过程中，我们需要识别出这些管理对象，并根据这些管理对象的管理属性定义出其在拟建系统中所对应的数据格式，而这个过程一般我们会分为两个部分：

·将组织架构、人员、材料以及设备等企业核心管理对象提取出来。由于这些核心管理对象是一般企业中普遍存在的，往往涉及了所有的生产、经营和管理活动，并且其管理属性和管理模式也存在一定的普遍性。因此，对于这些对象我们首先把它们提取出来，并根据普遍性原则定义出它们的数据格式。比如，设备这样一个管理对象，不管其属于哪类系统，一般都具有设备识别号、生产厂家、供应商、生产日期、保修期等管理属性，因此它的数据格式中也就具有这些相应的数据字段。

·将各业务战线划分为系统或业务线，如生产系统、供水系统、供电系统、防尘系统、人员定位系统、瓦斯排放系统、瓦斯监测系统、围岩监测系统、煤质检测管理系统、人力资源管理系统等。然后,识别各个系统或业务线所覆盖的管理对象,这个过程也同样分两个部分:其一,识别出这些系统或业务线中那些独立的、不具备普遍性的管理对象,如生产系统中的巷道排架、液压支架,再如围岩监测系统中的离层仪等;其二,识别出这些系统或业务线中与企业核心管理对象重复的但是又具有特定管理属性的对象。如供电系统中的某类设备,它首先是一台设备,因此应具有设备这样一个核心管理对象所具有的管理属性(如设备识别号、设备名称、生产厂家、供应商、保修期等)。然后由于其设备类别和特性也决定了它还具有一些特有的技术参数,如输入电压、额定功率、载荷等。最后,根据这些识别出来的管理对象的管理属性定义其相应的数据格式。

为适应煤矿企业对各个生产系统的管理,通过将企业资产管理(EAM)系统中功能位置的概念引入到煤矿生产系统管理中,并将这一理念拓展到煤矿主要管理对象(如巷道)之中,形成特有的煤矿生产系统管理新模式。以功能位置建立起来的生产系统和主要管理对象主要有供水系统、防排水系统、压风系统、供电系统、电力监测系统、人员定位系统、通讯系统、主运输系统、辅助运输系统、通风系统、瓦斯监测系统、粉尘监测系统、防灭火系统、瓦斯抽放系统、避灾系统、井巷工程、地面建筑和设施、综采设备、综掘设备等。

利用对各系统功能位置的层次化结构定义,勾勒系统构成和布置情况。同时我们将系统中实际管理对象(如设备或设施)的技术参数改造为对应功能位置的技术特征,将实际管理对象日常运行中的维护、维修、改造以及监测项目改造为对应功能位置的巡检项目,将实际管理对象的常见故障归纳并编码形成对应功能位置的故障代码。将这些技术特征值的变化、巡检和维护的结果记录下来,作为对各类技术系统的构建、日常维护维修以及使用等各类业务动态数据进行分析统计的依据。最终实现对系统从设计到日常管理直至报废的全过程化管理。

(5)业务动态数据定义

在这个过程中,我们首先定义出各种管理对象整个生命周期中的各个管理阶段或状态。如表11-1所示:

表 11-1 管理对象各个管理阶段动态数据

班组任务	物料	设备	隐患	事故
班前会	计划	申请	排查	发生
点名	采购	采购	整改	分析
井下安排工作	验收	验收	复查	处理
井下工作	入库	入库		
升井汇报	转移	接收/移交		
任务评分考核	领用	安装/拆卸		
	消耗	运行		
	回收	使用		
		维修		
		报废		

然后再对各个业务战线的管理任务或班组任务进行分类,整理出每一类任务所关联的管理对象,以及管理对象在不同管理阶段/状态下应产生和记录的信息。以此来识别出每一类任务所相关的动态业务数据。如表11-2所示:

表 11-2 任务基本信息表

任务基本信息		
字段名称	说明	备注
任务工单编号	任务工单的唯一编号	一个班次一个班组一张任务工单
日期	任务日期	
班次	任务班次	
当班班组		
当班负责人		
带班领导		
验收员		
当班任务安排	以文字描述的形式描述当班任务安排	
工作面	一般情况为当班班组所属区队目前的工作面	
入井时间	默认为班制定义中本班次开始时间	
升井时间	默认为班制定义中本班次结束时间	
……		

识别出这些动态业务数据以后,就可以根据管理需要定义出这些动态业务数据的数据格式。如表11-3和表11-4所示。

表 11-3 工作项材料消耗数据格式

工作项材料消耗		
字段名称	说明	备注
任务工单编号	班组出勤情况所关联的任务工单	
日期	记录日期	
班次	记录班次	
当班班组		
任务名称	该工作项所属的任务名称,如"进尺任务"	
工作项名称	该工作项的名称,如"锚左帮"、"锚顶"、"上网"	
工作者	该工作项的工作者,即干这个活的人	可以是多个人
材料名称	该工作项需要消耗的材料名称	
计量单位	该材料的计量单位	
额定消耗	该材料的额定消耗值	
实际消耗	该材料本次的实际消耗值	
……		

表11-4 生产班组任务基本信息数据格式

大类	小类	生产班组任务						一般任务		
		进尺任务	喷浆	锚索安装	瓦斯钻孔	信息整改	杂项任务	围岩监测任务	锚杆拉拔任务	钻孔压
班组任务	班组会	基本信息任务	基本信息任务	基本信息任务	基本信息任务	基本信息任务	基本信息任务			
	点名	班组出勤情况	班组出勤情况	班组出勤情况	班组出勤情况	班组出勤情况	班组出勤情况			
	井下安排工作	人员定岗情况	人员定岗情况	人员定岗情况	人员定岗情况	人员定岗情况	人员定岗情况			
	升井汇报	任务完成情况	任务完成情况	任务完成情况	任务完成情况	任务完成情况	任务完成情况			
	任务评分考核	班组任务评分、三项评估得分	班组任务评分、三项评估得分	班组任务评分、三项评估得分	班组任务评分、三项评估得分	班组任务评分、三项评估得分	班组任务评分、三项评估得分			
物料	计划									
	采购									
	验收									
	入库									
	转移									
	领用	领料单	领料单	领料单	领料单	领料单	领料单			
	消耗	工作项材料消耗		工作项材料消耗						
	回收									
	接收									
设备	安装、拆卸									
	运行									
	使用									
	维修									
	报废									
巷道排架	施工	施工质量记录								
	使用									
锚索	安装			锚索安装记录						
钻孔	打钻				施工钻孔记录				锚杆拉拔试验记录	
瓦斯	监测	瓦斯监测传感器记录								
安全	隐患排查									
	隐患整改									
	发生	人身事故记录、生产事故记录、"三违"事故记录	人身事故记录、生产事故记录、"三违"事故记录	人身事故记录、生产事故记录、"三违"事故记录	人身事故记录、生产事故记录、"三违"事故记录	人身事故记录、生产事故记录、"三违"事故记录	人身事故记录、生产事故记录、"三违"事故记录			

通过定义业务动态数据的格式,同时能够结合对这些动态数据所表达的业务概念的理解,就能够进一步分析出管理对象与业务动态数据以及业务动态数据之间的关联关系,并最终形成整个系统的业务数据模型。通过平台的数据模型定义工具即可根据业务数据模型生成满足十二矿精细化管理需求的数据库存储结构和数据仓库。

(6)业务数据的查询、分析模型定义

在业务数据的统计分析和利用方面,该管理信息系统提供对各类信息的查询、统计能力。各管理层次、管理角色都能根据各自的管理需求对这些信息进行分类查询、统计汇总,并且借助联机分析数据库的多维数据分析能力,矿管理层或管理单位还能够以各种管理对象(静态数据)为视角,对业务动态数据进行合并分析、时间对比分析及信息挖掘。

在业务数据的统计分析模型定义方面,我们将引入"企业维度矩阵表"的概念。如表11-5所示:

"企业维度矩阵表"就是企业管理对象及其量化管理"度量值"的一张交叉表格,也是企业各种管理线索交织成网状的一种体现。而为了管理这些管理对象,我们往往会通过工作量、材料消耗数量、出勤情况、考核评分、工分等一系列可量化的数据对其统计分析、控制或者进行管理决策,那么这些量化数据则称之为"度量"。因此通过定义这样的"企业维度矩阵表",我们就能够直观地反映出各个业务面所涉及的"管理对象"与"度量"之间的管理节点。

借助联机分析数据库系统,我们能够轻松地获得各种"管理对象"在不同"度量"上的分析统计结果。比如说,"区队"这个管理对象在度量"实际进尺"和"计划进尺"上都存在管理节点,那么我们就能够很方便地通过统计分析报表反映出各个区队每月的"实际进尺"与"计划进尺"的比较结果。再如,"人员"这个管理对象在"实际材料消耗"和"额定材料消耗"这两个度量上都存在管理节点,通过统计分析报表就能够反映出不同人员在特定工作任务上所实际消耗的材料与额定材料消耗之间的差异。并且从人员到班组、到区队,本身就存在层级关系,那么这些差异还能够从人员逐级累积到班组或者区队。

11.3.3 管理信息系统各模块具体功能

(1)信息系统管理模块

系统管理模块主要用来对整个平台在系统层面的相关参数、用户及用户权限等信息进行管理与维护,如:

· 用户及用户组设置:用来定义可以访问该系统平台的用户账户信息以及按业务角色划分用户组。

· 用户功能权限与数据权限设置:用来针对具体的用户或用户组设置其访问相关功能或数据的权限。功能权限包括系统的每一个菜单项以及用户界面上的功能按钮或其他交互控件的访问权限。数据权限则包括用户访问特定数据表、字段列甚至某一条数据记录的权限。

· 预警设置:用来设置业务信息管理所需要的预警规则,能够让用户针对系统中的任意业务数据表设置预警触发条件。当特定业务数据被创建、修改或删除时,系统就会检查其对应的预警触发条件。

· 数据库管理与维护设置:用来设置与业务数据及分析数据存储相关的数据库参数。

表 11-5　　企业维度矩阵表

	列1	掘进任务工单		掘进任务计划	掘进任务工单明细			班组分工情况		考核评分记录		
		实际进尺	班组计划进尺	月计划进尺	工作项工作量	材料实际消耗	材料额定消耗	人员定岗	出勤	考核评价	工分	
时间	班次	√	√		√	√	√	√	√	√	√	
	天	√	√		√	√	√	√	√	√	√	
	月			√								
	季度											
	年											
人员	人员				√			√	√			
	班组长	√	√									
	分队长											
	区队长		√									
	带班领导	√										√
	工作验收员	√	√									
组织架构	班组	√			√				√			
	分队					√						
	区队			√				√				
	战线		√									
任务	任务类型	√		√	√	√	√			√	√	
	工作项		√									
物料管理	物料类别					√	√					
	物料					√	√					
工程结构	工作面	√	√	√	√	√	√	√				
	矿道排架											
设备管理	设备											
	功能位置											

- 综合信息门户相关设置：用来设置与综合信息门户系统进行整合的相关技术参数。
- 角色中心设置：针对不同的用户设置符合其业务管理需求的角色中心配置。

（2）基本信息管理模块

基本信息管理模块主要用来对全矿层次的通用数据进行日常的维护、管理和查询，为其他业务管理模块提供规范化的、格式化的基础数据。如：

- 企业信息设置：用来设置可能的对外业务所需要的企业信息，如企业的基本情况介绍、企业文化等。
- 组织架构设置：用来定义全矿的完整组织架构，体现出各管理层次之间的职责关系。
- 物资单位及单位转换率设置：用来设置其他业务管理模块可能用到的所有单位及单位转换率定义。
- 工作日历和班制设置：用来定义全矿通用的工作日历，定义工作日、工作时间、固定假期和节日假期等。工作日历可以定义多个，不同工作岗位人员可以使用不同的工作日历。
- 编码规则设置：用来设置各业务模块中业务单据或基础信息数据相关的编码编制规则。
- 工作面、巷道结构、支护方式等通用业务基础数据设置：用来定义各业务管理模块可能用到的、通用的业务基础数据。

（3）业务管理模块

① 任务管理

任务管理即以各战线区队每个出工班次为单位，以一张任务工单的形式记录有关该班次的生产活动中所需完成的任务内容及目标、班组长、带班领导、班组出勤人员、各工作岗位的人员定岗情况以及各项具体工作的材料消耗情况等。主要功能如下：

- 班制定义：为不同班组定义其当班班制时间。
- 任务定义：为不同类型班组定义其任务模板，包括任务类型、任务名称、任务工作项（关键工序或岗位）等。
- 工作项定义：为不同班组定义通用的工作项（关键工序或岗位），包括工作项名称、工作项类型、工作量量化方式和量化单位等。
- 工作项额定材料消耗定义：为重点管理工作项定义其额定材料消耗值，包括材料编码、单位、额定值、容差范围等。
- 自主评估项目定义：为各班组三项评估项目进行定义，包括评估项目类型、项目名称、评估标准、标准分等。
- 班组任务工单管理：提供各战线班组任务工单的录入、查询功能，可以针对班组任务工单记录其当班情况、任务列表、任务完成情况、人员定岗情况、材料消耗情况等。
- 班组工分评分管理：提供各战线班组任务工分评分记录的录入、查询功能。区队验收员可以针对每张班组任务工单中的每项任务进行工分评分。
- 自主管理评分管理：提供各战线班组当班自主管理的评分记录录入、查询功能。

② 工程技术与环境监测管理

工程技术与环境监测管理模块将对生产过程中各类专业技术管理对象、技术参数、施工质量、施工过程信息以及监测信息进行管理和维护。主要功能如下：

· 位置定义:定义全矿完整的地理位置和工作面逻辑层次结构。

· 工作面通用业务信息定义:可以定义与工作面相关的工程技术参数、环境监测参数等通用业务信息。

· 施工质量参数定义:可以根据不同施工工艺对施工对象进行对应的工程质量参数设置。

· 施工记录定义:可以根据施工过程所涉及或能采集的信息进行针对该施工过程的记录及定义,并提供必要的录入、查询、统计功能。如与开掘进尺施工相关的打钻记录、爆破记录、围岩监测记录、瓦斯监测记录、煤层变化监测记录等。

③ 设备管理

在设备管理方面,我们借鉴了传统 EAM 系统中"功能位置"的概念。"功能位置"是指在某个技术系统中的某个功能单元,它表示一个技术系统在一个特定位置上对某台设备或设施结构的功能要求和技术要求。同时,"功能位置"的典型特征就是结构化,因此通过若干个"功能位置"的层次化结构就能够直观地反映出各类技术系统(如供电系统、通风设施、巷道排架等)或者大型成套设备的逻辑结构。如图 11-4 所示:

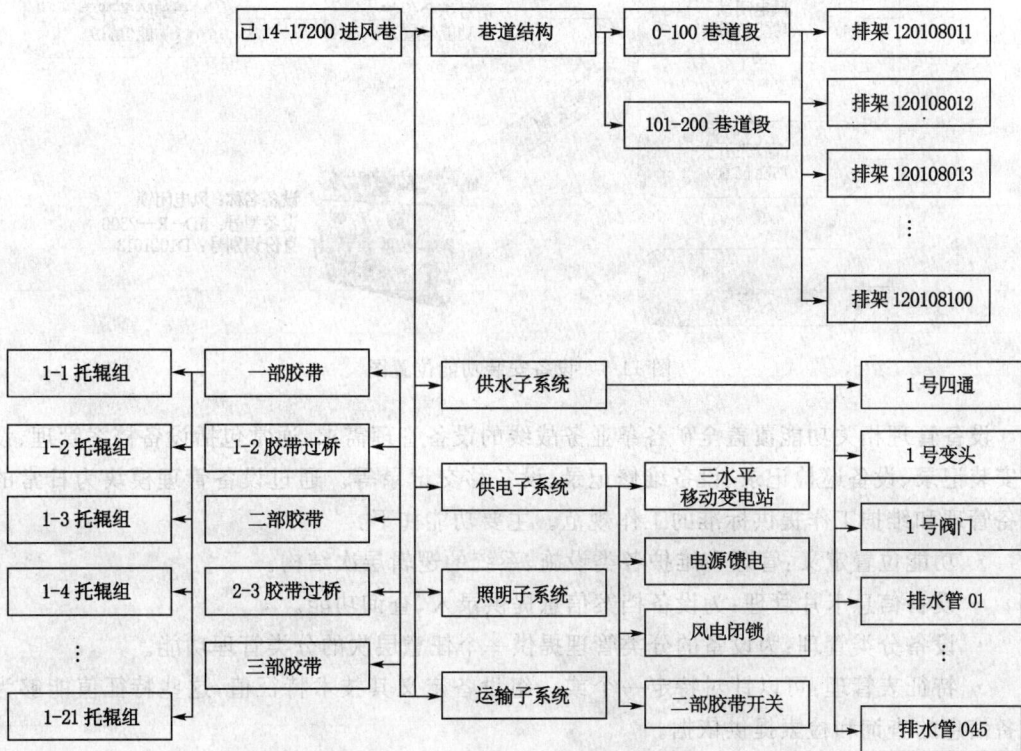

图 11-4　系统功能位置层次结构图

通过"功能位置"的层次结构就能够描绘出全矿各类技术系统的设计蓝图。通过这样的逻辑结构就能够直观地反映出设施或系统的结构由哪些类型的设备组成,能够完整地描述出全矿的供排水系统、供电系统、瓦斯监测系统、巷道结构设施、瓦斯排放系统,甚至地面建筑结构等各类技术系统。

　　然后再通过设备安装记录中的"安装位置"信息和"设备"信息,将"功能位置"与具体的某台"设备"关联起来。这个过程我们可以描述为将某台"设备"安装到某个"功能位置"上,以满足该"功能位置"所需要的功能需求。如图 11-5 所示:

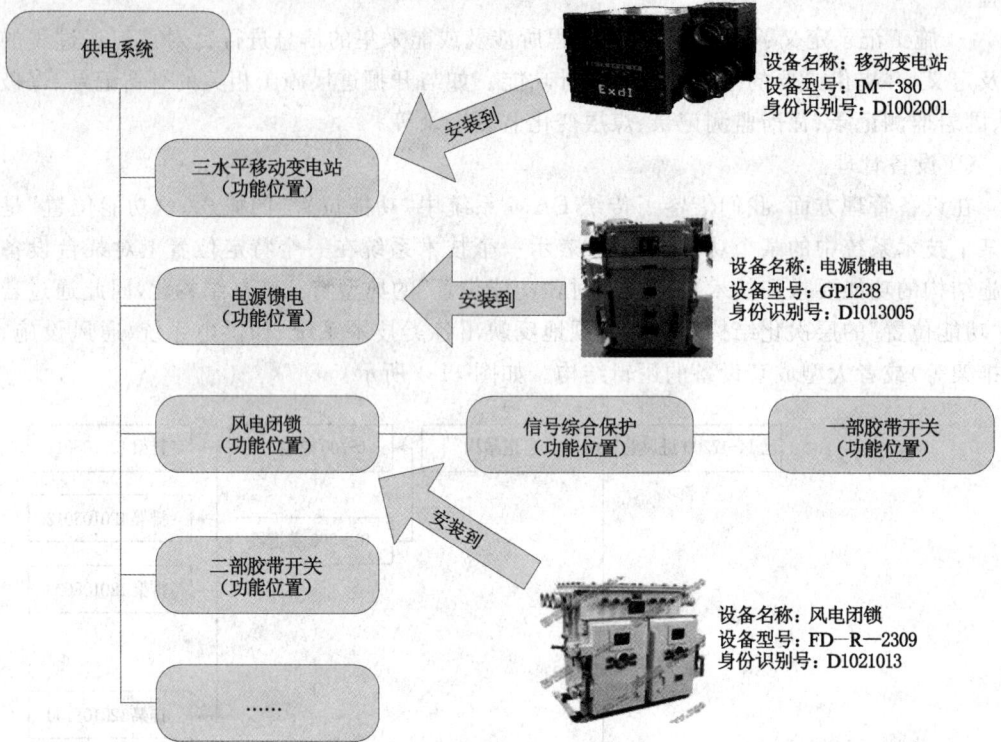

图 11-5　设备安装功能位置图

　　设备管理相关功能覆盖全矿各条业务战线的设备管理需求,通常包括设备档案管理、设备安装记录、设备巡检记录、设备维修记录、设备移交记录等。通过设备管理模块为日常的设备管理和维护工作提供标准的工作规范。主要功能如下:

- 功能位置定义:管理和维护各类设施、系统的逻辑层次结构。
- 设备信息卡片管理:为设备档案信息提供录入、查询功能。
- 设备分类管理:为设备的分类管理提供一个任意层次的分类管理功能。
- 特征表管理:可以针对特定一个或一组设备定义其技术特征值,这些特征值能够为设备信息的查询和检索提供依据。
- 巡检项目列表定义:通过针对特定一个或一组设备定义一个或多个巡检项目列表。
- 故障原因列表定义:通过定义标准的故障原因列表可以标准化、规范化各类设备的故障原因。
- 设备安装记录:为各类设备安装记录提供录入和查询功能。
- 设备巡检记录:为各类设备巡检记录提供录入和查询功能。

- 设备维修记录：为各类设备维修记录提供录入和查询功能。
- 设备发放、移交记录：为设备发放、移交记录提供录入和查询功能。
- 设备故障记录：为设备故障记录提供录入和查询功能。

④ 人员管理

通过人员管理模块对全矿职工的人事信息如职工基本信息、人事档案、技能/证书信息管理、培训记录等，进行管理。主要功能如下：

- 组织架构管理：为全矿的组织架构信息维护提供录入、查询和形象化展示功能。
- 人员信息管理：为全矿人员信息的管理维护提供录入、查询功能，包括基本人员信息、人员职业技能、岗位证书信息等。
- 岗位管理：为各组织单位岗位信息的管理和维护提供录入、查询功能，并且能够定义各岗位的职责描述、岗位技能证书要求。
- 人员调岗记录：提供关于人员调岗记录的录入和查询功能。

⑤ 材料管理

通过材料管理模块对生产、经营所需的各类物资信息进行管理和维护，并通过与班组任务工单关联，记录班组任务中关键工序的材料消耗情况。其主要功能如下：

- 物料主数据管理：为各类生产、经营所需物资信息的管理维护提供录入和查询功能。
- 物料单位管理：为各类物资在管理过程中可能用到的度量单位进行维护和管理，包括单位名称、单位符号以及单位转换率的定义。
- 工作项材料消耗记录：与班组任务工单关联，用户可以通过班组任务工单记录关键工序的实际材料消耗情况。

⑥ 安全管理

安全管理模块相关功能主要包括评估队的日常事务性数据录入、查询功能。根据安全生产的管理要求，记录各条业务战线每天在各个工作面进行的安全生产评估结果，如隐患排查、"三项"评估以及事故记录等。并针对巡查结果安排处理任务，要求其责任单位在适当班次中加以整改。主要功能如下：

- 生产事故记录：提供各班组生产事故记录的录入和查询功能，包括事故时间、地点、班组、事故描述、责任人、事故原因、停产时间、复产时间、停产损失、处理意见等信息。
- 人身事故记录：提供各班组人身事故记录的录入和查询功能，包括事故时间、地点、班组、事故描述、相关设备、事故原因、处理意见等。
- "三违"事故记录：提供各班组"三违"事故记录的录入和查询功能。
- 安全信息整改记录：提供各班组安全隐患排查信息的录入、查询和处理结果记录功能。

11.4   十二矿精细化管理信息系统设计的实施步骤

为确保十二矿精细化管理信息系统的实施，系统采取试点推进的模式，以开拓队为试点，重点分析开拓队各班组任务种类及关联的基础数据，开发应用平台雏形，并付诸实施。根据试点运行效果，有计划地在开掘战线推行精细化管理信息系统，进而扩展到全矿各单位各业务战线。每个业务战线的实施基本都分为需求分析、系统设计、系统开发、模拟测试、基础数据整理以及试运行几个阶段,以迭代周期的形式逐步推进。具体实施步骤如下:

(1)需求分析阶段主要由需求分析人员根据战线现有的台账表格熟悉该战线的业务范畴和管理模式。然后再根据需要不定期与各战线信息员、战线领导以及矿领导进行需求细节方面的讨论。最终编辑形成需求分析文档,并以需求确认会议的形式对需求分析文档进行书面确认。

(2)系统设计及系统开发阶段主要由实施方开发团队根据需求分析文档进行系统设计和系统功能的开发、测试。

(3)模拟测试阶段实际上可以与系统开发阶段同步进行。在此过程中,实施方需要及时地与战线信息员确认和测试,尽可能早地发现问题、解决问题,以此提高开发结果与实际需求的匹配度。模拟测试结束后,系统功能开发成果与实际需求应该基本匹配。

(4)模拟测试结束后,系统的数据模型将基本稳定,因此可开始根据系统中管理对象的数据格式将基础数据整理表格下发给战线各个相关单位,并在实施方的协助下完成各类基础数据的整理工作。同时,实施方需将收集整理上来的基础数据导入试运行环境,为下一阶段系统试运行做准备。

(5)待试运行环境准备就绪后,即可进入系统试运行阶段。该阶段以整理并导入系统的基础数据为基础,尝试以战线历史的台账数据为依据,向试运行环境中补录历史数据,进行小范围的试运行,并在此过程中发现问题、解决问题。

试运行结束,并解决完该阶段发现的关键性问题后,即可视为该战线相关功能模块上线准备就绪。结束该战线的开发工作,即可进入下一个迭代周期,开始下一条战线的分析、设计、开发工作。

12 十二矿精细化管理考核体系设计

12.1 十二矿精细化管理考核体系设计的基本目标

十二矿精细化管理考核是对企业的精细化管理体系实施状况进行全面系统的检查审核,验证既定目标完成情况、各部门职能发挥情况和体系的符合性,根据呈现的漏洞,制定纠正措施,促进精细化管理目标的完成,实现精细化管理体系的有效实施。通过对精细化管理的审核工作,可以推动企业精细化管理工作的持续开展,确保企业开展精细化管理工作的质量和效果,全面提升企业的精细化管理水平,实现十二矿战略目标。十二矿精细化管理考核体系设计的基本目标如下:

(1)通过有效地实施精细化管理考核工作,达到提高煤矿精细化管理工作绩效的目的,确保精细化管理体系有效推进。

(2)设计精细化管理考核评分标准,明确精细化管理实施单位及个人的精细化管理工作质量标准,制定科学合理的精细化管理考核激励制度,表彰先进,鞭策后进,让精细化管理工作绩效高的单位及员工获取更多的利益,分享企业更多的精细化管理成果。

(3)强化精细化管理实施单位及个人的责任意识、成果意识和竞争意识,激发各级员工精细化管理工作的潜能,不断提高工作绩效,把员工精细化管理理念与行为引导到企业精细化管理的目标上来,增强企业的竞争力。

(4)通过实施有效的精细化管理考核工作,逐步建立企业的精细化管理考核文化,形成具有激励作用的工作氛围,提高员工的素质和能力,实现员工和企业共同成长。

12.2 十二矿精细化管理考核体系设计的指导思想

十二矿精细化管理考核体系的设计,按照公开性原则,坚持"高起点、严要求、有侧重"和"积极稳妥、循序渐进"。十二矿精细化考核体系设计的指导思想包括:

(1)坚持树立一种观念,即树立"考核是以改善精细化管理为目标"的观念。

(2)明确两个重点,即明确精细化管理考核的指标体系和精细化管理的考核标准。

(3)处理好三种关系,就是要妥善处理好精细化管理考核与各专业管理的关系、精细化管理定量考核与定性评价的关系、单位考核与员工考核的关系。

(4)防止四种错误倾向,就是要防止精细化管理重复考核;防止把精细化管理考核材料弄虚作假现象的出现;防止考核不公平现象和考核随意性现象的出现;防止把精细化管理考核当成争权夺利的工具。

12.3　十二矿精细化管理考核体系设计的基本原则

在十二矿精细化管理考核体系设计的过程中,坚持过程管理与目标考核相结合、定量考核与定性评价相结合的方式,严格遵循以下基本原则:

(1) 公开性原则

让执行精细化管理考核的考核人员以及被考核单位及个人了解考核程序、方法和时间等,提高考核的透明度。

(2) 客观性原则

以事实为依据进行评价与考核,避免人为或主观因素的影响。

(3) 常规性原则

将考核工作纳入日常管理,成为常规性管理工作。

(4) 发展性原则

考核的目的在于提高单位和部门精细化管理工作绩效,以促进其成长与发展,而不仅仅是惩罚。

(5) 及时回馈原则

通过多角度、多层次地开放沟通,及时回馈被考核单位的精细化管理工作绩效。

12.4　十二矿精细化管理考核体系设计的主要工作

十二矿执行精细化管理考核的部门在与各单位基本协调一致、交流达成共识的前提下,本着"公开、公平、公正"的态度,实施精细化管理考核体系设计工作,通过不断完善已运行的精细化管理考核体系制度,促使各区队、各战线把精细化管理工作做实、做细、做精,规范精细化管理标准、流程,确保全矿精细化管理工作的稳步顺利推行。

12.4.1　十二矿精细化管理考核对象、考核人员及其考核周期

为促进十二矿员工全面投入精细化管理运用和实施中去,十二矿领导成立了精细化管理考核小组,确定负责考核的人员。精细化管理考核要求考核小组各成员严格按照如下标准执行:

(1) 认真收集、学习有关精细化管理方面的资料,探索新方法、研究新思路。

(2) 检查要坚持原则、实事求是,如实做好记录,作为考核依据。

(3) 要掌握每项档案的实施目的、工作流程和制度标准。

(4) 严格按时间表安排检查,若基层队有特殊情况,经同意后,及时调整检查时间,具体时间安排表如表 12-1 所示。

(5) 掌握各单位有关人员的思想动态和组织情况。

(6) 根据各单位档案运行情况,提出合理建议,经被检战线认可后,方可督促实施。

(7) 考核小组内部进行纵向监督。

(8) 若战线或单位对小组检查结果有异议,经核实合理,对小组进行通报批评。

(9) 及时汇总检查考核结果。

表 12-1   精细化考核小组安排表

组别	成员	被检战线	时间安排	检查情况	备注
第一组	组长成员	采煤线 开掘线 机电线 通防线 安全线	每周三、周四、周五 下午 3：00—5：30		
第二组	组长成员	经营线 后勤线 机　关	每周三、周四、周五 下午 3：00—5：30		

（10）督察矿领导安排的精细化管理方面指导意见的落实情况。

（11）小组成员均属兼职，要安排好本职工作。

（12）战线具体负责人负责本战线精细化管理的组织、协调、检查落实、材料整理等工作。

12.4.2　十二矿精细化管理考核的主要内容

为确保十二矿精细化管理的有效实施，矿领导根据十二矿精细化管理工作实施的具体情况，设立考核小组，设定精细化考核流程，如图 12-1 所示：

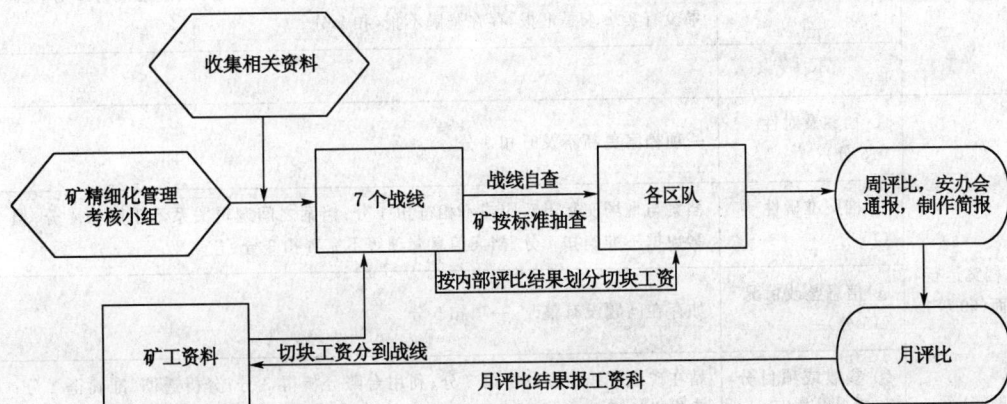

图 12-1　精细化考核流程图

精细化管理考核小组根据设定的精细化流程，依据矿领导的要求，认真贯彻精细化考核内容。其主要内容见表 12-2。

12.4.3　十二矿精细化管理考核的标准

根据十二矿精细化管理的内容，设立各战线精细化管理评比表，如表 12-3 所示。

表 12-2　　　　　　　　　　　各战线精细化考核内容

战线精细化管理考核内容		
考核项目		考核细则
1. 战线组织、落实方面（20分）	① 领导组织检查情况（10分）	考核方式：查记录（纸质记录）
	② 矿领导安排落实情况（6分）	一项不符合扣3分
	③ 战线查出问题落实情况（4分）	一项不符合扣2分
	小计	
2. 战线自查方面（20分）	① 自查报送情况（5分）	每周六上午下班前按要求上报送资料的得5分；下周一8：00前上报的得3分；以后上报的得0分。汇报数据包括战线检查时间、查出问题、战线领导安排工作、矿领导安排的专项或重点工作落实情况、查出问题整改情况、参数或项目分析（每周一项）、战线的评比等，由战线领导签字报考评小组，同时传电子文件
	② 自查质量情况（15分）	战线自查质量包括涵盖范围、内容、质量三个方面，各5分。其中：① 涵盖范围是指检查区队范围，涵盖率在100%的计5分；80%～100%的计4分；60%～80%的计3分；60%以下的计2分。② 内容是指查出问题涵盖安全、生产、物资、设备（设施）、人员组织、技术等方面，自查内容涵盖六个方面计5分；五个方面计4分；四个方面计3分；三个方面及以下计2分。③ 质量方面是指自查内容描述准确程度，如描述清晰计2分；描述无异议计1分；描述准确计2分；，如果没有实事求是汇报，存在隐瞒不报，扣5分。
	小计	
3. 档案运行方面（60分）	① 档案及时性（15分）	一项档案更新不及时扣3分
	② 档案准确性（15分）	档案与现场实际不对应或不相符扣4分；档案之间逻辑关系不正确扣4分；档案数据不准确扣4分；档案信息漏项等不完善扣3分
	③ 信息整改情况（15分）	如存在问题没有整改，一项扣5分
	④ 参数或项目分析质量（15分）	站在矿或战线高度分析得3分；利用台账分析得3分；分析透彻、准确得4分；采取措施严密、具有针对性、切实可行得5分
	小计	
备注		精细化管理考核，以战线自查为主，以矿考核小组检查为辅，采取定期检查和不定期抽查、查看台账与现场询问相结合的方法。

表 12-3   精细化管理评比表

考核项目	考核细则	采煤线	开掘线	通防线	机电线	经营线	后勤线	安全线
1. 战线组织方面 （20分）	① 领导组织检查情况（10分）							
	② 现场组织质量（5分）							
	③ 战线组织安排落实情况（5分）							
	小计							
2. 战线自查方面 （20分）	① 自查报送情况（4分）							
	② 自查质量情况（10分）							
	③ 战线下队检查质量（6分）							
	小计							
3. 档案运行方面 （55分）	① 档案完善、及时性（10分）							
	② 档案准确性（10分）							
	③ 参数设置或项目分析质量（15分）							
	④ 参数设置或项目分析利用效果（15分）							
	⑤ 档案整合、优化、规范质量（5分）							
	小计							
4. 规划执行方面 （5分）	① 战线参数或项目分析规划执行情况（5分）							
	小计							
总评得分								

12.5　十二矿精细化管理考核体系设计的实施步骤

十二矿精细化管理考核体系的实施是在融合各种管理方法的基础上，以过程管理与结果考核相结合、定量考核与定性评价相结合的模式进行的，即以各专业日常监督的过程考核与各单位任务指针管理完成情况及职能职责履行为主的考核相结合的模式进行。十二矿精细化管理考核体系设计的实施步骤包括：

（1）任务的沟通

十二矿领导根据精细化管理的实际情况设定精细化管理整体目标，各单位通过整体任务的制定，明确工作任务。员工通过对自己任务或职责的剖析了解企业的整体精细化管理任务、本单位承担的职责、班组或个人的期望、制定的标准、检查方法和措施、奖惩措施等。

（2）任务的实施

有了明确的精细化管理任务，并将精细化管理任务分解细化，各人结合岗位职责确保个人任务的完成，个人任务的完成确保班组任务的实现，班组任务的实现保证战线、区队任务的完成,战线、区队任务的完成最终保证了精细化管理目标的实现。

（3）考核

根据精细化管理考核体系的设计,考核小组牵头组织专业职能部门按照专业考核标准进行考核评价、数据汇总、结果公布。

（4）信息回馈、沟通及改进

考核结果及时回馈到各单位,通过十二矿内部的宣传方式来强化考核结果的认识,共享解决问题的思路,使各单位及时排除管理过程中的障碍,最大限度地提高企业精细化管理效率。同时,考核小组建立协调沟通平台,使专业职能部门与被考核单位形成良好的伙伴关系,减少考核过程阻力。

（5）考核结果的应用

考核结果不仅要与各单位的工资/奖金挂钩,还要作为年终考评、评先的依据之一。年度内连续三个月或累计五个月排名本组最后一名的单位,将取消本单位及主要负责人的评优资格。

（6）沟通与完善

为解决考核过程中存在的问题和矛盾,考核小组设专人受理各单位反映的问题,针对问题制定措施,经矿领导批准后予以实施。

13 十二矿精细化管理文化建设

13.1 十二矿精细化管理文化建设的基本目标

十二矿以精细化管理指导思想为依据,围绕建设"安全、活力、和谐"的十二矿,从观念文化、制度文化、行为文化、物质文化四个方面整体推进,系统运作,基本建立起符合煤矿发展战略、促进安全生产的精细化管理文化体系。

观念文化主要体现在加强精细化管理的宣传教育工作;制度文化突出做岗位、做现场、做流程,完善目标展开体系,把目标分解到人,建立全方位目标责任体系;行为文化体现在通过学习培训、规范教育、宣传活动、实践活动来强化和巩固员工自身的精细化管理意识、精细化行为;物质文化主要体现在硬件环境建设上,为员工提供一种舒适的工作环境。

13.2 十二矿精细化管理文化建设的指导思想

为实现十二矿精细化管理文化建设的目标,十二矿将以下述思想为指导推进煤矿企业精细化文化建设:

(1) 以推动企业核心竞争力为目的

推行精细化管理是十二矿生存与发展的基本条件,是强化十二矿企业管理、提高核心竞争力、实现十二矿长远发展的重要保障。为此,十二矿精细化管理文化建设的目的是,通过让精细化状态的企业文化纲要落地生根,使全体员工"心朝一处想,劲往一处使",从而增强煤矿企业核心竞争力,促进煤矿企业的可持续发展。

(2) 以生产经营为中心

煤矿十二矿精细化管理文化建设必须紧紧围绕煤矿企业的战略目标以及由战略目标派生出来的战略举措来展开,使文化严格服从于战略,服务于生产经营。必须跳出文化的圈子,从战略的高度,务实而有效地建设有用且实用的煤矿企业文化,切忌就文化而谈文化,使煤矿企业文化建设游离于企业生产经营之外而形成"两张皮"。

(3) 以安全生产为保障

煤炭企业发生的各类工伤事故,据统计大多是由于矿工的安全素质差、安全意识淡薄造成的。因此,抓住了人的问题,安全工作也就迎刃而解,而精细化安全文化正是解决这一问题的重要保证。十二矿精细化安全文化建设突出了煤矿行业的特色,本质要求是保护员工的生命安全。因此,建设安全零事故矿井,必须从细节抓起,打基础、练内功,确保安全工作始终处于可控状态。

13.3 十二矿精细化管理文化建设的基本原则

精细化文化建设要落到实处,在煤矿企业文化建设中必须遵循以下原则:

(1) 统筹兼顾,协调发展

精细化企业文化建设是一项庞大而复杂的系统工程,必须坚定打"持久战"的思想准备。要统一规划、稳扎稳打,切忌单兵冒进;要兼顾各方、协调发展,切忌盲人摸象,只顾一点而不及其余。为此,在十二矿精细化管理文化建设的过程中,须妥善处理好以下几个方面的关系:

· 妥善处理新文化与老文化之间的关系。十二矿企业文化有着六十多年的渊源,在推行新文化时的第一要务是要对老文化有一个全面的理解,并对新文化与老文化之间的联系有清晰的认识,特别是对重点改造和提升方向要有深的认识。

· 善处理"对内"和"对外"的关系。煤矿企业文化内聚人心,外树形象。这两部分是相互联系的,前者是主要方面,是决定性的方面,但也不能因此而忽略后者。要把两者有机结合起来,以前者促进和实现后者,以后者引导和提升前者。

· 妥善处理"弘扬主旋律"与"提倡多样性"之间的关系。在十二矿精细化管理文化建设过程中,要大力挖掘、整理和宣传发生在企业里的好人好事,努力营造积极上进、奋发有为的文化氛围,以弘扬主旋律、唱响最强音;也要内外结合、正反结合,使先进文化在百花齐放和百家争鸣中茁壮成长。

(2) 全面推进,重点突破

要迅速在十二矿掀起精细化管理文化建设高潮,统筹规划,深入推进理念层、制度层、行为层和形象层的文化建设。要坚持循序渐进,抓住主要矛盾,以点带面,协同发展,而不能平均分散力量,试图齐头并进。

(3) 注重执行,务求实效

要实事求是、量力而行,通过有意义、可实现的目标,以及可感知的文化建设效果,让领导和员工相信企业文化、重视企业文化建设,切忌一开始贪大求全、"放卫星"。要虚实结合,重谋势,更重做实,切忌千篇一律、搞花架子。要虚事实做,把企业文化建设融入企业管理、生产经营之中,因地制宜、因时制宜、因势制宜。

(4) 夯实基础平台,注重体系建设

要既见树木、又见森林,在埋头做实事、求实效的同时,要加强宣传网络、培训体系、制度体系、监控体系等的建设,夯实以人力资源管理、客户管理、伙伴管理、公共关系管理为主要内容的基础管理平台,以体系的力量,推进企业文化建设和优秀企业文化的最终形成。

(5) 发挥上下两个积极性,依靠员工建设十二矿精细化管理文化

要把从上而下的"贯"和自下而上的"引"有机结合:既鼓励领导积极创导,重视他们在文化建设中主导作用,又重视群众的自发形成,确立员工在精细化文化建设中的主体地位,全心全意地依靠员工推进精细化文化建设。

13.4　十二矿精细化管理文化建设的主要工作

根据精细化管理文化建设的目标,十二矿精细化管理文化建设的主要工作从十二矿的生产经营特点出发,从工作的重点、难点入手,不断向职工灌输企业宗旨、企业目标、企业传统,培育企业文化建设的浓厚氛围,让职工在自我教育中,体会精细化文化,具体工作如下:

(1) 建立一套机构

没有责任明确、分工协作的组织机构,没有责任落实、有奖有惩的组织保障,精细化文化落地只是空谈。因此,必须建立健全由主要矿领导亲自指挥、党政工团齐抓共管、相关职能部门各司其职的工作机制,明确各部门、各岗位在十二矿精细化管理文化建设中的责任、权利和义务。

为加强对十二矿精细化文化建设的统一领导,更好地推进十二矿精细化文化建设,由矿长担任领导小组组长、各战线副矿长担任副组长;领导小组下设办公室,办公室设在宣传科,采取跨部门团队运作的形式。办公室主任由宣传科科长兼任,主要成员由宣传科及各矿属相关科室科长相关人员组成。

(2) 做好两个结合

十二矿精细化管理文化建设要做好企业文化建设和思想政治工作之间的结合。精细化管理文化建设和思想政治工作既有区别、又有联系,精细化管理文化属于管理方法范畴,思想政治工作属于政治范畴。精细化文化形成后具有相对的稳定性和强制性,思想政治工作要求启发自觉,润物无声,一般不带强制性。精细化管理文化建设与思想政治工作相互渗透,缺一不可,你中有我,我中有你,十二矿开展的形式多样的思想教育工作,全部都是企业文化建设的内容。精细化文化和思想教育是两个相交的圆,目的一样,都是为了搞好安全生产服务。

(3) 培养三支队伍

十二矿精细化管理文化建设需培养文化建设领导人员、管理人员和培训师三支队伍。十二矿各级领导特别是一把手在精细化管理文化建设中发挥着十分关键的作用。没有一把手的支持和重视,精细化管理文化建设将寸步难行。精细化管理文化建设管理人员是企业文化建设的组织策划者和直接执行者。他们的能力,在很大程度上决定了十二矿精细化管理文化建设的速度和效果。精细化管理文化建设培训师是十二矿的"牧师"和"布道者",他们在精细化管理文化的传播方面发挥着非常关键的作用。

上述三支队伍的着眼点和着重点各不相同。对文化建设领导人员而言,最重要的是培养他们的文化意识,着眼点是提高他们对文化重要性的认识,进而把创造和管理文化视为自己工作的重要组成部分。对文化建设管理人员而言,最重要的是培养他们的让文化落地的能力,着眼点是增强他们对精细化管理文化和精细化管理的系统理解,进而提升他们在精细化文化建设方面的策划、规划、执行、监控能力。对文化培训师而言,最重要的是培养他们的文化传播能力,着眼点是增强他们对精细化文化本身的理解,提升他们的培训技能。

(4) 抓好四项工作

十二矿精细化管理文化建设需抓好精细化管理文化宣传、精细化管理文化培训、精细化管理制度建设和精细化管理文化考核四项工作。

精细化管理文化宣传要建立一个由宣传栏、广播、电视、报纸和张贴报等载体组成的宣传网络,并努力探索、适时总结、组织开展适合十二矿实际情况的文化仪式/活动,搞好内容建设,并以此为基础,做好企业文化的对内宣传和对外宣传。

精细化管理文化培训工作要把十二矿精细化管理文化作为员工培训特别是管理人员培训的一项重要内容,把企业文化培训工作纳入企业培训体系,通盘整体考虑。要建立健全针对不同类型人员的文化培训体系,完善培训课件,通过课堂教学、讨论交流等形式,因地制宜、因时制宜地开展文化培训。

精细化管理制度建设工作主要是建设一系列具有约束力、牵引力的规章制度,来规范和改变员工行为。塑造企业文化,单有宣传培训是不够的。必须借助外在的力量,通过把企业文化转化为一系列具有约束力、牵引力的规章制度,来规范和改变员工的行为。

精细化管理文化考核工作是把十二矿精细化管理文化建设作为各单位、各战线年度业绩考核的重要内容,把对十二矿精细化管理文化的认知认同情况纳入员工的考核指标体系,加强文化审计,实行基于文化的奖惩制度。

(5) 培育五种文化

学习文化。学习型企业文化,就是把学习型组织理论导入企业文化建设。

安全文化。安全管理是煤矿企业的永恒主题,安全文化是企业文化的重要组成部分。把安全文化建设当做安全生产领域的一项基础性工作来抓,坚持突出以人为本,围绕"三基三抓一追究"安全工作思想,举安全工作使命之旗,铸安全理念之魂,强安全行为规范之基,将安全文化植入安全管理之中,全面强化员工的安全文化素质,把"安全第一、预防为主"变为每个员工的自觉行为,从而为实现安全生产提供思想保证和精神动力。

管理文化。精细化管理不仅是一种管理思想,一种管理方法,更是一种管理理念,是一种管理文化,是构成煤矿企业文化的重要内容。十二矿把建立"共同愿景"当做创建管理文化的基础工作,按照大愿景统领小愿景、小愿景保证大愿景的要求,根据企业发展战略和各个层面的实际,逐步建立起了十二矿共同愿景、区队(科室)共同愿景、班组共同愿景和职工个人愿景,形成了相互依存、互为保证的四级愿景体系。

团队文化。和谐出凝聚力,和谐出战斗力。建设精细化团队文化的关键就是在团队形成与发展的过程中提炼团队的价值观、团队的使命和团队的愿景,并以此为基础逐渐形成相对固定的团队氛围。

群众文化。群众文化是人民群众以自身为活动主体,以娱乐方式为主要内容,以满足自身精神生活需求为目的的文化。十二矿精细化管理企业文化建设是需要十二矿全体员工共同参与、共同建设的精细化企业文化。因此,调动广大职工的积极性,建设特色十二矿群众文化,是十二矿精细化管理文化建设的重要组成部分。

上述五种文化既相互区别又相互促进,共同服务和统一于把十二矿的精细化管理文化建设成为业内具有深远影响的先进文化,进而为十二矿精细化管理的可持续发展奠定坚实的精细化文化基础。

13.5 十二矿精细化管理文化建设的实施步骤

十二矿精细化管理文化建设分成文化宣贯、全面推进、完善提升三个阶段完成。

十二矿首先要明确煤矿企业精细化管理文化建设的负责机构和负责人员,做好作业日程安排,形成精细化文化建设规划,整体推进、系统运作,建立起适应社会经济发展趋势,符合企业发展战略,促进企业安全发展、科学发展、和谐发展的精细化管理文化体系。

13.5.1 文化宣贯阶段

(1)目标

① 建立健全各项规章制度,初步建立管理体系,严格落实到责任人。

② 通过宣传教育,使职工知道什么是精细化,什么是精细化管理文化以及创建精细化管理的重要意义。

③ 通过宣传教育,使各级干部科学分析当前形势,努力提高引领创业发展的能力和素质。

④ 不断加强企业文化建设,形成具有本矿特色、能够引领职工奋发向上、对企业忠诚团结的企业文化。

(2)主要措施

① 基本完成精细化管理文化建设的文本化工作。精细化文化的文本体系主要包括精细化管理文化手册、精细化管理文化培训教材、精细化管理文化案例汇编、精细化管理文化建设规划等。

② 初步建立精细化管理文化培训体系,全面启动文化培训。精细化管理文化培训体系,从对象上讲,主要包括精细化管理文化培训师、精细化管理文化建设管理人员、领导干部、普通员工、新进员工五类;从内容上讲,包括课程体系、师资准备、教材准备和评估体系;从形式上讲,既包括正式的课堂培训,也包括广播、电视、报纸(矿工报、平十二通讯)、理念灯箱、精细化文化长廊等多种宣传手段。

③ 建立健全精细化管理文化建设组织机构。

④ 积极开展丰富多彩的精细化主题教育活动。矿工会、团委、宣传科要根据不同时期精细化管理工作的要求,举办精细化管理教育展览等系列宣传活动。

13.5.2 全面推进阶段

精细化管理文化建设全面推进阶段的主要工作是,在加强精细化管理文化建设宣贯工作和巩固精细化管理文化建设宣贯成果的同时,围绕精细化管理文化落地,从文化宣贯、文化培训、制度建设和文化考核等各个方面发力,使十二矿精细化管理文化建设在理念层、制度层、行为层和物质层上全方位纵深推进。

(1)目标

通过精细化文化建设,使广大职工逐渐接受精细化文化理念,职工的思想观念进一步转变,各项管理制度进一步健全,精细化管理体系运行畅通。

(2)具体工作及措施

① 以档案建设为切入点,坚持"精细、规范、务实、高效"原则,建立覆盖全矿的精细化管

理标准体系、档案体系、制度体系和考核体系,促进各项工作规范有序发展。

② 把档案建设纳入战线工作规划、科室业务考核和区队日常管理,推动档案管理与安全生产全程融合。

③ 全面发挥档案管理在责任落实和数据分析等方面的作用,建立以档案数据为支撑的安全评价、任务考核、技术分析、经营分析等数据分析利用体系,把精细化档案建成科学决策的信息宝典、落实责任的有效工具。

④ 引导各单位结合具体工作实际,自主拓展档案体系,开发档案功能,不断增强精细化档案应用效果。

⑤ 举办精细化管理培训班,分批对全矿管理人员进行培训。

⑥ 建立灵活有效的干部使用制度,明确干部推荐和考察责任,逐级下放干部使用权力,建立一支综合素质强、执行能力强、适应精细化管理要求的干部队伍。

13.5.3　完善提升阶段

精细化管理文化建设完善提升阶段的主要工作是,在巩固前两个阶段的工作成果上,继续全面推进精细化文化建设,并在推进中不断总结、不断完善、不断提升,为十二矿精细化管理企业文化建设打下坚实的基础。

（1）目标

① 通过长期的培训教育使员工把"建设新型能源化工集团、铸造和谐安康百年平煤"和矿"一建立、两创建、三实现"的共同愿景深深植根于自己的思想和行动中。

② 通过精细化管理文化建设,把矿井的文化提高到一个较高的境界,达到人、机、环、管的高度统一,切实实现人员无失误、设备无故障、系统无缺陷、管理无漏洞。

③ 通过精细化文化的熏陶,使全体职工完全接受和认同精细化管理理念。

（2）具体工作及措施

① 注重发挥精细化文化的导向功能、规范功能、预防功能、戒后功能和稳定功能,把精细化文化建设纳入到创建强势企业文化的总体布局上,使企业文化达到高度的和谐统一,使之成为规范员工行为、确保矿井安全生产、经营管理、外出创业和文明创建等各项工作不断取得进展的重要保证。

② 抓好廉政文化。廉政文化建设是使企业平稳健康发展的关键因素和重要保障。要结合企业文化建设和党风廉政建设实际,积极探索构建"大廉政"格局,培育十二矿特色的廉政文化,真正把"为民、务实、清廉"的要求落到实处,为十二矿两个文明建设提供风清气正的良好环境。

③ 抓好环境文化。良好的环境是一个成功企业全面发展的一项重要内容。要以全国精神文明建设先进单位创建和"五优"矿井创建为契机,加大资金投入、人力物力投入,不断减小煤矿企业生产与环境不相协调的矛盾,加大环境治理力度,进一步改善矿区环境面貌,以环境熏陶人,以环境改变人,打造环境优美、和谐发展的十二矿。